サーフライフセービング

SURF
LIFESAVING

教本

JRC蘇生ガイドライン
2020準拠

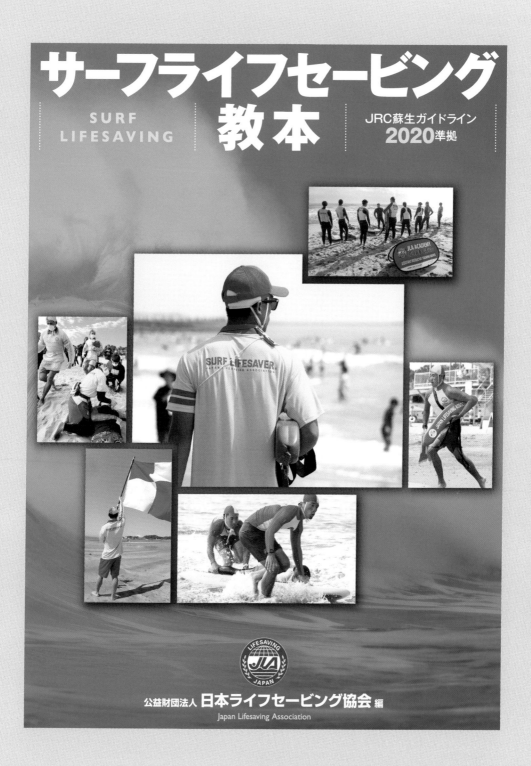

公益財団法人 **日本ライフセービング協会** 編
Japan Lifesaving Association

大修館書店

■執筆者紹介

●監修／執筆

小峯　力　　（中央大学　教授）
中川儀英　　（東海大学医学部　救命救急医学　教授）
山本利春　　（国際武道大学体育学部　教授）

●執筆

荒井宏和　　（流通経済大学スポーツ健康科学部　教授）
石井英一　　（日本ライフセービング協会イベント安全チーム　リーダー）
石川仁憲　　（博士（工学），技術士〈建設部門　河川、砂防及び海岸・海洋〉）
稲垣裕美　　（流通経済大学スポーツ健康科学部　教授）
上野真宏　　（日本ライフセービング協会　スーパーバイザー）
遠藤大哉　　（NPO法人バディ冒険団　代表）
鍛冶有登　　（岸和田徳洲会病院救命救急センター）
加藤道夫　　（（株）サーフレジェンド　代表取締役）
河波弘晃　　（日本ライフセービング協会イベント安全チーム）
菊地　太　　（日本ライフセービング協会救助救命　副本部長）
小西由紀　　（日本ライフセービング協会アンチ・ドーピング委員会/北里大学病院薬剤部　薬剤師）
篠田敦子　　（日本ライフセービング協会イベント安全チーム）
関口義和　　（日本ライフセービング協会JLAアカデミー　副本部長/サーフライフセービング委員長）
中塚健太郎　（徳島大学大学院社会産業理工学研究部　准教授）
中見隆男　　（日本ライフセービング協会　スーパーバイザー/JLAライフメンバー）
深山元良　　（城西国際大学経営情報学部　教授）

●編集・協力

足立正俊　　（日本ライフセービング協会　スーパーバイザー/JLAライフメンバー）
内田直人　　（日本ライフセービング協会サーフライフセービング委員会）
風間隆宏　　（日本ライフセービング協会　顧問/前JLAアカデミー本部長）
木島悠太朗　（日本ライフセービング協会サーフライフセービング委員会）
篠田智哉　　（日本ライフセービング協会　サーフライフセービングインストラクター）
吹田光弘　　（日本ライフセービング協会サーフライフセービング委員会）
多胡　誠　　（日本ライフセービング協会サーフライフセービング委員会）
豊田勝義　　（日本ライフセービング協会　スーパーバイザー/日本メンター協会　プロフェッショナルメンター）
松本貴行　　（成城学園中学校高等学校　教諭）
宮田沙依　　（日本ライフセービング協会サーフライフセービング委員会）
弓削　匠　　（日本ライフセービング協会サーフライフセービング委員会）
川地政夫　　（日本ライフセービング協会　事務局長）
川名健太郎　（日本ライフセービング協会事務局）
中山　昭　　（日本ライフセービング協会　事務局・事業推進役）
佐藤洋二郎　（日本ライフセービング協会　事務局次長/JLAアカデミー本部長）

●写真提供

東海大学海洋科学博物館、東海大学海洋研究所、岩永節子（沖縄県衛生環境研究所）、河村真理子（京都大学大学院理学研究科）、守屋光泰（東海大学大学院海洋学研究科）、矢野和成（元水産総合研究センター西海区水産研究所）、山西秀明（東海大学海洋学部海洋文明学科）、和歌山県すさみ町立エビとカニの水族館

●写真撮影＆撮影協力

菅沼浩（日本ライフセービング協会オフィシャルカメラマン）、大野勝男（大野写真事務所）、戸向陽介
大竹SLSC、勝浦LSC、国際武道大学LSC、筑波大学LSC、東京スポーツレクリエーション専門学校LSC、沖縄県ライフセービング協会、流通経済大学LSC、Surf LifeSaving Australia

サーフライフセービング教本の発刊にあたって

　諸外国において、ライフセービングがきわめて自然な形で国民の生活のなかに溶け込んでいる姿を目にすると、その背景には深い歴史と普遍的理念（生命尊厳）が刻まれていることが分かります。

　ライフセービングは、単に救命活動のみで完結するのではなく、救命の実践を重ねながら自他の生命（いのち）を見つめ、すべての生命に対して「慈しみ」を有する活動といえます。

　世界保健機関（WHO）の推計によると、2019年に全世界において約23.6万人の尊い生命が溺水で失われています。その数を一つでも減らすため、国際連合は2021年に毎年7月25日を「世界溺水防止デー」と定めました。国際ライフセービング連盟（ILS＝International Life Saving Federation）は、この受け入れがたい事実をもって設立され、公益財団法人日本ライフセービング協会（JLA＝Japan Lifesaving Association）はその日本代表機関として水辺の事故防止活動を全国へ展開しています。今日、病気や怪我にとどまらず、甚大な自然災害が頻発し、また、凶悪な犯罪や不慮の事故も後を絶たない日々において、「生命の尊厳」を中心に置く教育は何にもまして優先されなければなりません。

　本書は、ライフセービングの使命をベースにその理論と実践を学ぶ書であり、ライフセービングの活動エリアの一部にあたるところの海辺、つまり「サーフ」ライフセービングにおいて必要な情報をまとめたテキストです。生命誕生の舞台である「海」において、生命を「救い」、そして「守る」ことをテーマに考えていくものです。

　文部科学省は、学習指導要領において自然とのかかわりの深い「水辺教育」を地域や学校の実態に応じて積極的に導入する方針を出しています。同省は体験活動における調査において「自然体験が豊富な子どもほど、道徳観や正義感が身についている」という調査結果も同時に発表しています。

　このような背景を鑑みて、本書の発行が限りない期待とともに、あらたな歴史を創造しつつ、生命を見つめる学びのきっかけになることを願ってやみません。特に凶悪犯罪のニュースが日々を闊歩している時代に、必要不可欠なテーマとも考えています。

　最後に、本書を出版するにあたり、大修館書店をはじめ、多くのライフセービング指導者の方々からのご協力・ご支援を賜りました。

　ここに謹んで御礼と感謝を申し上げます。

2024年4月

公益財団法人日本ライフセービング協会

● ······ サーフライフセービング教本の発刊にあたって ······ ●

第8章　サーフライフセーバーによる一次救命処置 ……… 197

ライフセービング概論

I ライフセービングとその活動

「LIFESAVING（以下、ライフセービング）」とは、"人命救助"を表す言葉として一般的に理解されている。日本国内でも活躍している救急救命士の欧文表記が「Emergency Lifesaving Technician」、または「Emergency Medical Technician」であることを考慮すると、正確には、"救命"と訳すのがよいのであろう。

諸外国におけるライフセービングは、一次救命を本旨とした社会的活動であり、一般的には水辺の事故防止のための実践活動として認識されている。その活動に携わる存在は「LIFE-SAVER（以下、ライフセーバー）」と呼ばれ、社会的市民権を得ている。さらに、「LIFE-GUARD（ライフガード）」はプロフェッショナルの公務員として携わる人を称し、コーストガード（海上保安庁）、警察、消防といった公的救助組織と連携を図っている。

一方、わが国におけるライフセーバーは、水難救助員としての有資格者を指す場合もある。日本ライフセービング協会（JAPAN LIFESAVING ASSOCIATION：JLA）では、ベーシック・サーフライフセーバーまたはプールライフガード以上の資格保持者を認定ライフセーバーと称している。しかしライフセービングは、ボランティア活動を基本とし、いわゆるプレホスピタルケア（病院前救護）の範囲において、自他の生命を尊重する社会貢献を展開するものであることから、誰でも参加できる活動である。たとえ泳げなかったり、身体的ハンディがあろうとも、社会奉仕と生命尊厳の精神に基づき、その活動は否定されるものではない（図1-1）。

以上のように、ライフセービングは、「溺れた者を救う」という救助活動から、溺れない安心な環境をマネジメントすること、さらには日常生活の危機管理も含めて、総合的に安全を提供できる活動として世界中で普及されている。

今日、日本では心肺停止状態の人を発見した場合、医療従事者でなくても、一般市民が自ら早期に自動体外式除細動器（AED）等を使用し心肺蘇生を実施して人の生命を救う、バイスタンダーという概念の普及が叫ばれて久しい。

まさに、そのバイスタンダーになり命を救う、さらに「ファーストレスポンダー（BLS一定頻度者）」として危険にさらさない（事前に守る）、というライフセービングに大きな期待が寄せられている。

◆図1-1　ライフセービングのポスター（オーストラリア）

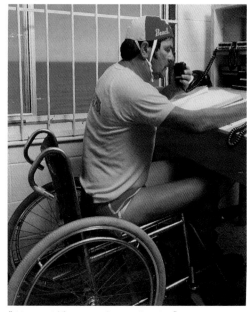

"We want lifesaver who can't swim."
「たとえ泳ぐことができなくてもライフセーバーになれる。」
ライフセービング活動は、身体的ハンディのあるなしに関係なく、今ある機能を生かして、人を救い、守る可能性を否定しないというメッセージである。

2 国内外におけるライフセービングの歴史と展望

■1. 世界のライフセービング史

ライフセービングの歴史をひも解けば、その起源は人類誕生までさかのぼることになる。

人間が文明を築きながら安定した生活を営むためには、河川、湖沼といった水辺に集落を構えることは必要条件であったことは知られている。当然のごとく現代のように治水環境が整備されていたはずもない古代文明においては、河川が氾濫し、洪水などで田畑、家畜、住居はもちろん、人々も濁流に飲まれ流されただろう。そのような状況において家族の生命を守ろうとあらゆる手段を尽くしたことが、ライフセービングの起源とされている。

その後、17世紀から18世紀にかけてフランス、オランダ、イギリス等を中心としたヨーロッパ諸国で「WATER SAFETY」という安全思想と事故防止のための技術（メソッド）が確立された。そして1774年、イギリスでは産業革命による急激な社会変化のなかで、病気の人々が抱える苦痛を和らげることを目的とした「ロイヤルヒューマン協会」が設立された。ロイヤルヒューマン協会は、1870年から1880年代にかけて独自のマニュアルを用いてライフセービングの技術を広めていたことがいくつかの文献に残されている。そして1878年、マルセイユ（フランス）において第1回ライフセービング国際会議が開催された。また1800年代のイギリスでは、プールにおける水泳に高い人気が集まり、いくつかのスイミングクラブが組織された。そして、必然的にライフセービングの知識・技術が求められるようになり、1891年、W・ヘンリーを中心とした人々が、水の事故から生命を守ることを目的とした「スイマーズ ライフセービング協会」を設立した。

1904年には、イギリス王室より「ロイヤル」の憲章を授かり、王室から援助・奨励される団体「ロイヤルライフセービング協会（Royal Life Saving Society：RLSS）」となる。また1910年には、ヨーロッパ諸国を中心とした「Federation International de Sauvetage Aquatique：FIS」という国際組織が設立され、世界的な活動が本格化した。

一方、RLSSの技術はオーストラリアにも伝わり、「オーストラリア・ロイヤルライフセービング協会（Royal Life Saving Society of Australia：RLSSA）」が設立され、さらに1907年には「オーストラリア・サーフライフセービング協会（Surf Life Saving Association of Australia：SLSAA）」が設立された。そして1971年には、環太平洋諸国が中心となり、世界各国間のライフセービング組織の相互交流を目的とした国際組織「World Life Saving：WLS」が設立された。

それから四半世紀後の1994年、イギリスにおいてヨーロッパを中心としたFISと環太平洋を中心としたWLSが統一し、国際ライフセービング連盟（International Life Saving Federation：ILS）が設立された（図1-2）。同時に、JLAが国際連盟の認証を受け、ILSの日本代表機関となった（図1-3）。

◆図1-2　国際ライフセービング連盟の関連組織図

最新の組織体制については、QRコードを読み取り、協会サイトにて確認してほしい。

◆図1-3 国際ライフセービング連盟
　　（ILS）の調印証

■2. 日本のライフセービング史

　わが国のライフセービングは、日本赤十字社（以下、日赤）の水上安全法の歴史と関係が深い。それはアメリカ赤十字の技術（メソッド）をベースに1944年に創始された。そのメソッドを伝達された者（水上安全法有資格者）たちが1963年に神奈川県片瀬西浜海水浴場の監視員に短期雇用されたことが、今日のライフセーバーの原点ともいえよう。当時は、アメリカで一般的に使用されていた名称である「ライフガード」と呼称していた。この活動は「湘南ライフガードクラブ」、「湘南指導員協会」そして「日本ライフガード協会」と名称を変えながら発展していった。一方、時を同じくして静岡県下田市を中心とした「日本サーフライフセービング協会」も設立され、それぞれ地域に根ざしたクラブ化をめざし、活動していた。

　1984年にオーストラリア政府によって発足された豪日交流基金の助成事業による日本とオーストラリアのライフセービング交流が5ヵ年にわたって実施された。この事業をきっかけにわが国で資格講習会を開催できるよう、オーストラリアのメソッドをベースとした独自の資格講習がオーストラリアの指導者から日本のライフセービング界に伝授された。そして、1985年には「日本ライフセービング評議会」が設立され、日本のライフセービング団体の統一化を図り、WLS公認の講習会が開催された。

　その後、1991年に日本ライフガード協会と日本サーフライフセービング協会が統一し、「日本ライフセービング協会（初代理事長：金子邦親）」（JLA）が設立された。設立パーティーには、文部省（現文部科学省）・海上保安庁等の来賓参加があった。

　さらに1992年には、初の世界選手権大会（Rescue92・静岡県下田市白浜）を誘致・開催され、国の内外にライフセービングの認知を大きく広める国際的なイベントが行われた。また、地域クラブをはじめ、学校（大学等）クラブが急激に増加し、1986年には第一回学生選手権大会（インターカレッジ）が開催され、現在に至っている。

　また2001年には、これまでの任意団体としての役割を経て、内閣府より「特定非営利活動法人　日本ライフセービング協会（理事長・小峯力）」として認証され、念願の「公」の歴史をスタートさせた。その後2007年に、オーストラリア協会（SLSA）はライフセービング百周年を迎え、パースで開催された全豪選手権においてJLAと「パートナーシップ」調印を締結した。

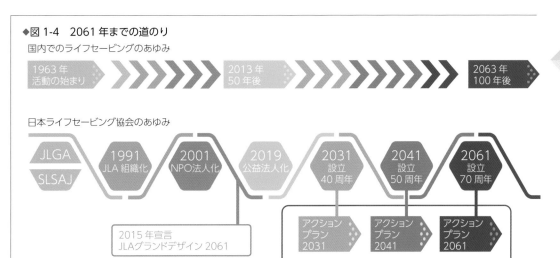

◆図 1-4　2061 年までの道のり

国内でのライフセービングのあゆみ

1963 年
活動の始まり

2013 年
50 年後

2063 年
100 年後

日本ライフセービング協会のあゆみ

JLGA
SLSAJ

1991
JLA 組織化

2001
NPO 法人化

2019
公益法人化

2031
設立
40 周年

2041
設立
50 周年

2061
設立
70 周年

2015 年宣言
JLA グランドデザイン 2061

アクション
プラン
2031

アクション
プラン
2041

アクション
プラン
2061

JLA グランドデザイン 2061 Ver.2

■3．JLA グランドデザイン 2061

①新たなグランドデザインの策定

　2015 年 12 月に発表したグランドデザイン（以下，旧グランドデザイン）は，当時 NPO 法人のビジョン・ミッションを遂行するために，短・中・長期的な視野に立って取り組んでいく具体的・実践的なアクションプランが必要であると考え，2015 年に「JLA グランドデザイン 2061」を作成した。

　これは，現在のライフセービングの原点ともいえる 1963 年よりおよそ 100 年後にあたり，かつ JLA が設立された 1991 年から 70 年目の節目となる「2061 年」をグランドデザインの最終的な到達地点としたものであり，ライフセービングの歴史が 100 年をすぎたオーストラリアをモデルとし，日本の現状と比較した将来の理想像として定めたものであった（図 1-4）。

　あれから月日が経ち，旧グランドデザインの「2021 年短期目標」がどこまで達成したかをレビューし，さらには NPO 法人から公益法人へと生まれ変わったことにより社会から求められる事業の変更も踏まえて，新たな「JLA グラン

ドデザイン 2061 Ver.2」（図 1-5）を作成した。ここでは，新たにアクションプランを 2031 年、2041 年、2061 年の 3 段階とし，これを合わせてグランドデザインとしている。これにより，水辺における安全知識と技能を広め，誰もが安全に楽しむことのできる社会の実現へつなげていく。

② JLA グランドデザインの実現に向けて

　「JLA グランドデザイン 2061 Ver.2」で掲げる理想像の実現には，これまでと同様「教育」「救命」「スポーツ」3 つの活動が中心であるが，その柱は「教育」にある。

　水辺の事故をゼロにするためには，水辺の安全を見守る監視・救助の体制を確立する。つまり「救命」活動が重要になる。しかし，それよりも重要なのは，水辺で遊ぶ，生活するすべての人が，その危険性を正しく理解し，自分の身を守る手段を知ること。つまり水辺の安全教育が最重要である。事故を未然に防ぐライフセービングでは，この「教育」の普及が最も重要なことである。

　そして「スポーツ」には，この活動をアピールすることや，ライフセーバーの救助技術や体

力を養うためであり、さらには子供たちの活動の入口という役割がある。特に子供たちには、スポーツからライフセービングの魅力や重要性を感じ、やがて「救命」や「教育」に活動の幅を広げていくことにつながる。

さらには、子供、高齢者、障がい者など、誰もが水辺を楽しめるための環境づくりの「福祉」、津波など自然災害に対する防災、減災の ための地域の環境づくりの「環境」にも取り組んでいく。

日本のライフセービング史100年後に向けて、「教育」「救命」「スポーツ」3つの活動を中心に、「福祉」「環境」に関する活動を加え、「JLA グランドデザイン 2061 Ver.2」の実現に向けて、本協会、都道府県協会、加盟クラブ、ライフセーバーと協力し進めていく。

◆図 1-5　JLA グランドデザイン　Ver.2

アクションプラン2061

■すべての国民がライフセービングを通じた生命教育を学べる社会をめざす
■全国にJLA認定ライフセーバーやライフガードを育成し水辺の事故ゼロをめざす
■国際ライフセービング連盟の日本代表機関として世界の溺水防止に貢献する

救命
・全国の海水浴場に認定ライフセーバーを配置
・プールや海岸にライフガードを配置（職業化）
・ライフガード資格の国家資格化

教育
・水辺での活動に携わるすべての人がBLSやWSを習得
・すべての加盟クラブと学校との教育連携を実現
・ライフガードが子供の「なりたい職業」TOP10入り

スポーツ
・誰もがライフセービングスポーツを楽しめる環境整備
・中央競技団体との人材交流によるマルチスポーツ化の実現
・すべてのスポーツ現場の事故防止の実現

アクションプラン2041

■活動場所と期間の拡大と先端技術の活用によるライフガードの職業化をめざす
■行政機関との連携で日本国内の溺水に関するデータの統合をめざす
■すべての大学等やプールにライフセービングクラブの設立をめざす
■アジアパシフィックを中心とした溺水事故防止のための技術提供に寄与する

救命
・IoT/AIやドローンを活用し誰もがレスキューアーとなれる環境の構築
・主要海岸でのメディカルコントロールの確立
・特定地域でライフガードの実践
・自然災害時における公的救助機関との連携確立

教育
・学齢に応じたWSプログラムを義務教育課程へ導入（学習指導要領への記載）
・大学教職課程にライフセービングを導入
・すべての加盟クラブで年間を通じたジュニアLS教育の展開
・各種水辺の基礎講習にライフセービングを導入

スポーツ
・LWC世界選手権での総合優勝とオーシャンM種目1位獲得
・種目特化シリーズ戦の開催とプロ化
・国民スポーツ大会での種目化
・全国9ブロックにHPTの拠点整備と専任コーチの配備

アクションプラン2031

■警備業法への資格整備や海水浴場外での活動などライフガード職業化へ環境整備を推進する
■全国の都道府県に加盟クラブを設立し47都道府県LS協会の設立をめざす
■ライフセーバーと地方自治体や公的救助機関との連携をより強化する
■ILSアジアパシフィック地区の一員として近隣諸国との連携を推進する

救命
・IoT/AIやドローンなどを積極的に活用
・救助救命活動でのメディカルコントロールの試行
・ライフガード職業化に向けて海水浴場外や通年での監視救助活動を試行
・自然災害時救助の試行

教育
・国民を対象としたBLSやWSの教育展開
・他団体や教育機関との指導連携強化（教育研修や授業支援等）
・ジュニアLS教育のプラットフォーム構築、運営支援制度の確立

スポーツ
・コーチ制度とアスリート育成パスウェイの確立
・LWC世界選手権でのオーシャンM種目メダル獲得
・全国9ブロックでの競技会開催（オーシャン／プール）
・競技会の付加価値の向上と参加しやすい環境の整備

3 日本ライフセービング協会と資格認定制度

■1. 活動目的

日本のライフセービング界を代表して国際ライフセービング連盟に加盟する唯一の団体として、国際的な視野から、海岸をはじめとする全国の水辺の事故防止に向けた安全教育、監視・救助、防災、防災教育、環境保全等を行うライフセービングの普及・啓発および発展に関する事業を行い、国民の安全かつ快適な水辺の利用に寄与することを目的としている。

■2. 活動理念

水辺の事故ゼロをめざし、「人と社会に変革をもたらす」法人として、「教育」「救命」「スポーツ」「環境」「福祉」といった領域における生命尊厳の輪（これを「JLA ヒューマンチェーン」と呼ぶ、図1-6）を普及していく社会貢献活動を行っている。

●ビジョン
水辺の事故ゼロ
●ミッション
水辺における安全知識と技能を広め、誰もが安全に楽しむことのできる社会へ。

● JLA ストラテジー

ライフセービングのさらなる発展をめざした戦略として「JLA ストラテジー」を掲げ、水辺の事故ゼロをめざして全国のライフセーバーとともに、誰もが安全知識を持ち、水辺を安全に楽しめる社会の創造に努めている（図1-7）。

● JLA ヒューマンチェーン

ヒューマンチェーンとは、救助者同士の手首を互いに掴み（人間の鎖）、水没した溺者を捜索する方法である。

ライフセービングでは「ライフセービングそのものを学び、実践していくこと」「ライフセービングによって獲得した生命の尊厳の精神をあらゆる分野に社会貢献していくこと」の二通りがある。いずれも人間がテーマであり、人間が人間を救う・守ることを根底に、生命のあるものが生命を救う自然の摂理を崇める、という歴史の普遍性を獲得していく活動展開を表現したものである。

◆図1-6 JLA活動理念（JLAヒューマンチェーン）

環境　救命　教育　スポーツ　福祉

◆図1-7 JLAストラテジー

STRATEGY 1	ライフセービングを通じた生命教育の普及	STRATEGY 2	認定ライフセーバーの育成
STRATEGY 3	先端技術による安心安全な水辺空間の創出	STRATEGY 4	ライフセービングの職業化
STRATEGY 5	ライフセービングスポーツの発展	STRATEGY 6	アジアパシフィックを中心とした国際貢献
STRATEGY 7	都道府県協会・加盟クラブへの支援	STRATEGY 8	ライフセービング支援者の創出

● SWIM & SURVIVE

スイム＆サバイブとは、水辺の危険を理解し活きる力を学ぶ方法である。

水の特性を知り、さらに水辺（海、河川、湖沼、プール、池、水路ほか）にはどのような危険があるのかを十分理解し、泳ぎの基本を学ぶことと同時にその危険に自ら対処する方法（スイム＆サバイブ）を体得していれば、いろいろな活動体験を通じて安心して多くの学びや感動を得ることができる。

事故防止の基本的な考え方として、特に自然環境下の活動では、時間的・空間的に変化する危険な場所を理解し、その対応を考えることができる能力が求められる。

JLAは、水辺におけるさまざまな活動において、危険な状況にならないように、「楽しみながら安全を考えて行動できる能力」を身につけるための教育を進めている。

3. 認定資格の内容と範囲

JLAにおけるサーフライフセービング講習会は、「溺れた人を救う」という救助活動から、「溺れない安心な環境をマネジメントする」ことを重点課題としている。実際の溺水事故例の分析から、人間の危険な行動という人的要因と自然（海浜状況）という環境要因を知り、監視ポイントを明確に学ぶことをめざしている。

また万一の危険な状態の人に対する救助技術や、応急手当の実践的技能を習得する。全国の海水浴場に対し、JLA認定のサーフライフセーバーが活動する数は、まだまだ不足しているのが現状である。“水辺における悲しい事故を減らすために”この資格が担う大切な使命がある。

◆図 1-8　日本ライフセービング協会の組織体制

最新の組織体制については、QRコードを読み取り、協会サイトにて確認してほしい。

ベーシック・サーフライフセーバーからアドバンス・サーフライフセーバーへ

「監視や救助には、ベーシック・サーフライフセーバー資格さえあれば、よいのか？」

有資格者という意味では、可である。しかし、実際の監視や救助、救護では、思いもよらないことが起きる。１日に数千数万の遊泳者がいる中で事故を未然防ぐ監視、自分よりも体の大きな方の救助、複数者が同時に溺れる環境、大出血を伴うファーストエイドなど、ベーシック・サーフライフセービング講習会では、習得していない事例がたくさん起きる。

ベーシック・サーフライフセーバー資格は、サーフライフセービング未経験の者がサーフライフセーバー資格を得るための資格である。アドバンス・サーフライフセーバー資格は、現場で一人前のサーフライフセーバーとして、監視や救助・救護等の活動にあたり、周囲の安全を確保し、事故防止や水難事故に対して適切に対応できることを習得した証の資格である。

監視や救助、救護等を経験した今、自分自身スキルアップとして、レスキューチームの底上げとして、水辺のさらなる安全向上と水辺の事故０（ゼロ）をめざして、ぜひ、アドバンス・サーフライフセーバーをめざすことを期待したい。

■1. 最後の手段としての救助活動

ライフセービングのなかで、監視・救助活動は、わが国のライフセービングを表すには最も認知されたものである。これは、海浜において溺水事故を未然に防ぎ、危険な状態の人に対してただちに救助を行う活動である。ここで重要なのは、事故を未然に防ぐ能力が大前提であり、溺水者（以下、溺者）を救助できる能力は、あくまでも最後の手段であるという考え方を基本にしなければならないことである。

■2. 「救う」より「守る」を重視

とかく救助訓練を受け、資格を得た喜びから生まれる「救いたい」という気持ちが優位になるのはけっして悪いことではない。しかし、救うという行為を深く分析すれば、「救う＝苦しみ」なのである。つまり、「救助者が救うまでに、溺者に苦しみを与えてしまった」という自省をもって、事故を未然に防ぐことの尊さを知らなければならない。

したがって「守る」という監視能力を高めるためには、実際の溺水事故例の分析から人間の

危険な行動という人的要因と自然（海浜状況）という環境要因を知って、監視ポイントを明確にしなければならない。

すなわち優秀なライフセーバーは、救助能力はもちろんのこと、それ以上に危機管理能力を有し、「救った」ことを喜ぶのではなく、「守った」ことを喜ぶべきである。

生命を守ったということは、その人を必要としている人も救ったという悦びにつながる行動でもある。

■3. ハインリッヒの法則

アメリカの損害保険会社の安全技師であったハインリッヒが発表した法則とは、「同じ人間が起こした330件の災害のうち、1件は重い災害があったとすると、29回の軽傷、傷害のない事故を300回起こしている。」というもので、300回の無傷害事故の背後には数千の不安全行動や不安全状態があることも指摘している（「新しい時代の安全管理のすべて」中災防）。

これは、ライフセービングにおけるヒヤリ・ハット（事故に至る可能性のあった出来事の「発見」）の事例にも当てはまる。ライフセーバーは、ヒヤリ・ハットの事例を共有して事故を未然に防ぐ対策を考えるべきである。

【事例】
・保護者の真後ろで子供が溺れているが、保護者は気づかず、レスキューに向かった。子供は無事だった。
・遊泳者が沖で泳いでいたが、目を離したときに突然動かなくなった。レスキューして救急搬送した。

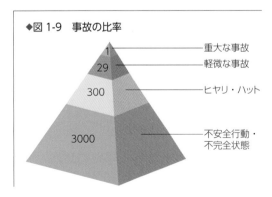

◆図 1-9　事故の比率

1	重大な事故
29	軽微な事故
300	ヒヤリ・ハット
3000	不安全行動・不完全状態

5 競技スポーツとしてのライフセービング

■ 1. スポーツとしての発展

　ライフセービング競技は「生命を救うスポーツ」として歴史を重ねてきた。1908 年、今から 100 年以上も前にオーストラリアで生まれた競技スポーツである。この競技は、スポーツの本質である「遊戯性」「競争性」「技術性」「組織性」を有し、楽しみや記録を追及する面と、あらゆる海洋スポーツ・水辺スポーツの「安全性（Water Safety）」を確保するといった、他のスポーツの繁栄を支援する面という特性がある。

　日本は四方を海に囲まれ、かつ急流で知られる河川や多くの湖沼を有している。海洋、水辺に親しみやすいわが国では、いつでも、どこでも、誰でも、目的や能力、そして適性に応じて身近に親しむ「生涯スポーツ」の観点からも、ライフセービング競技が注目されている。

■ 2. ライフセービングの本質とスポーツ

　ここで、ライフセービングの本質を理解するために、オーストラリアの元アイアンマン・チャンピオンの言葉から考えてみよう。

　チャンピオンが語った言葉だからこそ、説得力を感じるのだが、他の競技スポーツのチャンピオンの言葉に同様の意味を見つけることができるかを考えれば、おのずとそこにライフセービング競技の理念と意義が明確になってくるはずである。他の競技スポーツと決定的に異なる点に、公式競技会に出場するには一定の条件等をクリアしなければ参加できないことがある。これはスポーツの普及という面を考えれば大きなリスクでもある。しかしこのリスクをあえて冒し、また大切に守るという理念に価値を見出し、それを誇りにしなければならない。「より高く、より速く、より強く」が競技スポーツの妙味であるならば、ライフセービング競技は、「より安全に、より速く、より確かに」溺者を確保してゴールをめざさなければならない。ゴールの後に表現されるガッツポーズは、まさに「生還」である。

　このゴールの意味をもって、ライフセービング競技の正しいスポーツ化が存在する。

　下記の言葉は、この競技が生まれた 1908（明治 41）年にオーストラリアの新聞に記された言葉である。

競技に勝つため、一生懸命にトレーニングをして、自分を鍛える。
そして、その勝利を得たとき、その鍛えられた肉体が、初めてレスキューを可能にする。
自身のために鍛えた身体が、いつの間にか、
他者のために尽くすことにつながっていることが素晴らしい。
だから、私は一生懸命にトレーニングをする。
つまり、競技の No.1 はレスキューの No.1 である。

"When sport is combined with usefulness and humanitarian objects. such as are aimed at by these (surf lifesaving) clubs. then that sport is worth encouraging."
(Relph.A.W., 1908 年 9 月 26 日付「The Sydney Morning Herald」)

（ライフセービングクラブがめざしているように、スポーツの有用性に人道主義の目的が兼ね備わったとき、そのスポーツこそ奨励するべきである。）

■3. ライフセービングの主な競技種目

①ビーチフラッグス

砂浜で後ろ向きにうつ伏せになり20m先の競技者の数より少なく置かれたバトン（チューブ）を取り合う。

②ボードレスキュー

溺者役の選手が120m沖のブイまで泳ぎ、次いで救助者役がパドルボードで救助して、溺者役を連れて浜に戻る。

③レスキューチューブレスキュー

溺者役の選手がいる120m沖のブイまで救助者役が泳ぎ、レスキューチューブを使って溺者役を救助して浜に戻る。

④100mマネキントウ・ウィズフィン

フィンとレスキューチューブを装着した状態でスタートし、50m地点にある溺者（マネキン）にレスキューチューブを巻き付け、残り約50mを牽引して泳ぐ。

⑤2kmビーチラン

砂浜で250m離れた折り返し旗を4回走る速さを競う。

⑥IRB競技

溺者役の選手がいる130m沖のブイまで救助者役がIRBを用いて溺者役を救助して浜に戻る。

4. ライフセービングスポーツを楽しむために

近年、テレビやネットなどで"ドーピング"の文字を見る機会が増え、スポーツニュースとしてだけでなく、大きな社会問題になっている。ライフセービング競技においては、すでにドーピング検査を実施しており（図1-10）、このことは競技の発展を意味している。

ドーピング検査は、世界中どの競技スポーツにおいても一定の基準で行われている。そのことにより、競技や選手がクリーンであることを証明するとともに、その競技の価値を保つことにつながる。

しかし、アンチ・ドーピングといわれて、どのようなことをしたらよいのか、すぐには想像がつきにくい。普段なにげなく服用する風邪薬

◆図1-10　アンチ・ドーピングの普及活動の様子

や花粉症の薬にドーピング禁止物質が含まれていることがある。それらを知ること、情報を集めることもアンチ・ドーピング活動である。JLAのホームページで掲載しているアンチ・ドーピングの基礎から検査の方法などの最新の情報を活用してほしい。

アンチ・ドーピング

ドーピングとは競技力を向上させるために、禁止されている物質や方法を使用したり、その使用を隠したりすることである。これは、スポーツの基本理念であるフェアプレーに反し、反社会的行為とされる。ドーピングは、そのスポーツの価値を下げるだけでなく、競技者自身の健康をも害する可能性があり、世界的にアンチ・ドーピングは求められている。

【競技者としての心構え】

ライフセービング競技にはドーピング検査を導入している大会がある。医療機関に受診したり、市販薬を購入したりする際には、ドーピング検査の対象

アンチドーピングやコンディショニング

になりうる旨を医師や薬剤師に申告し治療内容や処方内容の確認を行うなど、ドーピング違反にならないよう自ら努める必要がある。

【うっかりドーピングに注意】

禁止物質だと知らずに使用してドーピング違反となる「うっかりドーピング」には特に注意が必要である。

ドーピング違反の対象となる禁止物質は、飲み薬だけでなく貼り薬や吸入薬にも存在する。また、市販薬やサプリメント、栄養ドリンクにも禁止物質が含まれている可能性があるため、摂取前には入念な確認が必要である。

6 教育活動としてのライフセービング

■ 1. 学校教育におけるライフセービングの位置づけ

サーフライフセービングは、海という自然のなかに位置する時間を重ねる。生命の源といわれる海から学ぶことは大きく、そして深い。

これまで野外教育では、山岳や平野部の自然環境を利用した山野型の野外活動（キャンプや登山、スキー等）が中心に行われていた。しかし、文部科学省は、2002年施行の学習指導要領から「水辺教育」を積極的に求めるようになった。つまり、生態系を知ることによって、人間は「生きている」存在から「生かされている」存在であり、自然物の一部として謙虚な意識を有するようになった。

■ 2. ライフセービング教育のこれから

学校生活において、いじめや自殺問題が深刻化している現在、子供たちの生きる環境や道徳観は、黄色から赤色へとその信号が変わりつつ

ある。成長過程において「いたわり」や「やさしさ」を育まれずに歩んだ子供たちの未来には、互いを支え合う心の仕組みは存在するのだろうか。この問題に向き合うとき、そこには必ずライフセービング・スピリットが存在する。夏季の監視活動では、救助に至ることなく、どれだけ溺水事故を未然に防ぐことができたかということが一番大切なことである。つまり「No Rescue こそ、最高のライフセービング」であ

◆図 1-11　ジュニアへの普及活動

◆図 1-12　JLA ジュニアプログラムのねらい

JLAジュニアプログラムのねらい
水辺活動における楽しさの中から、自然や人との関わりあいを学び、相互理解から命の大切さを実感することによって、たくましく豊かな人間関係をめざす。

楽しさ	人との関わりあい	命の大切さ
●プログラム例 ・ビーチクリーン（海辺のゴミ拾い） ・ゴミ探検団（海辺のゴミを調べてみよう） ・自分と海のつながりを考えてみよう ・ビーチフラッグス ・海でのシグナル ・海象（潮の干満・波の作られ方・海辺の危険）等	●プログラム例 ・ニッパーボードリレー ・ウェーディングリレー ・チームレスキュー ・カヌーポロ ・ナイトウォーク	●プログラム例 ・心肺蘇生 ・応急手当 ・チューブレスキュー ・海の生き物

るように、現代社会に生きる子供たちのレスキューサインにいち早く気づき、救助に至らない事故防止が求められている。ライフセービング教育には、子供たちの生きる明るさと、たくましさを引き出せる環境づくりを進めていく可能性が秘められている。

「ライフセービング」というキーワードで子供たちに何が伝えられるか。今こそ具現化していく時に来ている。ライフセービング教育では、人命や自然（生態系）への「いのちを守る」行為から、自他の生命を尊び合う心を養い、日常においても「助け合うスピリット」が芽生えることを教育的ねらいとしている。また、水辺活動を通して、子供たちが本来持つ冒険性を引き出し、共にある仲間の存在を認め合うことも、教育内容における魅力のひとつといえる。ライフセービング教育は、社会に必要とされる「健全な心身」と「他を思いやる心」を育むものである。

■3.e-Lifesaving

e-Lifesaving（イー・ライフセービング）とは、Water Safety をどこでも楽しく学べるように JLA が制作した学習教材である。2020年施行の学習指導要領に沿い、「水泳運動の心得」や「安全確保につながる運動」、「水辺の事故防止に関する心得」などへの実践的理解を深めるような構成となっており、主に学校教育において電子黒板や PC・タブレット端末等を使用し、主体的・対話的な学びを促すことをねらいとしている。プール活動や体験活動の事前指導、総合的な学習の時間など、水辺の安全教育に幅広く活用されることを期待している。

オーストラリアからの贈り物

1983年、オーストラリア連邦政府の文化機関「豪日交流基金」の仲立ちによって、ワールドライフセービング協会(WLS)のスタントン会長ほか2名の役員が日本のライフセービングを視察された。

その際、三氏より黄色のレスキューボードが贈呈され、その救助法が紹介された。そして、スタントン会長より次のような提案がなされた。①日本国内のライフセービング組織の統一、②ライセンスの統一、③教本草案の作成、④指導者および検定員の養成、の以上4つが目標に掲げられ、5年間にわたる豪日交流プログラムがスタートした。

今日、オーストラリアと日本の間で醸成された深い友情と信頼が、全国にライフセービングの普及の輪を広げ、1本のレスキューボードより始まった交流が、1,000本を超えるレスキューボードの配備となり、30,000人を超えるライフセーバー有資格者の養成によって、生命を守る活動への大きな成果につながっている。

第1回豪日交流プログラム・オーストラリア研修（1983年12月）。
左から2番目は金子邦親 元理事長。

日豪が戦略的パートナーシップを締結

2007年3月20日から25日の6日間、全豪サーフライフセービング選手権大会がスカボロビーチ（オーストラリア）で行われた。これは2007年がオーストラリアのサーフライフセービングクラブが組織化されてから100年目を記念する「サーフライフセーバー年」ということから、日本ライフセービング協会とオーストラリア・サーフライフセービング協会の間でパートナーシップの調印が執り行われるなど、大会は例年以上に盛り上がりをみせた。

今回の調印により、今後わが国においてオーストラリアのように、1人ひとりが自分の身を守るという認識を育て、水辺以外でのライフセービングの教育活動を行っていくなど、活動の幅がさらに広がることになる。

協定締結後、固い握手を交わす小峯力 前理事長（右）とランキン会長（左）

7月25日は世界溺水防止デー

【溺水防止に関する国連決議】

2021年4月、国際連合は第75回総会において、「Global Drowning Prevention」（溺水防止への世界的な取り組み）と題された決議を採択した。溺水を主題に決議が採択されたのは初めてのことであり、大変歴史的なことである。世界で年間約235,000人が溺水によって命を落としており、溺水は Silent and Preventable Killer（静かで防止できるキラー）であると総会の場で紹介された。

この決議によって、国連総会は加盟国に対して、溺水防止に向けて自発的に行動を起こし、溺水のための国の窓口を設けるように奨励している。また、世界保健機関(WHO)も加盟国の要請に応じて、溺水防止の取り組みを支援すると同時に、国際連合内の関係機関間において、国際連合システム内の活動調整を行うよう依頼している。

【世界溺水防止デー】

国際連合の決議の中で、毎年7月25日を「World Drowning Prevention Day」（世界溺水防止デー）とすることが定められた。

世界溺水防止デーは、溺水事故によって失われた命と溺水事故の悲惨さに想いを寄せ、予防可能であるはずのこれら悲劇的な事故に対し、世界中でその認識を高めることを目的としている。

World Drowning Prevention Day 25 July

ライフセーバーの
心がけ

態度とマナー

■1. 態度とマナー

　ライフセーバーは、単に「水難救助」の能力に長けているだけでなく、常に海水浴場（ビーチ）やプールに訪れた人々の視点に立って海やプールを安全に開放し、楽しい一時を過ごしていただくことを一番に考えなければならない。そのため、時として海水浴場やプールの秩序を守り統括するインスペクター（監督官）の役割を担う指導的な立場に立つ存在でもある。この役割意識をもつことが、ライフセーバーの地位とプライドを一層高めている。

　また、ライフセービングにおける質の高いサービスとは、利用者には十分遊泳を楽しんでいただきながら、常に危険を予知し、危険を見分け、早期に異変を発見し、事故が起こる前に対処することである。そして万が一、事故が起きた時には、迅速に救助し、適切な処置を施す。さらに、事故は予測もできない想定外のところでも起きうるため、ライフセーバーは想定外の状況下であっても、迅速に対応できなければならない。想定外の事故に対応するためには、予測できることをすべて予測し、それに対する事前準備を万全にし、できるかぎり未然に事故を防ぐことを第一に考えることが大切である。そのような準備がなければ、想定外の状況下においてクリアな判断と行動はけっしてできない。

　このようなサービスを提供するには、訓練と経験がなにより必要とされる。そしてライフセーバーは「遊泳区域のなかで、あるいは自分の目の前にいる、たとえサーフスキルのない人たちでも、安全に楽しんでいただける。そして、その人たちの命を完全に守ることができる」といえることを誇りとするとともに、その責任をもち、社会的信頼が高まる行動が求められる。

■2. ソーシャルメディアの利用

　ライフセーバーの活動において、SNSの有効活用によりライフセービングそのものを広く一般に認知してもらえる機会が増加してきている。このSNSの利用にあたっては、日本ライフセービング協会（以下、JLA）として次のような指針を示している。

① 活動のPRや有益な情報公開（業務として海象気象情報をアップするなど）のために業務中、携帯電話やタブレット、PC等を使用する行為は問題ない。

② 業務遂行中にプライベートSNSサイトへ情報をアップすることは業務以外の行為である。プライベートSNS利用は、休憩中や業務終了後に行う。

③ 内部資料や個人情報などが写り込んだものなどは、SNSサイトへアップされるべきものではない。また、人物写真をSNSやブログ等のネットワーク上へ掲載する場合は、必ず本人や対象団体の許可をとる。

④ JLAの事業として携わった内容を公開したい場合、個人のSNSサイト等へ掲載することが適切か否か、モラルある判断が必要である。判断が難しい場合、コメントを添えて、JLA事務局・広報室へ問合せの上、協会サイト、または公式SNSサイトを利用する。

■ 3．暴力行為・ハラスメント等の根絶に向けたガイドライン

JLA は、「教育」「救命」「スポーツ」「環境」「福祉」の領域で人間を救う、守ることを根底におくことをテーマとしており、いかなる暴力行為・ハラスメントもその理念に反するものであることから、「暴力行為・ハラスメント等の根絶に向けたガイドライン」を作成している。

都道府県ライフセービング協会ならびに加盟クラブ、そしてライフセーバーは、このガイドラインの順守を前提とし、理解促進を図り、ライフセービングに関する日頃の活動に努める必要がある。

①暴力行為・ハラスメント等の根絶に向けたガイドライン

JLA では「教育」「救命」「スポーツ」「福祉」「環境」の領域で人間を救う、守ることを根底におくことをテーマとしており、いかなる暴力行為・ハラスメントも、その理念に反するものであることから、スポーツ団体と同様に、ライフセービングに関わるすべての活動においてあらゆる暴力行為・ハラスメントを根絶していくことを宣言している。

暴力行為・ハラスメント等の根絶に向けたガイドラインは、協会サイトから確認できる。相談できる人、対象となる行為などについても合わせて確認しておきたい。

②薬物乱用防止に対する取り組み

厚生労働省によると、日本における薬物情勢は依然として覚醒剤が薬物事犯の半数を占めているものの、大麻の検挙者数が増加しており、大麻事犯検挙者数も高い水準である。大麻乱用については、特に若年層が顕著で、30 歳未満が大麻検挙者の約７割を占めている。そのため、

増加が懸念される若年者の大麻の乱用防止に重点を置きつつ、薬物乱用が疑われる時は一人で悩まずに近隣の相談窓口で相談し適切な治療・支援につながるよう啓発されている。

厚生労働省、都道府県、（公財）麻薬・覚せい剤乱用防止センターでは、警察庁をはじめとする関係機関や日本民営鉄道協会などの民間団体に協力を呼びかけ、官民一体となった薬物乱用防止普及運動を積極的に展開されている。このことを受け、JLA においても同様に取り組んでいくことを宣言している。

協会サイトの関連情報

最新の情報については、QR コードを読み取り、協会サイトにて確認してほしい。

活動ガイドライン

■ 4．監視・救助活動に未成年者を受け入れる場合のガイドライン

2012 年 4 月からスタートした「JLA ACADEMY」では、中学生を除く 15 歳以上が ベーシック・サーフライフセーバー資格、およびアドバンス・サーフライフセーバー資格を取得できるようになった。しかし資格を有するとはいえ、未成年に対しては十分な監督指導が求められる。また保護者の監護権の下にあることから、保護者に対する活動内容の説明、受け入れ側の管理態勢の説明などを十分行い、了解を得ることが望ましいと判断する。

以下のガイドラインが定められている。

①監視体制のシフトやトレーニングにおいて、熟練ライフセーバーとともに実施することを考慮し、未成年のみで活動することのないようにする。

②心身の成長過程にある力量（体力や技術、判

断力など）を理解し、自然環境との適応を見極め、健康管理（健康状態、疲労感、不安感、心身の安定など）については個人任せにするのではなく、十分な教育的配慮をする。

③夏の活動前に①②を含めた事前説明を当人とその保護者に実施し、さらには救助活動に携わる可能性や、万一の際の保険適用に関する内容と保障についても十分な説明を果たす。また活動に参加するうえで健康調査書と同意書への記入、署名、捺印を求め、双方の理解を深める。（JLA推奨用紙あり）

④未成年に特化したことではないが、指導、育成の一部としての体罰やハラスメント行為等に抵触することのないよう、クラブ代表者は監督指導を強化する。

⑤クラブ代表者および成人ライフセーバーは、未成年ライフセーバーの人格や体力、技術等への成長を促し、優秀なライフセーバーを育成していく視点を有し、活動に参加させる。

監視・救助等活動に未成年者を受け入れる場合の事前調査票

監視・救助活動に入る際の同意事項（本人）

2 日常的な体調管理

1. 健康管理

　自らの健康を維持管理できない人間にライフセービング活動は務まらない。なぜなら、海水浴場やプールでの救助活動には高いレベルの身体的フィットネスが求められるとともに、それを手に入れるには年間を通じた継続的なトレーニングが必要となるからである。したがって、ライフセーバーは自らの健康を害するような行為は望ましくない。

　また、パトロール(監視・救命活動)のシーズン中は、炎天下で長時間活動することが多く、熱中症や太陽の日差しによる肌や目への影響を考慮し、水分摂取や日焼け予防といった対策を講じて十分な健康管理を行わなければならない。

2. 飲酒の影響

　お酒に含まれるアルコールは、大きな健康危機を招く恐れがある。アルコールの過剰摂取は、特に肝臓や血液、心臓の疾患を引き起こすといわれ、また飲酒後に車を運転して交通事故を起こしたり、飲酒後に泳いで溺水事故に至ったりしたという報告は後を絶たない。

　そのため、ライフセーバーは、過度の量のアルコールをパトロールの前後に飲むべきではない。アルコールは、摂取後、血中に12〜20時間残るといわれ、判断力に大きな影響を及ぼす。アルコールが残った状態でパトロールにつくことは、判断力の低下を招き、より多くのリスク(危険)を負うことになる。また、アルコールを飲んだ後に水泳などの運動を行うことは、通常と比べてより疲れやすくなるととも

に、体温が急速に下がりやすく、激しい筋痙攣を引き起こす危険性を招く。さらには、嘔吐しやすく、肺のなかに胃の内容物を吸入しやすいといわれるため、とても危険な行為といえる。

　だからこそ、絶対に"アルコールを飲んで泳いではならない"のである。

3. 喫煙の影響

　JLAでは、"ライフセーバーが喫煙しない"ことを薦めている。

　喫煙は現代社会における健康害の一つであり、身体に大きな悪影響を及ぼすといわれている。影響の具体については、厚生労働省の「たばこと健康に関する情報ページ、喫煙と健康問題について簡単に理解したい方のために(Q&A)」に詳しいため、参照してほしい。また、無煙たばこ・スヌースの健康影響については、日本学術会議よりスヌースの使用による健康影響を懸念する「無煙タバコ製品(スヌースを含む)による健康被害を阻止するための緊急提言」が公表されている。

◆図 2-1　炎天下で長時間活動できる体力が求められる

■1. 高温環境と水分摂取

パトロール活動を長時間行った際、直射日光下にいた場合と日陰にいた場合とを比較すると、発汗量に大きな差が生じる。さらに、監視塔（タワー）の上に立っている者と地上（ビーチ）にいる者とを比較すると、地上にいる者の方が地面からの副射熱を受けるため、発汗量が多くなる。つまり、長時間、高温環境下にいた場合、発汗により、通常より多くの水分が身体から失われることになる。さらにその結果、運動能力の低下や集中力の欠如などを招くことになる。

そのような状況に陥らないためには、水分を補給することが必要になる。喉の渇きは、生命を維持するための本能的な欲求であり、渇きを覚える前に水分を定期的に摂取することが大切である。

暑熱順化と水分摂取

熱中症のような暑熱による事故は、梅雨の合間に突然暑くなった頃や梅雨明けの蒸し暑い時期に多く見られる。この時期に多いのは、身体が暑さに慣れていないことも原因の一つとして考えられる。さらに、ライフセーバーにとってこの時期はパトロール活動の始まりと重なっており、暑さに慣れていない状態で、急にパトロール活動を始めるために体調を崩しやすい。暑さへ身体を徐々に慣らし、水分を十分に摂取しながら活動する必要がある。

身体は発汗することによって体温をコントロールしている。汗などによって失われた水分は、外から摂取して補わなければならない。水分を摂取できずにいると、体内の水分が減少し、運動能力が低下するばかりか熱障害も生じてくる。体重あたり1%の体水分が減少すると、体温が約0.3℃上昇するといわれている。

水分を摂取する量は環境条件にも左右されるが、発汗による体重減少の70〜80%の水分を目安とし、気温の高い時は15〜30分ごとに1回200〜250mℓの水分を補給するとよい。摂取する水は0.1〜0.2%の食塩水（100mℓ当たりのナトリウムが40〜80mg）で、3〜6%程度の糖を含んだものがよい。

◆暑熱順化のためのトレーニングポイント

①開始時期
・気温が高くなり始める5〜6月から開始する
・暑熱環境地域に移動して競技会に参加する場合は、5日間以上前に現地に入り、トレーニングを行う

②暑熱順化に必要な期間および持続性
・トレーニング開始から順化の効果が表れるまで5日間を要する
・トレーニングを中止した場合、短い場合は1週間、長くても1か月でその効果は消失する
・順化のためのトレーニングは、3日間以上間を空けない

③トレーニングの強度、時間、服装など
・最大酸素摂取量の50〜75%の強度の運動を30〜100分実施する
（環境条件や個々の体力を考えて実施する）
・強度および運動継続時間は、順化が進むにつれて漸増する
・服装は汗の蒸発を妨げない服装が好ましい

④その他
・非暑熱下でのトレーニングや暑熱環境曝露のどちらかだけでは効果が小さい
・順化トレーニングにより発汗量は増加するため、より多くの水分を補給することが必要である

（出典：日本スポーツ協会『スポーツ活動中の熱中症予防ガイドブック』p.38）

■2.日焼けの危険性とその予防

①日焼けの危険性

　直射日光に含まれる紫外線は、人体に次のようなダメージを引き起こす。

・肌へのダメージ
・（日焼けによる）やけど
・（目の）白内障（はくないしょう）
・皮膚がん

　特にサーフライフセービングのパトロール活動では、身体を太陽からの日差しに直接さらすことから健康面でのリスクを伴う。また、水中においても、紫外線は水面から20 cmの水深まで届くため、安心してはいけない。

　ライフセーバーを対象にした調査では、1日に受ける紫外線量の約3分の2を、午前10時〜午後2時の時間帯に受けるという結果が報告されている。そのため、ライフセーバーは日焼けの危険性とその予防についての知識をもち、次のような点を守って体調管理に努めることが大切である。

②紫外線

　太陽光線は大きく分けると、①可視光線、②赤外線、③紫外線の3つになる（図2-2）。可視光線は地上に光を、赤外線は熱を届けている。一方、紫外線は、地球に到達する太陽光線のうち、波長が短く、エネルギーの高い光であり、皮膚でビタミンDを合成するが、その反面、そのエネルギーの高さによって地球上の生命体

に有害な影響も及ぼす。紫外線は、UV-A、UV-B、UV-Cの3種類に分けられ、そのうち、UV-Cと呼ばれる最も有害な紫外線は、ほとんどがオゾン層によって吸収されて地球上には届かない。それぞれに次のような特性がある。

［UV-A（波長 315〜400 nm）］

　太陽光線のうち5.6%が通過。UV-Bほど有害ではないが、長時間浴びた場合の健康影響が懸念されている。皮膚が黒くなる日焼けの原因である。

［UV-B（波長 280〜315 nm）］

　太陽光線のうち0.5%が通過。ほとんどは大気層によって吸収されているが、一部は地表へ到達し、皮膚や眼に有害。皮膚が赤くなる日焼け（サンバーン）や皮膚がんの原因である。

［UV-C（波長 100〜280 nm）］

　オゾン層で吸収され、地表にはほとんど到達しない。強い殺菌作用があり、生体に対する破壊性が最も強い。

③日焼けの防止ポイント

［肌の露出を最小限に押さえる］

　午前10時〜午後2時の間は、なるべく日陰で過ごす。

［身体を衣類で保護する］

　つばのついた帽子を被る。速乾性の襟付き（えり）シャツや長袖のパトロールシャツを着る（できればUVカット効果や性能のあるものが望ましい）。

［日焼け止めクリームを塗る］

　日焼け止めクリームの説明で、SPFやPAといった文字を目にする。それぞれ次のような特徴がある。

・SPF（Sun Protection Factor）：

　UV-Bによるサンバーン（日焼け）防止効果を示す数値である。この数値が高いほど効果が高い。ただし、塗布量（とふ）や発汗等で効果に差が生じる。

　日焼けには個人差があり、紫外線が当たりだしてから日焼けするには、15分〜20分といわ

◆図2-2　太陽光の種類と波長

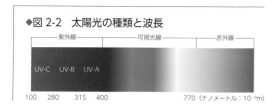

紫外線	可視光線	赤外線
UV-C　UV-B　UV-A		

100　280　315　400　　　　　　770（ナノメートル：10⁻⁹m）

れている。そのため、

- ・20分で日焼けをしてしまう人には、SPF30の使用で、20分×30倍＝600分（約10時間）日焼けを遅らせる効果がある。
- ・10分で日焼けをしてしまう人には、SPF50の使用で、10分×50倍＝500分（約8時間）日焼けを遅らせる効果がある。

・PA（Protection Grade of UVA）：

UV-Aの防止効果を示す指標である。PA＋の「＋」の数が多いほど効果が高い。

- ・「PA＋」……UV-A防止効果がある
- ・「PA＋＋」……UV-A防止効果がかなりある
- ・「PA＋＋＋」…UV-A防止効果が非常にある
- ・「PA＋＋＋＋」……UV-A防止効果がきわめて高い

これらを参考に、衣類等でカバーできない部分（顔、首、腕など）に日焼け止めクリームを塗る。クリームはこまめに塗り、泳いだ後は塗り直すとよい。

[アイ・プロテクション（サングラス）を使う]

100％UVカットのサングラスを使用する（図2-3）。水や砂は、紫外線を反射させて強度を増すので、目に対するダメージは予想以上に高い。そのため、上・下面や横面からの日光の侵入を防ぐことができる形状のサングラスを使用す

◆図2-3　眼の日焼け対策としてのサングラス

るのが望ましい。近年、眩しさや反射光を、より効果的にカットする偏光レンズのサングラスを多く見かけるが、眼の日焼け対策にはUVカット効果・機能を備えたサングラスが重要である。

④日焼け止めクリームによる環境破壊

日焼け止めクリームのなかには、海洋生物やサンゴ礁に悪影響を与える成分が使われているものがある。紫外線吸収剤の「オキシベンゾン」や「オクチノキサート」という化学物質で、サンゴ礁の白化現象や海洋生物の遺伝子損傷などの環境破壊の原因の一つといわれている。

近年、これらの成分を含む日焼け止めクリームの販売や使用を禁止し、海の環境を守っていく動きが高まってきている。

紫外線の目への影響とは

紫外線が人の目に対して与える障害には、急性のものと慢性のものがある。

強度の強い紫外線は目に対して危険で、急性の障害として雪眼炎（雪目、雪眼）や紫外眼炎（電気性眼炎）を起こし、慢性の障害として白内障、翼状片と瞼裂斑形成になる可能性があるといわれている。

海水浴場で活動するライフセーバーにとって、可視光線や紫外線から目を守ることはとても大切なことである。自分たちの将来を見据え、紫外線対策として紫外線カット効果の高いサングラスで目を保護することは、私たちには不可欠なことである。

4 トレーニングと食事

■ 1. トレーニングの必要性

実際のレスキュー（救命活動）には知識や専門技術だけでなく、持久力とフィットネスが求められる。そのため、高いレベルのフィットネスを維持することは、ライフセーバーにとって非常に重要なことである。もし十分に身体を鍛えないままパトロール活動に参加すれば、ライフセーバー自身の命を危険にさらすような大きなリスクを伴うことを意味する。

そうならないためにも、ライフセーバーは1年を通してトレーニングを行い、高いフィットネスを維持することが求められる。年間のトレーニングにおいては、「筋力」「スピード」「瞬発力」「持久力」「柔軟性」といった一般的なトレーニング要素を継続的かつバランスよく高めていくことが重要である。その意味でライフセーバーにはアスリート同様に高い自己管理能力が求められる。

また、ライフセービングに求められるフィットネスを考えるうえで、競技スポーツとしてのライフセービングを利用することはとても有効である（図2-4）。JLAでは、ライフセービングスポーツ本部がライフセービングにおける競技会等を運営し、パトロールとレスキューとしての「ライフセービング」と、競技種目としての「スポーツ活動」の双方の発展をめざした理念を追求している。

例えば、競技力を高めるには、基礎体力や細かなテクニックを自信がもてるまで何度も繰り返し行うことが重要である。こうしたトレーニング過程すべてがライフセーバーにとって必要なフィットネスの土台となるものと考えられる。また、このような土台があってこそ、ハードなトレーニングが可能となる。しかしながら、競技力向上のためのトレーニングは土台ではあるが、すべてではない。特に実際のレスキューでは、総合力や応用力、あるいはチームワークや的確な判断力などが求められる。こうした能力を高めるためには、レスキューを想定したシミュレーション・トレーニング、条件を厳しくしたワースト・コンディションでのトレーニングが効果的である。

一方で、ライフセービングに参加することはすなわち日々のフィットネスが重要であり、これを継続することで健康的なライフスタイルを手に入れることもできるだろう。健康危機が叫ばれる昨今、規則正しい身体運動は健康やフィットネスを向上させる現実的な方法であり、そして一人ひとりの「クオリティ・オブ・ライフ（QOL＝Quality Of Life）」を高めていくものと考えられる。

なお、運動のレベルとタイプは個人差があるので、専門の指導者によるアドバイスを受けることをお勧めする。

◆図2-4　スポーツ活動としてのライフセービング

■2. 食事の必要性

食事の必要性は、ライフセーバーに限らず、一般的な常識として次のことが考えられる。
・性別と年齢に見合った体重を維持するように努める。
・食べすぎ、飲みすぎ、あるいは、運動不足が続くと肥満になる。

これらのことは、もちろんライフセーバーにとっても当てはまることであり、健康を維持するためにはバランスのとれた食事を摂ることが大切といえる。栄養素は、①炭水化物（糖質）、②脂質、③タンパク質、④ビタミン、⑤ミネラル（無機質）の5つから成っている（図2-5）。このうち、特に炭水化物（糖質）、脂質、タンパク質は、いわゆる「3大栄養素」といわれ、バランスよく摂取することは、健康やウエイトコントロールに重要である。

①炭水化物（糖質）

筋肉や肝臓に蓄えられて、身体を動かすエネルギー源となる。脳を動かすことができる唯一の栄養素でもある。

②脂質

ゆっくりした運動時にのみエネルギー源となる。ほとんどは皮下脂肪（ひかしぼう）として蓄えられるので、摂りすぎには注意が必要である。

③タンパク質

筋肉や血液の材料となるほか、髪の毛、爪（つめ）、皮膚、ホルモン等をつくる大切な栄養素であり、体づくりには欠かせない。不足すると筋力アップはおろか、貧血を招く原因となるため注意が必要である。

④ビタミン

風邪の予防や疲労回復など、コンディションづくりをしてくれる栄養素である。糖質や脂質などのエネルギー源がうまく燃えるためのエンジンオイルのような役割も果たす。

⑤ミネラル

ミネラルのなかでも特に重要なのがカルシウムと鉄である。カルシウムは骨や歯の材料となるほか、イライラを抑えたり、筋痙攣（けいれん）の防止に役立つ。鉄は血液の材料となる。

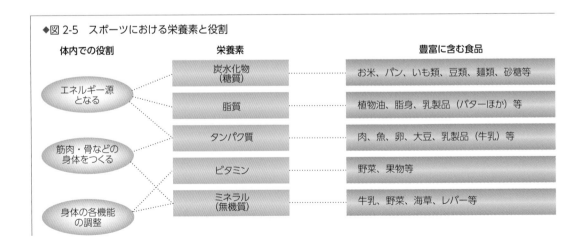

◆図2-5　スポーツにおける栄養素と役割

体内での役割	栄養素	豊富に含む食品
エネルギー源となる	炭水化物（糖質）	お米、パン、いも類、豆類、麺類、砂糖等
	脂質	植物油、脂身、乳製品（バターほか）等
筋肉・骨などの身体をつくる	タンパク質	肉、魚、卵、大豆、乳製品（牛乳）等
	ビタミン	野菜、果物等
身体の各機能の調整	ミネラル（無機質）	牛乳、野菜、海草、レバー等

5　マリンスポーツの実践

大航海時代から帆船を操る航海士たちは優れた操船技術を「グッド・シーマンシップ（Good Seaman-ship）」と呼び、大切にしてきた。また一流のサーファーたちは海に敬意を払うことを忘れない。各種のマリンスポーツにはそれぞれの世界のなかに重んじてきたスピリット（精神）やルール、マナーがある。

海洋性レクリエーションが多様化し、発展する今日、こうした各種団体がもつルールやマナーを互いが理解し、尊重しようとする姿勢がなければ、マリンスポーツが豊かに交流することは難しい（図2-6）。

安全は、すべてのマリンスポーツ団体に共通する最も重要なテーマである。その安全を専門とし、セーフティー（安全）とレスキュー（救命活動）の手法（メソッド）や技術（テクニック）を創造し普及する役割を担う私たちライフセーバーは、活動の視野を広げ、各マリンスポーツ団体とのコミュニケーションを大切にして、水辺におけるすべての事故を無くすことに貢献する立場であることを改めて自覚しなければならない。そのために、まず、私たちは他のマリンスポーツ団体からの高い信頼を得られるよう、レスキューの「質」を高める努力が求められる。

21世紀に入った今、新しいスポーツのあり方として既存のスポーツの枠を超えた新しい世界が求められている。JLAは、2016年2月に公益財団法人日本水泳連盟とオープンウォータースイミング事業協力に関する覚書を、また同年3月に公益社団法人日本トライアスロン連合とパートナーシップ協定の覚書を締結した。私たちは、マリンスポーツ団体のネットワークを構築すると同時に、海洋性レクリエーションの安全性を高め、ひとりでも多くの人がさまざまなマリンスポーツに楽しく安全に参加できる環境を提供していきたい。こうした取り組みが日本の海洋スポーツ・海洋文化を創造し、社会貢献につながることを理解してほしい。

◆図 2-6　ビーチスポーツと活動の目的

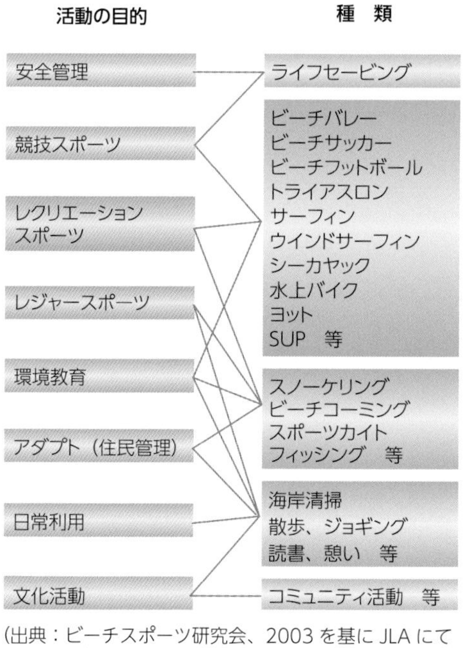

活動の目的	種　類
安全管理	ライフセービング
競技スポーツ	ビーチバレー ビーチサッカー ビーチフットボール トライアスロン サーフィン ウインドサーフィン シーカヤック 水上バイク ヨット SUP　等
レクリエーションスポーツ	
レジャースポーツ	
環境教育	スノーケリング ビーチコーミング スポーツカイト フィッシング　等
アダプト（住民管理）	
日常利用	海岸清掃 散歩、ジョギング 読書、憩い　等
文化活動	コミュニティ活動　等

（出典：ビーチスポーツ研究会、2003を基にJLAにて一部改編）

◆図 2-7　マリンスポーツは私たちの公共財

6 惨事ストレス対策

■1. 惨事ストレス

人はなんらかの外的要因で身体が傷つくのと同様に、戦争や震災等の大規模な災害、きわめて凄惨な災害、交通事故、犯罪等のさまざまな要因により、精神的に大きなダメージを受ける。このような場合に起こるストレス反応は、惨事ストレス（Critical Incident Stress：CIS）と呼ばれている。

ライフセーバーも監視救助活動中に、溺者の救助や心肺停止状態の傷病者への対応等により、精神的に強い衝撃を受け、同様のストレス反応が発生する可能性がある。軽度の場合は時間の経過とともに軽快していくが、重度になるとさまざまなストレス症状が発生し、場合によっては長時間にわたり日常生活や監視活動に支障をきたす等の問題も出てくる。

ただし、惨事ストレスは病気ではなく、誰しもが発生しうるストレス反応で、「異常な事態への正常な反応」である。多くの場合は時間の経過とともに軽快していくが、場合によっては、その影響が長引き、PTSDやうつ病の発症につながる可能性もあることを知っておきたい。

■2. ライフセーバー特有のストレス

ライフセーバーは以下に挙げるような特有のストレスを受けている。それにより、精神的なストレスが増幅される可能性があり、ライフセーバーは「隠れた要救助者」となる危険性がある。「隠れた要救助者」は、なかなかその本心をおもてに出せず、ストレスが高じる危険性が非常に大きいと考えられており、ライフセーバーは、その活動に特有なストレス要因をたくさん持っているといえる。

①救助活動を忌避できない

強い責任感により、救助活動に従事することを拒めないというストレス。「事故を起こさせたくない」という気持ちから強固な使命感を持っていること等が起因する。

②社会的な期待が大きい

遊泳客は、ライフセーバーに対して、頼もしい、勇敢、献身的等といった大きな期待を持っている場合があり、ライフセーバーはその期待に応えなければならないという義務感、責任感というストレス。強い義務感や責任感を持って、どんな危険な状況であっても社会的な期待に応えていくという意識が高いこと等が起因する。

③弱音を吐けない

救助活動により強いショックを受けても、弱音を吐くことができないストレス。活動内容に個人情報が含まれており、それらを誰彼かまわず話すわけにもいかない状況等が起因する。

■3.ストレスケア

ライフセーバーのストレスケアとして、監視業務を一緒に行う、同じ活動を共にするリーダー（監視責任者）が行う監視活動中と救助救護活動直後のストレスケアと、ライフセーバー自身が行う監視活動外のストレスケアがある。

①監視活動中のストレスケア

JLA が作成した「ライフセーバーのための惨事ストレスへの対応ガイドライン」に添付されている「ストレスチェックリスト」(IES-R)を用いて、ストレスケアを行う。ライフセーバーは活動期間中に定期的に「チェックリスト」を用いることが望ましい。「ストレスチェック」の結果、25 点以上の場合は、ただちに雇用主か JLA に連絡し、専門家によるカウンセリング（個人面談）を受けるようにする。

②救助救護活動直後のストレスケア

救助救護活動で強いストレスを体験したライフセーバーに起こるストレス反応の軽減と、さまざまな症状を長引かせないために、ある一定のルールの中で、自分の気持ちを互いが話すことによってストレスを発散させる重要な方法、デフュージングを行う。

具体的な方法としては、リーダー（監視責任者）と救助活動に関わったライフセーバーによるミーティングを、監視業務の妨げにならない適当な場所で、救助活動発生直後、原則として8 時間以内に実施する。ミーティングは短時間のうちに少人数で実施することが大切で、実施時間は 20 分から 60 分程度で終了させる。詳細は「ライフセーバーのための惨事ストレスへの対応ガイドライン」を参照してほしい。

③監視活動以外でのストレスケア

一般的なストレス解消と同様に、日頃から趣味やスポーツ等によるストレス解消がとても大切である。事の大きい小さいにかかわらず救助活動等による心身のストレスに対して自分なりの解消法をもって、随時リフレッシュしていくことを心がける。以下に、ストレス予防・解消法の一例を示す。

・運動
・規則正しく栄養のある食事
・入浴、リラクセーション
・体内時計に合った、夜間の十分な睡眠
・家族、信頼できる友人との会話

④惨事ストレスへの対応ガイドライン

JLA では、ライフセーバーが惨事ストレスについて正しい理解を深め、適切な対処を通じて、ストレスに悩まされることなく、充実したライフセービングを行っていくための手引きを作成している（図 2-8）。

◆図 2-8　ライフセーバーのための惨事ストレス対応へのガイドライン

詳細については、QR コードを読み取り、協会サイトにて確認してほしい。

惨事ストレス対策

競技クラフト機材（サーフスキー）の車輌運搬についての諸注意

■サーフスキーの乗用車積載について

　現在、ライフセーバーの競技クラフト機材であるサーフスキー（全長約5.8m）の乗用車での運搬は、道路交通法第57条（積載の制限）の施行令第22条（積載機材のはみ出し部分を、車体の長さの2/10以下に収めなければならない）に違反している。サーフスキーを運搬する車輌は、全長が約4.85m以上なければ認められない。乗用車の多くは全長4.5mほどのため、大半が違反となる。また、運搬の際には赤い旗等を積載機材の前後に付けているだろうが、それだけでは違反になるので注意したい。

■運搬する方法について

❶自分たちで運搬する

　警察署へ制限外積載許可申請をすることで可能になる。サーフスキーの運搬方法について、制限外積載の許可申請書を2部作成し、運行前に出発地の警察署長の許可をもらうことによって運搬することができる。運行ごとに申請手続きをとらなければならないため、最寄りの警察署であらかじめ確認の上、許可申請を行う必要がある（都道府県によって書式体裁等が若干異なる場合がある）。

❷クラブ拠点からトラックで運送する

　サーフスキーを安全に確実に運搬するために地元のトラック運送会社へ依頼する。近年、JLAの事業においても機材等はトラック運送会社へ依頼し、スタッフは手持ちの荷物のみで公共交通を利用している。専門業者に任せることによって、費用は多少かかるが、機材はもちろんのこと、選手自身も安全安心かつ確実に目的地に移動できることができる。

◆制限外積載許可

○普通乗用車（車長が4.5m）などの場合

○軽自動車（車長が3.4m）などの場合

・警視庁：制限外積載等
https://www.keishicho.metro.tokyo.lg.jp/tetsuzuki/kotsu/application/seigengai_sekisai.html
詳細については、QRコードを読み取り、確認してほしい。

第3章

サーフスキルと
トレーニング

┃ サーフスイムスキル

■1. 目標物の確認

　海で泳ぐときには、プールとは異なり、波、風および潮の流れ等の影響を考慮して行動しなければならない。そのためには、海に入る前に陸上にある建物（例えば監視塔/タワー）などの動かない物で事前の位置を確認し、海上からその目印を見ながら自分の現在の位置を把握できるようにすることが大切である。

■2. 浅瀬を移動するスキル

①ウェーディング

　ウェーディングは、膝ぐらいまでの水深の辺りで速く進むための技術である。腕を大きく振り、ハードル走の抜き脚のように脚を水面から抜いて進む（図3-1）。

　その後、水深が深くなり脚を抜くことが難しくなってきたら、ドルフィンダイビングに切り替える。

②ドルフィンダイビング

　ドルフィンダイビングは、腰くらいの水深の辺りで水の抵抗を少なくして波を切り抜けなが

ら進むための技術である。波が崩れてくるタイミングに合わせて、波の下に飛び込み、両手で海底の砂を掴んで波が通り過ぎるのを待つ。波が通り過ぎたら、両腕を引きながら両膝を身体の下に引き寄せ、海底を蹴って水面に向かってジャンプする。

　水深が腰から腹の深さくらいの辺りまでこの動作を繰り返し、その後に泳ぎ出す。ドルフィンダイビングなどを行うときに、海底に対して垂直に飛び込むと海底に頭を打ち頸椎（髄）を損傷する危険がある。必ず手から入水し、その手を頭よりも先に海底につき、砂を掴むようにする（図3-2）。

■3. スイムスキル

①ヘッドアップスイム

　海で泳ぐときも、基本的にはプールで泳ぐ技

◆図3-2　ドルフィンダイビング

※必ず手から入水し、その手を先に海底につく。

◆図3-3　ヘッドアップスイム

◆図3-1　ウェーディング

術と同じである。しかし、水底にライン等の目印があるわけではないので、時々水面から顔を上げて自分の位置や波の状態を確認しながら泳がなければならない（図3-3）。

②ボディーサーフィン

　ボディーサーフィンは、沖から岸に戻るときに器具を使わずに波に乗る技術で、岸に早く戻るための有効な手段である（図3-4、5）。崩れ波はボディーサーフィンに最も適した波であるが、巻き波は海底に叩きつけられる危険を伴うので注意が必要である。

[第1局面]　波が砕けそうなところで待ち、適当な波が自分の数メートル後方に来たときに海底を蹴り、自分の身体が波に乗るまで岸に向かって泳ぐ（図3-4 ①②）。

[第2局面]　波が砕けはじめたら、息を吸い（図3-4 ③）、頭を下げて身体をまっすぐにする。そのとき、両手を揃えて前方に伸ばし、完全に波に乗るまで水を強くキックする（図3-4 ④）。

[第3局面]　しばらく波に乗っていると次第に波から遅れてくる。そのため、波に遅れないように、身体をまっすぐにしたまま片手クロールのようにして水をかき続ける（図3-4 ⑤）。

[第4局面]　浜に近づき、波の勢いが弱くなったら、身体を立てるようにして波をやり過ごして止まる。

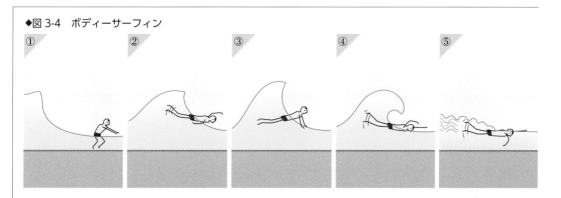

◆図3-4　ボディーサーフィン

① ② ③ ④ ⑤

◆図3-5　波が砕ける勢いを利用してボディーサーフィンを行い、岸に早く戻ることができる

① ② ③

2 ボードスキル

■ 1. ボード操作を行う心構え

ボードを安全に操作できるようになるには、時間をかけて反復練習することが必要である。ボードを使用する前には、ボードに傷がないか、ストラップ（紐）は切れていないか、デッキパッドがはがれていないか、ワックス（滑り止め）が十分に塗られているか等を必ず確認する。

また、波に対応する技術は危険を伴うので、初心者は指導者の下で練習を始め、慣れてきても自分を過信しないことを忘れてはならない。

■ 2. ボードコントロール

①バニーホップ

水深が膝から腰くらいのところでは、ボードのレール（横面）を両手で保持し、両足でジャンプしながらボードを前方に進ませる（図3-6）。この操作をバニーホップという。

②パドリング

パドリングには、プローンパドリング（図3-7）とニーパドリング（図3-8）という2種類の方法がある。プローンパドリングは、ボード上に腹ばいになり両腕をクロールのように交互にパドリングする方法である。一方、ニーパドリングは、ボード上に両膝をつき、両腕で同時にパドリングする方法である。

いずれの方法も、ボードのノーズ（先方）やテール（後方）が水の中に沈まないようにボード上の自分のポジションを調整するとよい。

日本人の熟練ライフセーバーにおけるボードパドリングの最大速度は、プローンパドリングで男子2.73 m/秒、女子2.40 m/秒程度、ニーパドリングで男子3.02 m/秒、女子2.55 m/秒程度であると報告されている。また、日本人熟練ライフセーバーが全力パドリングによる加速を行った場合、両パドリングともにスタートから25〜30m付近で最大ボード速度に達することが報告されている（深山ほか、2013）。

◆図3-7 プローンパドリング

◆図3-8 ニーパドリング

◆図3-6 バニーホップ

③停止

　パドリングしている状況からボードを停止させるときは、ボードの後部に移動してまたいで座るようにするか（図3-9）、両腕を水中に深く入れ、水の抵抗を利用して停止する。

◆図3-9　停止

④方向転換

　ボードには直進性を保つためにボトム（底面）のテール（後方）側にフィンがついている。パドリング中に方向を変えたいときは、プローンパドリングまたはニーパドリングにかかわらず両腕で進みたい方向にパドリングするか、両腕を水中に深く入れて円を描くように動かして方向を変える。

　また、急な方向転換が必要なときは、停止の姿勢から、立ち泳ぎで用いる巻き足と同様に足を動かしてボードの方向を変えるとよい。

■■3.波越え操作と波を利用した操作

①波越え（スープ越え）

　沖へ向かってパドリングすると、浜に打ち寄せる波を越えて進まなくてはならない場合がある。まず、波が立ち崩れはじめたら（「スープ」の状態ともいう）、ボードのノーズ（先方）を波に対して垂直方向に向けることが重要である。

＜波のサイズやパワーが小さい場合＞

　プローンパドリングの場合は、ボードのノーズが崩れた波と接触する直前にボードの両サイド（レール）を手で掴み、腕立て伏せの要領で身体を起こし、身体とボードの間に崩れ寄せる波（スープ）を通すようにして波の抵抗を少なくする（図3-10　①）。

　一方、ニーパドリングの場合は、ボードのノーズが崩れた波と接触する直前に上体を起こしボードの後方に重心を移す。これにより上方に浮き上がったノーズの下をスープが通るようになる。そして、波を越えたと同時にパドリングを続け、バランスを取る（図3-10　②）。

　いずれの方法も波を越える直前直後においても、できるかぎりパドリングは続け、スピードを維持する。

◆図3-10　スープ越え

①プローンパドリングの場合

②ニーパドリングの場合

＜波のサイズやパワーが小〜中程度の場合＞

崩れた波が近づいてきたらボードの後方にまたがるようにして座り、ノーズを上方に引き上げる（図3-11）。波がボードのボトム側を通り抜けていくが、その衝撃によってノーズがさらに上方へ引き上げられるため、同時にストラップを掴みながら前方へ重心を移動させるようにしてノーズを押し下げる。そして、波を越えたと同時に速やかにパドリングを再開し、バランスとスピードを維持することを心がける。

この方法（ポッピング）は高いレベルのボードコントロールやバランスを必要とする。

＜波のサイズやパワーが中〜高程度の場合＞

前述の波越えの方法で越えられそうにないほどの大きな波や崩れる直前の波の場合は、ボードをローリング（反転）させて、水中で波をやり過ごすとよい。

まず、ボードの前方のストラップ（紐）を両手でしっかりと握り、ローリングをする（図3-12）。次に、ボードが自分の頭上にくるので、自分の身体でボードの下にアンカー（錨）のようにぶら下がり、ボードのノーズ（先方）を下方（水底方向）に引っ張る。その後、波が通り過ぎたら、再びボードをローリングさせ、すばやくボードの上に乗りパドリングを再開する。

◆図3-11　ポッピング

②波の利用

波の力を利用することによって楽にかつ速く浜（岸）に戻ることができる。波に乗る場合には、波に遅れないようにパドリングし、波に乗ったら自分のポジションを少しテール側（後方）に移動させるとボードを操作しやすくなる。

ボードから落ちた場合は、ボードやストラップ（紐）を掴み、ボードを流さないようにする。波が崩れてくるところでは、自分よりボードが沖側にある場合、波の勢いでボードが自分の身体に当たることがあるので注意が必要である（図3-13）。また、ボードを流した場合、周囲の人にぶつかり怪我をさせてしまう危険性があるので十分注意しなければならない。

◆図3-12　ローリング

◆図3-13　波とボードとライフセーバーの位置関係

3 ライフセーバーのためのトレーニング理論

■ 1. トレーニングの原理・原則

トレーニングの刺激は、身体機能にさまざまな適応、すなわちトレーニング効果を生じさせる。トレーニングを行うと疲労し身体機能は一時的に低下するが、栄養の補給や休養が適切であれば以前より高い水準に回復する。これを超回復という（図 3-14）。しかし、トレーニングの仕方によっては、トレーニング効果が思うように上がらず、傷害を引き起こすこともある。そのため、トレーニングは表 3-1 に挙げるいくつかの原理・原則に従って正しく行われることが重要である。

■ 2. ライフセーバーのための フィットネストレーニング

①ライフセービングに必要な体力（フィットネス）

ライフセーバーにとって、フィットネストレーニングは溺者を救助するとともに、自分自身を守るためにも大変重要である。体力は、フィットネス（Fitness）、あるいはフィジカ

◆図 3-14 超回復

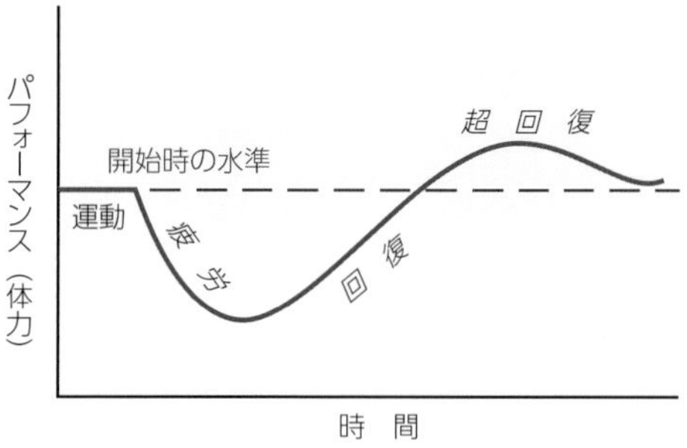

（出典：Bompa、魚住廣信訳、スポーツトレーニング、メディカル葵出版、1988 を基に作成）

ル・フィットネス（Physical Fitness）ともいわれ、運動能力（パフォーマンス）を決定するためのいくつかの要素を意味する。体力トレーニングは、技術トレーニングとともに重要であり、パフォーマンスを向上させるためには、その運動種目によって必要となる体力要素をトレーニングしなければならない。ライフセーバーにとって救助活動を実践するために、「筋力」「パワー」「スピード」「持久力」「柔軟性」といった体力要素は特に重要である（表 3-2）。

◆表 3-1　トレーニングの原理・原則

①過負荷	同じ負荷では身体機能に慣れが生じる。現在慣れている水準以上の負荷（過負荷：オーバーロード）でトレーニングを行うことが必要である。
②特異性	トレーニング効果は、トレーニング中に用いられる負荷に限定して現れる。目的とする能力に効果が現れる負荷を用いる必要がある。
③可逆性	トレーニングによって得られた効果は、トレーニングを中止すると以前の水準に戻ってしまう。トレーニング間隔などを考慮して計画を立てる必要がある。
④適時性	各年代の発育や発達の時期が異なるため、体力要素が伸びる時期を理解してトレーニングを行うことが大切である。
⑤全面性	トレーニングは、全身のバランスに考慮して行うことが大切である。（傷害の防止）
⑥意識性	トレーニングの目的や方法を理解して、積極的に取り組むことが大切である。
⑦漸進性	トレーニングの負荷は、段階的に増加させることが大切である。（傷害の防止）
⑧個別性	トレーニングの内容は、個人の能力に応じて決めることが大切である。
⑨反復性	トレーニングは、繰り返し行うことによって効果が生じることを理解することが大切である。

「筋力」は、身体の動きの原動力となり、ラン、スイム、パドリングなどの基礎的な動作を生み出し、溺者を搬送する場面等でも重要となる。

また、ライフセーバーには刻々と変化する自然条件に対応できることが求められる。したがって「パワー」は、波、風、砂等の負荷に対してラン、スイム、パドリング等の動作を力強く、かつすばやく行うために必要となる。

「スピード」は、一刻も早く溺者に到達するためにすばやい動作を行うにあたり不可欠である。

また「持久力」は、ラン、スイム、パドリングを長時間持続でき、運動を何回でも繰り返して行うために重要であるだけでなく、長時間にわたり救助活動を継続するためのスタミナとも関連する。

さらに「柔軟性」は、救助のパフォーマンスを向上させるだけでなくライフセーバーの傷害を予防する観点からも大切である。

以上のようなライフセーバーに必要な体力要素と前述したサーフ技術を総合的に向上させる方法として、これから紹介するようなトレーニングが行われている。

②トレーニングの例

[陸上でのトレーニング]

・ラン・トレーニング

砂浜でのラン（走る）・トレーニングは、一般的な陸上トレーニングとほぼ同様の方法で行われる。しかし、硬い地面とは摩擦力や衝撃吸収力が異なるため、運動中のエネルギー消費量が大きい。さらに、硬い地面と比較して、砂浜でのラン・トレーニングはフォームを安定させることが難しく、また足がスリップするために接地時間が長くなり、ストライドが小さくなるという特徴がある（図3-15、次頁）。

そのため、砂浜でのラン・トレーニングは硬い地面でのランニングと比較して約1.5倍のエネルギーが必要といわれている。砂浜でのラン・トレーニングは、バランスよく体力を向上させるために有効なトレーニング方法である。

[海でのトレーニング]

・ラン・スイム・ラン

ラン・スイム・ランとは、ラン（走る）とスイム（泳ぐ）を連続して行うもので、ライフセーバーの基本的なトレーニング方法である。このトレーニングは、サーフスイムに必要なウェーディング、ドルフィンダイビング、ヘッ

◆表3-2　ライフセーバーに必要な体力要素

	体力要素	トレーニング・プログラムの例
筋力	筋が活動することで発揮した力のこと。パワーやスピードにも重要な要素である。	さまざまな負荷を用いたレジスタンストレーニング：自重、パートナー、マシーン、ダンベルやバーベル、チューブによる負荷など
パワー	瞬発力のことで、短時間内で最大の力を発揮する能力のこと。パワー＝力（筋力）×速度（スピード）であり、より力強くより速く運動できる能力である。	ウエイトトレーニング、プライオメトリックス、坂上り走、波の負荷を利用したスイム、パドリングなど
スピード	動作をすばやく行える能力のこと。	スタートダッシュを伴うインアウト（ラン、スイム、パドリング）、坂下り走など
持久力	ある運動を最大限持続できる能力（有酸素性持久力）のこと。	有酸素性持久力：ラン、スイム、およびパドリングの持続性トレーニング、インターバルトレーニング、レペティションドレーニング
柔軟性	関節の可動範囲のこと。柔軟性は、骨や靭帯、筋肉や腱などのさまざまな要因により決定される。	静的、動的ストレッチングなど

ドアップスイム、ボディーサーフィンといった技術を一連の流れとして習得することができる。また、さまざまな距離を設定して行うことで、スピードや持久力など目的に合った体力を向上させることができる。

・インアウト

スイムまたはボードで岸から海へ（イン）、海から岸へ（アウト）と入退水を行い、サーフスイムやボード技術を習得する（図 3-16）。

インアウトの距離は海の状況にもよるが、波が崩れないくらいのところまで進む。このトレーニングは、サーフスイムだけでなくボードの技術の反復練習としても効果的であり、インターバルトレーニング形式で行うことによって持久力の向上にもなる。さらに、波の負荷を利用してスイムやパドリングを行うことによって、パワーの養成にもつながる。

・ラン・スイム・ボードの繰り返し

ラン、スイム、およびボードを繰り返して連続的に行うことによって、それぞれの技術を向上させることができ、持久力の向上にも効果的な方法である。海の状況やライフセーバーの体力に応じて、「ラン・スイム・ラン・ボード・ラン・スイム・ラン」といったように多様な組み合わせができる。

・サーフスイムとボードのトレーニング

さまざまな距離やインターバルを設定してサーフスイムやボードパドリングを行うことによって技術がより向上し、パワー、スピード、

持久力など、目的にあった体力を向上させることができる。

また、技術的には、サーフスイムやボードパドリングの速度を向上させるために、ストローク頻度とストローク長の一方、または両方を増加させる必要がある。ボードパドリングの場合、日本人熟練ライフセーバーでは、プローンパドリングおよびニーパドリングともに、最大ボード速度はストローク頻度よりもストローク長と有意な相関があることが報告されている（深山ほか、2013）。したがって、最大ボード速度を高める場合には、ストローク頻度を低下させずにストローク長をより長くするといったトレーニングが有効である。

［その他のトレーニング］

ライフセーバーに必要な体力や技術を向上させるために、ライフセービング競技が行われている。ライフセービング競技の種目は、いずれも実際のレスキューを想定して競技化されたものであり、競技形式のトレーニングを行うことによってより専門的に体力や技術を向上させることができる。

③トレーニング・プログラムの作成
［トレーニング処方］

トレーニングのプログラムを作成するためには、トレーニングの質と量の選択が大切である。質とは運動の仕方と方法のことで、目的に

適した選択がされているかが課題となる。例えば、ボードパドリングでも無酸素性能力と有酸素性能力の向上では、トレーニングの方法が異なる。一方、量とは強度、時間、頻度のことで、トレーニング・プログラム作成上の3要素であり、目的に合った効率的な設定が重要である。

さらに、トレーニングでは、主運動を行う前のウォーミングアップと主運動を行った後のクーリングダウンを十分に行うことを忘れてはならない。

以下に最も基礎的な体力トレーニングとなる筋力、持久力、柔軟性のトレーニング方法とプログラム作成のガイドラインを紹介する。

[筋力トレーニング]

筋力トレーニングは、筋にさまざまな種類の負荷をかけて筋力を向上させることを目的に行う。筋力トレーニングには、自重負荷、パートナーによる負荷、マシーン、ダンベルやバーベル、さらにチューブなどの負荷を用いて行う方法がある。また、スイムではハンドパドルやフィンなどを用いて実際の運動動作のなかで筋に負荷をかける方法も有効である。ダンベルやバーベルなど重量物を用いて行うウエイトトレーニングの場合は危険が伴うので、負荷の設定、動作の習得、補助の技術など、十分留意し

て行う必要がある。負荷を設定するためには、最大努力で1回挙上できる重さ（1RM: Repetition Maximum）を基準に負荷（重さ）、回数、セット数を目安にする方法が一般的である。さらにウエイトトレーニングにおけるプログラムは、トレーニングの目的や個人のレベルに合うように作成することが大切である（表3-3）。

[持久力トレーニング]

持久力トレーニングは、ある運動をできるだけ長く持続できる能力を向上させるために行われる。持久力は、最大酸素摂取量（$\dot{V}O_2max$）や無酸素性作業閾値（Anaerobic Threshold : AT）を高めることと関連する。最大酸素摂取量とは、単位時間（1分間）あたりに消費することができる最大の酸素量を意味し、持久力の代表的な指標である。また、無酸素性作業閾値とは、無酸素エネルギーに依存せず、血中乳酸濃度が上昇しないで行える最も強い運動強度を意味する。

持久力向上のためのトレーニング方法は、持続性トレーニング（Long Slow Distance : LSD）、インターバルトレーニング、レペティショントレーニング等がある（表3-4）。

LSDトレーニングは、長距離をゆっくり、長時間をかけて運動する方法である。インター

◆表3-3 ウエイトトレーニングにおけるプログラム作成の目安

a.

トレーニングの目標	負荷（%1RM）	目標反復回数	セット数	休息時間
筋力	85〜	〜6	2〜6	2〜5分
パワー	80〜90	1〜2	3〜5	2〜5分
	75〜85	3〜5		
筋肥大	67〜85	6〜12	3〜6	30秒〜1分30秒
筋持久力	〜67	12〜	2〜3	〜30秒

b.

トレーニング状況	頻度の目安（回/週）
初心者	2〜3
中級者	3〜4
上級者	4〜7

（出典：Baechleら編、金久博昭総監、ストレングストレーニング＆コンディショニング（第3版）、ブックハウス・エイチディ、2010）

◆表 3-4　有酸素性持久力トレーニングのタイプ

トレーニングタイプ	週当たりの頻度	時間（トレーニング部分）	強度
LSD	1〜2	レースの距離もしくはそれ以上 （30〜120 分以下）	最大酸素摂取量 70% 以下
インターバル	1〜2	3〜5 分（運動−休息比は 1：1）	最大酸素摂取量付近
レペティション	1	30〜90 秒（運動−休息比は 1：5）	最大酸素摂取量以上

（出典：Baechle ら編、金久博昭総監、ストレングストレーニング＆コンディショニング（第 3 版）、ブックハウス・エイチディ、2010 を改変）

バルトレーニングは、運動と休息を交互に繰り返し行う方法である。レペティショントレーニングは、インターバルトレーニングと形態は同じであるが、ほぼ全力の強度で運動し、疲労が回復するまで休息時間を長くとって運動を繰り返す方法である。運動強度は、運動中の心拍数から推定することができ、最大心拍数を「220−年齢」として、その値を基準に運動強度を考えるとよい。

[柔軟性トレーニング]

柔軟性トレーニングは、筋や腱などを能動的、または他動的に引き伸ばすことである。ストレッチングを行うことによって、柔軟性の向上、傷害の予防、疲労回復の効果およびリラクセーションの効果が得られる。

ストレッチングには、静的ストレッチングと動的ストレッチングがある。静的ストレッチングは、反動をつけずに筋をゆっくり伸ばして、その状態を 30 秒程度維持する方法である。一方、動的ストレッチングは、反動や弾みをつけて行う方法であり、実際の運動に近い動作で行われる。

第 3 章……サーフスキルとトレーニング

4 ライフセーバーのためのリスクマネジメント

■1. リスクマネジメント

　サーフトレーニングの実施にあたっては、他の海浜利用者に十分配慮し、ルールとマナーを守るとともに、自然環境を十分に把握できず自らの技量を過信したことによる事故を起こさないよう十分に注意しなければならない。

■2. トレーニングのリスク管理

　一方、サーフトレーニングでの事故を未然に防ぐためには、リスク管理を適切に行う必要がある。リスク管理とは、安全性を高めるためにリスクを減らすアクションのことで、まず、状況を確認して危険（ハザード）を明らかにし、それによる被害（程度、確率）を推定する（リ

サーフィンルールの例

サーフトレーニングでは、必ずルールやマナーを守って実施しよう。主なルールやマナーを以下に示す。

【マナー】
・適切に海岸を利用する。
　（砂浜を広範囲に使用しない、ゴミを残さない、違法駐車をしない、公衆トイレ等の公共の場所で着替えたり身体を洗い流したりする行為はしない　等）
・混雑時は、他の利用者に十分配慮し、常に周囲の状況を確認し、大人数の集団で海に入ることは避ける。

【ルール】
・クラフト（マリブボードやサーフスキー）を流さない。
・サーフゾーンでのクラフト使用時（波乗りする時）は、必ずリーシュコードを着ける。
・サーフィンルールを守る。
　（ピーク優先、ドロップイン禁止（1人/1 Wave）、（基本的には）テイクオフ優先、ライディングゾーンで波待ちをしない、アウトサイドに出る時にサーファーの後ろでパドルしない　等）
・混雑時は、他の利用者の迷惑にならないように場所を変え、また常に周囲の状況を確認する。
・河口や漁港付近は船舶の航路となる可能性があるため、横断する際は、周囲の状況をよく確認してから通過する。

スク評価）。次に、リスク許容の判断、リスクの最小化（回避、低減、コントロール）を検討し、リスクの最適化を図る。

サーフトレーニングの場合は、トレーニング前に次の4つの段階を経て行動を決定すればよい。

①Step 1：ハザードを明らかにする

波浪、津波、流れ（リップカレント）、強風（オフショア）、地形、大雨、雷、濃霧、水温（低温）、クラゲ等の危険生物、紫外線、海岸利用者の有無など、注目すべきポイントを観察、確認し、潜むハザードを明らかにする（図3-17）。

②Step 2：リスク評価

ハザードに対する自ら（グループ）の技量

を、類似経験の有無、対応の可否、体調（病気、怪我）等から判断し、ハザードの有害性と可能性から起こりうるリスクを評価する（表3-5）。

③Step 3：リスク最小化の検討

練習内容の変更、安全管理（視認性の高いウェアの着用、連絡手段の準備・確保）等、リスク最小化の対策を列挙する。

④Step 4：リスク最適化・行動決定

リスクを回避、低減するための方法を比較・検討し、安全性が高く効果的で実行可能なトレーニングメニューを決定する（図3-18）。なお、状況によっては、練習を中止することも必要である。

なお、自然環境（波、流れ、風等）は時間経

◆図3-17　海の状況の例

この状況でのハザードは何か？　目に見えるもの・見えないものを観察、確認することが大切である。

◆表 3-5 ハザードとリスクの評価

Risk level	Harmfulness（有害性）	Probability（可能性）
Very High Risk (Intolerable)	Extremely harmful（とても有害）	Likely（可能性がある）
High Risk (Substantial)	Extremely harmful（とても有害）	Unlikely（可能性が低い）
	Harmful（有害）	Likely（可能性がある）
Medium Risk (Moderate)	Extremely harmful（とても有害）	Highly unlikely（可能性がとても低い）
	Harmful（有害）	Unlikely（可能性が低い）
	Slightly harmful（わずかに有害）	Likely（可能性がある）
Low Risk (Tolerable)	Harmful（有害）	Highly unlikely（可能性がとても低い）
	Slightly harmful（わずかに有害）	Unlikely（可能性が低い）
Very Low Risk (Trivial)	Slightly harmful（わずかに有害）	Highly unlikely（可能性がとても低い）

(Applied the Designated Bathing Area Risk Assessment Report Version 8 (2014) by the International Life Saving Federation of Europe.)

過とともに変化する。トレーニング中は自然環境の変化に対して、正確な状況把握、適切かつ迅速な判断、行動が求められる。これには十分な知識を備え、より厳しい自然状況下での豊富な経験を積む必要があるが、そのためにはリスクを伴うというトレードオフの課題が残る。この課題に対して、日本ライフセービング協会では、サーフトレーニングクリニックを実施し、経験豊富なライフセーバーとともに、さまざまな状況下で適切なリスク管理の下、トレーニングを経験する機会を設けている（図 3-19）。

◆図 3-19　サーフトレーニングクリニックの実施

◆図 3-18　最適なトレーニングメニューの考え方

Skill
High

A：リスクが低く、スキルアップを図れる。

B：リスクが高いが、スキルアップを図れる。

Low　　　　　　　　　　　　　　Risk High

C：リスクが低いが、スキルアップを図れない。

D：トレーニングメニューとして妥当ではない。

Low

第4章

海の知識

I 天気図の見方と変化の予測

■ 1. 気象を理解する意味

　快晴で、海面が穏やか（フラット）な絶好の海水浴日和に沖合から押し寄せる台風のうねりや寒冷前線の通過に伴う天候の急変（風向きの急変による突風、豪雨、ひょう、落雷、竜巻等）によって起こる水難事故は深刻である。このようなとき、前日に天候急変を想定した監視体制（シフト）が組まれていれば、事故は未然に防ぐことができる。刻々と変化する海をフィールドにしているライフセーバーは、気象学の基礎や事例をよく理解し、遊泳区域周辺の気象・海象の予想精度を高める努力を継続しなければならない。また、ビーチパトロールや監視塔（タワー）での監視活動に入る前の気象・海象に関する情報収集と分析は、事故防止を大きな目標とするライフセービングの基本であり、海浜利用者やマリンレジャーに興じる人たちに、判りやすいインフォメーションを提供することは重要である。

　気象・海象に関する情報の取得は、以前は定時（3回/日）のラジオ短波、NHKラジオ第2放送の気象通報と漁業気象通報の気象概況を天気図に落とし込む方法が多く取られていた。しかし現在では、気象庁や民間気象予報会社等を通じて、いつでも最新の気象情報をインターネットやスマートフォンから取得することができ、マリンスポーツ関係者や漁業関係者等に多く活用されている。インターネットの普及・発展は、リアルタイムで状況を把握することができ、事故防止にも大きな革命と進歩をもたらせたといえよう。

■ 2. 天気図の種類とその見方

　天気図と呼ばれるものの種類には、一般的な地上の実況天気図・予想天気図（図4-1）のほかに、上空の高層天気図（図4-2）、台風進路図（図4-3）など、数十もの種類がある。また、気象条件等から予測した波高予報（図4-4）もあり、これらは日々作成されている。

　実況天気図は、過去のある時刻の大気の実況について気圧傾度を用いて図で表現したものである。一方、予想天気図は、今後の大気の気圧傾度の予想を図で表現したものである。

　見方は著しく異なるが、「実況」はすでに起きた事実であるのに対して、「予想」はあくまでも予想であり、必ずそのとおりになるとは限らない。しかし両者は密接な関係にあり、実況天気図から予想天気図に移る過程も考えなければならない。

　「なぜあのような予想天気図になるのか」「なぜ低気圧は急激に発達するのか」「なぜ優勢な高気圧によって台風は進路を妨げられるのか」「なぜ寒冷前線の通過が危険なのか」といったことが頭のなかで整理されれば、時系列で天気図の移り変わりをシミュレーションすることができるようになり、実際の気象・海象の変化とを重ね合わせてイメージすることが可能となるはずである。

◆図 4-1　予想天気図

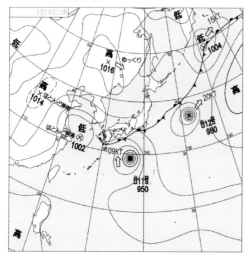

台風 11 号の北上・接近に伴い、太平洋南岸にはうねりを
伴った高波の到達が予想される。また台風が寒冷前線を北
上させて刺激するため、突風・落雷・豪雨などに警戒する
必要がある。
（出典：気象庁ホームページ）

◆図 4-2　高層天気図

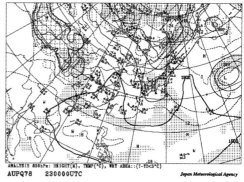

気象予報士が低気圧の発達等を予測する際に用いられる。
（出典：気象庁ホームページ）

◆図 4-3　台風進路図

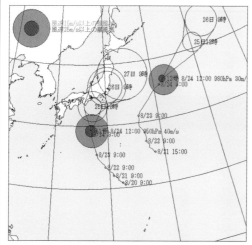

本州の南海上を北上中の台風 11 号の接近と、北東進した
台風 12 号による影響により、すでに太平洋岸の広範囲で
高波が押し寄せていると予測される。さらに満潮時には高
潮への警戒が必要と思われる。また太平洋岸のみならず、
日本海側も台風 12 号に吹き込む北東寄りの風が強まり、
大荒れとなることが予想される。
（出典：国際気象海洋株式会社ホームページ）

◆図 4-4　波高予報モデル

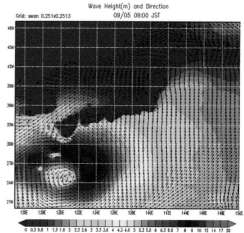

台風は沖縄南東海上に中心があり、北上する台風の影響に
よる波高と方向を予報モデル化。カラーが、青から赤、さ
らに紫になるにつれて波の高さが増すことを表し、矢印は
うねりの方向を意味する。北上する台風の北東海上は波が
かなり高く、今後西日本の沿岸には、南東方向からさらに
大きく危険な高波が到達することが予想できる。
（出典：波伝説ホームページ）

気象予報士は、低気圧がこれから発達するか否かを考察する際、必ず高層天気図と地上の天気図を見比べて検討する。日本列島を覆うような天気図の把握に始まり、局地的な天気予報や毎時発表される日本全国のアメダス・データや衛星画像を収集し、それらを"点"で捉えるのではなく、時系列の"面"でも読み、大気という三次元の"立体"で推察する作業を行っている。「天気図から大気の立体的な推測へ」という作業はかなり難解ではあるが、気象の根本は物理学であり、原因の根拠や原理が必ずそこにあるという。

ライフセーバーも、知識と経験を積み重ねて、地道に努力すれば、予報の精度を少しずつ日々向上させることは可能である。

■3. 観天望気（かんてんぼうき）

海を目の前にして、膨大な気象情報を調べて考察することも大切である。一方で、現状の海をよく観察し深く把握することも大切なことである。

局地的な予報は地理的な要因などもあり、広い範囲を予想する気象予報士よりも、現地の古老（海の側で生活し、長い間海の仕事に携わったことのある経験豊富な人）が語る予想の方が当たる場合が多い。これは、永年にわたる観天望気（かんてん）（空の移り変わりを見て、その後の気象を読むこと）と先祖代々からの多くの言い伝えの蓄積によるところが大きい。

私たちライフセーバーは、1年を通して活動する地域の観天望気や気象情報をログ（日誌）に記録し、情報を集積していくこと、それと並行して実際の海で「雲、風、波、潮、陸の変化を五感で感じ取る」ことにも目を向けなければならない。

日本では、古くから天気の予兆に関する次のような言葉がある。

・夕焼けは晴れ、朝焼けは雨の兆し
・沖から海鳴りが聞こえれば、嵐となる
・雲が早く動くと、日中は風が強くなる
・海陸風が乱れるのは、台風接近の兆し
・富士山の頂上付近に雲がたなびくと、相模湾では西風が強く吹く兆し

富士山の雲と天気

富士山の上空や周辺には、多種多様な雲が発生する。これは富士山が海抜3,776mの単独峰であり、気流が山にぶつかって複雑な流れを起こすためである。気流が山頂を乗り越えるときと山腹を回り込むときに雲が発生するのだが、富士山の代表的な雲としては「笠雲」や「吊雲」といったものを挙げることができる。

「富士山に笠雲や吊り雲がかかると雨が降りやすい」ことはよく知られている。だいたい7割から8割の確率で、当日か翌日には雨が降るといわれている。

2 気象と海象の変化

■ 1. 高気圧の特徴

　下降気流が発生していて周囲よりも気圧が高いところが高気圧の中心となる（図4-5・左）。下降気流が発生し続けるために、この地域では天気がよく大気も安定している。

　風は気圧の高いところから低いところに流れる。山に流れる水に例えると、平野より高いところの山の頂きが高気圧の中心、山頂付近で降った雨は低いところ（低気圧）に向かって流れる。急峻（きゅうしゅん）な山ほど水は勢いよく流れるのと同様に、空気（風）の流れも、高気圧と低気圧との気圧の差が大きければ大きいほど風の力は強まる。一般的には天気を悪くする低気圧に注目しがちだが、周囲の"高気圧"との気圧の差も大切である。また、北半球では低気圧の中心に向かって吹く風は、地球が自転している影響によって右（南半球では左）に曲げられる。この目に見えない力のことを「コリオリの力（転向力）」と呼ぶ。

■ 2. 低気圧の特徴

　上昇気流が発生していて周囲よりも気圧が低いところが低気圧の中心となる（図4-5・右）。上昇気流が発生しているために、上空で空気が冷やされて雲が発生し続けることで天気が悪くなる。

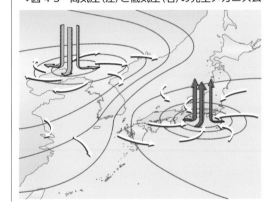

◆図4-5　高気圧（左）と低気圧（右）の発生メカニズム

◆図4-6　急速に発達する積乱雲

積乱雲とは、垂直に著しく発達している塊状の雲で、その雲頂は山または塔の形をして立ち上がっている。少なくとも雲頂の一部は輪郭がほつれるか、または毛状の構造をしていて普通平たくなっていることが多い。この雲の底は非常に暗く、その下にちぎれた低い雲を伴い、普通雷電、強いしゅう雨、しゅう雪、ひょうおよび突風を伴うことが多い。（気象庁『気象観測の手引き』）

◆図 4-7　前線と気象の変化

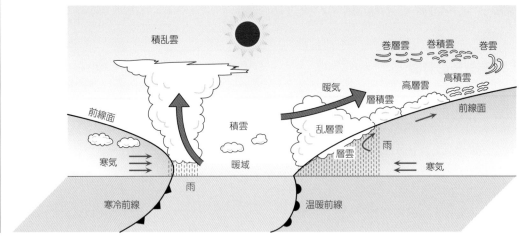

積乱雲
巻層雲　巻積雲　巻雲
暖気
高層雲　高積雲
前線面
層積雲
乱層雲
前線面
積雲
層雲
暖域
雨
寒気
暖気
雨
寒気
寒冷前線
温暖前線

　低気圧は、基本的には高気圧に影響されて移動する。日本列島を優勢な高気圧が覆うと、西の大陸から近づく低気圧は動きが遅くなる。発達中の低気圧が接近してくるときに特に注意したいことは、天候の急変である。それを予知できれば、海浜利用者へ事前に注意を促して事故を未然に防ぐことが可能となる。

■3. 前線の特徴

　前線には、温暖前線、寒冷前線、停滞前線、閉塞前線の4種類がある。自然災害や海難事故が発生することが特に多いのは寒冷前線で、南からの温かい空気が北からの冷たい優勢な空気によって一気に上空に押し上げられるために、積乱雲が急速に発達して天候の急変を招く（図4-6）。局地的に突風、豪雨のほかに、時には落雷、竜巻さえ起きることがある。初夏の梅雨明け前は、太平洋高気圧が徐々に北に張り出してくるために、梅雨前線、特に寒冷前線を刺激して自然災害を起こしやすい。また、寒冷前線の通過後は寒気域に入るので急激に気温が下がる。

　なお、寒冷前線の通過時は、強い雨となって視界が悪くなり、風向きが正反対に変わって突風となるばかりでなく、落雷も発生して海難事故が特に起きやすいので、浮き輪やゴムボートに乗っている遊泳者には事前に海から上がるよう、または沖に出ないように注意を促す必要がある（図4-7）。

■4. 台風の特徴

　太平洋上の赤道から北側で東経180度以西の熱帯で発生した低気圧のうち、中心の最大風速が17.2m以上に発達したものを台風と呼ぶ（図4-8）。台風の接近時には、猛烈な風や雨のほかに、高潮、高波、洪水等の自然災害が発生しやすいので十分な警戒が必要となる。波の高

◆図 4-8　台風の衛星画像

（出典：日本気象協会ホームページ）

さや風の強さは、台風の接近に比例して加速度的に高まるので早めに遊泳禁止等の対応を行うことが肝要である。伊豆・石廊崎沖の波浪計では、2〜3mの波高がわずか数時間で10〜12mまでになったケースもある。台風接近時には、台風による影響が小さい段階での早めの判断が事故を未然に防ぐことにつながる。

ライフセーバーは、台風の位置がはるか南海上に位置していても、大きさ、強さ、速度や進行方向に注意し、常にタイムリーな情報収集を怠らず、万一に備えて、台風対策と安全確保に努めることが大切である。

土用波

快晴で波もない行楽日和に、沖からの突然の大波が事故を続発させることがある。

これははるか数千kmも離れた大型台風から届くうねりが原因で起こるものであり、夏から秋にかけてのものを日本では「土用波（どようなみ）」と呼んでいる。

「土用」とは、立春・立夏・立秋・立冬の前の各18日間のことで、立秋の前の18日間を「夏の土用」という。この夏の土用に発生する大きな波のことを古くから土用波という。

一発大波

台風までの距離が遠ければ遠いほど、その周期は長くなり、岸に近づくにしたがって波の高さも増す。通常、台風接近時には誰もが高潮・高波を警戒するが、日本近海の天気図にも現れないはるか沖の海上で大型台風が発達しているときにこそ、高波による事故は起きる。確率的には100回に1回は1.5倍、1000回に1回は2倍の高さになると知られ、「一発大波」などと呼ばれる。防波堤や磯でベテランの釣り人が大波にさらわれるのも、油断したこのようなときに起きる。

3 局地的な風の種類とその特徴

1. 海岸付近の局地的な空気の流れ（風）

「地表は暖まりやすくて冷めやすい」、逆に「海水は温まりにくくて冷めにくい」という性質がある。

これは、陸地と海水の比熱の違いであり、太陽の日射によって、陸上と海上の空気の温度に差が生じてくる。海岸付近の局地的な範囲で、下層域の空気に温度差が生じると、冷たい空気が下方を、暖かい空気が上方を通って混ざり合おうとする現象が起こる。このような地上・海上付近の空気の流れ（風）が、オンショア（海風）とオフショア（陸風）である。

2. オンショア（海風）の特徴と海象への影響

オンショアとは海から陸に向かって吹く風のことである（図4-9・左）。例えば、よく晴れた夏の日は、午後になるにつれて陸地が暖めら

れる。この結果、地表温度が海水温より暖まり、陸地に上昇気流が起こり、海から陸に向かって風が吹き込む。

オンショアの影響によって、次のような海象の変化が起こる。
・白波（チョッピー）が立ち始め、風波となる。
・波の砕ける場所が定まらず、いたるところで砕ける（図4-10）。
・波と波の間隔が狭くなり、水面が常に上下運動をしている。

◆図4-10 強いオンショアと砕波

◆図4-9 オンショア・オフショアの発生メカニズム

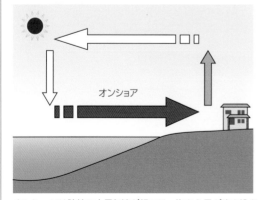
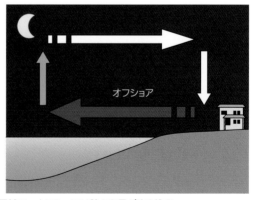

オンショアは陸地に上昇気流が起こり、海から風が吹き込む。反対に、オフショアは陸から風が吹き込む。

【注意】　オンショアの風が強くなると白波が立つため、遊泳者を見失いやすく、遊泳者自身にとっても危険である。

■ 3. オフショア（陸風）の特徴と海象への影響

オフショアとは陸から海に向かって吹く風のことである（図4-9・右）。オンショアの例と同じく、よく晴れた夏の日は、前日の夜から朝方にかけての地表温度が海水温より低いため、陸地から海に向かって風が吹き始める。この風は、太陽が昇り始めて地表温度が暖まるまで吹いている。

オフショアの影響によって、次のような海象の変化が起こる。

・水面付近は、沖に向かって流れるアップウエアリング（吹送流）を引き起こす。
・沖からのうねりが大きいとダンパー(dumper)と呼ばれる波を誘発させる（図4-11）。
・波と波の間隔に距離があり、波は一線上になって陸に近づく。

【注意】　オフショアの風が強くなるとダンパーが発生し、ボディーサーフィンやサーフィンの初心者は波に巻かれて怪我をしやすく、また浮き輪やゴムボートに乗っている遊泳者は乗ったまま沖に流される場合があるため、ライフセーバーは十分な注意を払う必要がある。

◆図4-11　強いオフショアと砕波

4 波の種類とその特徴

■1. 波の発生のメカニズム

波は、風浪、潮の干満による潮汐波、津波という3種類に大きく分類することができる。

風浪は、風によって発生・発達する波のことで、沖合で風により発生した小さな波が移動とともに、それぞれが合わさることで波長が長いうねりとなって発達し、海岸に到達する（図4-12）。

波の波高（高さ）や周期（波と波の間隔）は、風が吹く強さ、距離、時間の3つの要因によって決定され、強い風が長い距離、長時間吹き続けるほど大きい波が発生する（図4-13、14）。

■2. 砕波のメカニズム

波が海岸に近づき、波長の約1/2の水深になると海底の影響を受けて、次第に速度が遅くなり波高が高まる。さらに波高の1.0〜1.5倍の水深になると、波は形を維持することができずに砕波する（波が砕ける）（図4-15、次頁）。した

◆図4-13 波の名称（波高、周期、波長）

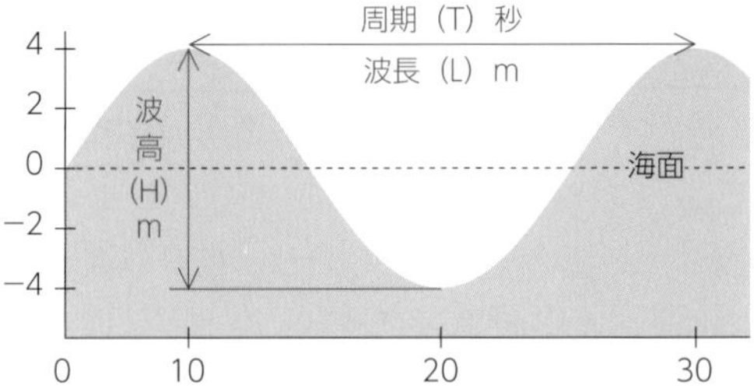

◆図4-14 海岸に近づくうねりと砕波

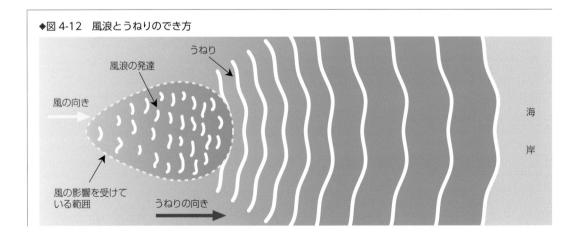

◆図4-12 風浪とうねりのでき方

うねり

風浪の発達

風の向き

風の影響を受けている範囲

うねりの向き

海岸

がって、波高が低ければ海岸近くで砕波し、波高が高ければ沖合で砕波することになる。実際には、海岸には波高が低い波から高い波までさまざまな波が襲来してくるので、岸沖方向にある幅で砕波することになり、これを「砕波帯」と呼ぶ(図4-16)。日本ライフセービング協会(以下、JLA)が活動する海水浴場における「パトロールログ」の分析によれば、Preventive Action（救助時に意識あり）、Emergency Care（救助時に意識なし）の多くはこの砕波帯で起きている。砕波の位置や砕け方は、海底の質（砂、礫、岩、珊瑚礁等）や海底勾配（海底の傾き）に影響を受ける。例えば、海底が砂浜の場合は緩やかな海底勾配、礫浜（ジャリ浜）の場合は急な海底勾配と粒径の大きさによって海底勾配が決定され、急勾配であれば岸近くで砕波する。また、海底が砂の場合は波や流れの影響で海底地形が変化するため、砕波位置や砕け方が時々刻々と変化する。一方、海底が岩や珊瑚礁の場合は波や流れの影響を受けにくいので、砕け方が時間的に大きく変化することは少ない。

■3．砕波の種類とその特徴

砕波は、波形勾配(波高/波長)と海底勾配の関係により、次の3種類に分類される(図4-17)。

①崩れ波（Spilling Wave）

海底勾配が緩やかな海岸で発生する砕波のこ

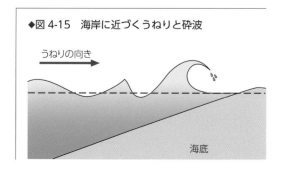

◆図4-15　海岸に近づくうねりと砕波

うねりの向き

海底

と。波峰（ピーク）から波の表面（フェイス）に向かって転がり落ちるようにして砕ける（図4-18）。崩れ波は、初心者のライフセービングトレーニングのほかに、サーフィンやボディーボード、ボディーサーフィンに適している。

②巻き波（Plunging Wave）

海底勾配が比較的急な海岸で発生する砕波のこと。波の前面が急で、波峰から空洞（チューブ）を作るように巻き込みながら波の前面に向かって砕ける（図4-19）。一瞬にして砕ける場合は「ダンパー」とも呼ばれる。巻き波は、陸から海に向かって吹く風（オフショア）により

◆図4-16　砕波帯

◆図4-17　砕波の種類

①崩れ波

緩やかな海底勾配

②巻き波

急な海底勾配

③砕け寄せ波

とても急な海底勾配

発生する場合もある。巻き波は波力が強いため、砕波帯にいる遊泳者やサーフィン、ボディーサーフィンの初心者は波に巻き込まれ、頸椎損傷、頸髄損傷を招きやすく危険である。

③砕け寄せ波（Surging Wave）

海底勾配が非常に急で沖合から岸まで水深が深く、岸付近で急激に水深が変化する海岸で発生する砕波のこと。岩場や大きな石や 礫 で構成される海岸で多く見られる。砕け寄せ波は、岸近くまでうねりの状態を保ち、急激に砕波する場合や、急激に海面が盛り上がっても砕けずに岩場を越流し飛沫を上げる場合がある（図4-20）。また、沖に引き込むような流れを発生させることもあり、岩場付近の釣り人や磯遊びをしている人を海へ引きずり込む危険性がある。

崩れ波、巻き波、砕け寄せ波の順に波峰の前後（沖側I岸側）の波の非対称性が増すが、波形勾配（波高 / 波長）が小さく、海底勾配が急なほど砕け寄せ波が発生しやすい。

④その他の波
［引き波（Back Wash）］

引き波と寄せ波が岸付近でぶつかりあって、高く盛り上がった波が発生した際の引き波のこと（図4-21）。高波浪時に浜幅が狭く、背後に護岸や堤防がある海岸や汀線（波打ち際）付近が急勾配の海岸、防波堤等の構造物の前面で多く見られる。引き波と寄せ波がぶつかりあうことで、0.5 m から時には5 m もの高く厚い水の壁が岸付近に発生し、一気に砕けることから、このような海岸でのレスキューボードやIRB（船外機エンジン付き救助用ゴムボート）、PWRC（レスキュースレッドを装着した救助用水上バイク）等の活動には十分注意が必要であり、入水前に状況を観察する必要がある。

◆図4-18 崩れ波（Spilling Wave）

（提供：Surf Life Saving Australia）

◆図4-19 巻き波（Plunging Wave）

（提供：Surf Life Saving Australia）

◆図4-20 砕け寄せ波（Surging Wave）

（提供：Surf Life Saving Australia）

◆図4-21 引き波（Back Wash）

（提供：加藤道夫、ハワイ・マカハビーチにて）

5　リップカレントの種類とその特徴

　沿岸域には、海流や潮流等の地球規模で発生する流れ、海浜流や吹送流、密度流等の局地的に発生する流れがある。ここでは波によって生じ、主に砕波帯内で発達する海浜流に起因するリップカレント（離岸流）の種類とその特徴について述べる。

■1. リップカレントの発生メカニズム

　砂浜海岸では、砕波によって海底に沿岸方向、岸沖方向にリズミックなサンドバー（凸状の地形）とトラフ（凹状の地形）が形成される。波は砕波後に強い岸向きの流れとなり、サンドバーの陸側に水を運び込み、汀線付近の水位を上昇させる。この流入した水を排水するために、サンドバーに沿って沿岸方向に流れが発生し、サンドバーの発達が小さい箇所、もしくは周辺より水深が深いトラフより沖に向かって流れる。これがリップカレントである（図4-22）。珊瑚

礁や岩の海岸では、海底地形の深みに沿って固定的にリップカレント（リーフカレント）が発生する。

　一方、波は沿岸方向に一様ではなく波高分布をもつので、特に遠浅の砂浜海岸では、波高の小さい箇所にリップカレントが発生し、その流れによって海底地形が掘られることで、リップカレントがさらに発達する。この場合、海岸線に対して波が正面から入射する場合はリップカレントが発達し、斜めから入射する場合は沿岸流（サイドカレント）が発達しやすい。このようにリップカレントの発生メカニズムはさまざまであるが、いずれにしても波が砕波により流れに変わり、そのエネルギーが沖へ逃げるために、リップカレントが発生する。

　また日本の海岸では、海岸を保全するためのさまざまな構造物が設置されている。リップカレントは構造物の背後や構造物に沿って発生することが多いので、注意が必要である（図4-23）。このほかに、リップカレントは強いオ

◆図4-22　リップカレントと遊泳者の位置

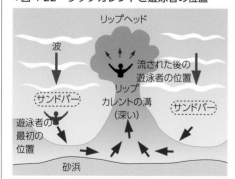

遊泳者は正面から来る波にばかり注意がいき、サイドカレントで横に流されていることに気づかず、次第にリップカレントに近づき、その後沖に流される。遊泳中は、固定された沖ブイや浜辺の建物などを目印にして自分がサイドカレントからリップカレントに向かって流されているかを確認する必要がある。

◆図4-23　海岸構造物周辺の主な流れ

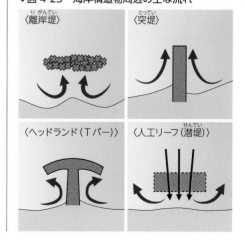

フショア（沖向きの風）や潮汐流、河口付近では河川流にも影響を受け、また波浪や潮位、風況、地形は変化するので、1日を通じてリップカレントの強さや規模、発生位置が変化する場合が多い。

■2. リップカレントの種類

[永久型]　地形条件（岬、岩、珊瑚礁等）や構造物（港、離岸堤、突堤等）の影響により、何か月、何年もの間、同じ場所に発生するリップカレント。

[固定型]　サンドバーとトラフ等が形成されている砂浜海岸において、海底地形が変わらない限り、数時間または数か月の間、同じ場所に発生するリップカレント。

[一時的]　高波浪時や潮汐、河口付近であれば河川流量の増加が原因による一時的に発生するリップカレント。この種類のリップカレントは、短時間のうちに消失する。

[移動型]　他の3種類と異なり、風や波、潮流の影響により、絶えず移動（変化）するリップカレント。

■3. リップカレントの確認方法

リップカレントの特徴は、以下のとおりである（図4-24）。

◆図4-24　リップカレント

（提供：Surf Life Saving Australia）

・海底の砂が巻き上げられて海水が濁り、海の色が周囲と異なる。
・リップカレントの両側で砕波している（リップカレントが発生している場所は、周りより水深が深いために砕波していない、または波がない等、海面の様子が異なる）。
・砕波した後にできる泡やゴミが沖に向かって流れている。
・波が穏やかなときでも波紋が現れる。

オンショアが強く、白波が多いときにリップカレントを確認することは非常に難しいが、時間をかけて観察すれば、周辺より海水が濁り、砕波していない等のリップカレントの特徴を確認することができる（図4-25）。

また、染料を用いたトレーサー調査によってリップカレントを可視化することができ、諸外国や日本でも行われている（図4-26）。砂浜海岸においては、一般的にはリップカレントの発

◆図4-25　白波が多い状況のリップカレントの例

◆図4-26　トレーサー調査の例

海岸構造物に沿ったリップカレント。緑色のトレーサーが沖に向かって流れているのが確認できる。

生間隔は砕波帯の4倍、沖向き距離は20〜50mといわれている。JLAが活動する海水浴場では、沿岸方向の長さが100〜500mのところが80%を占めている。砂浜海岸において、砕波帯幅を50m（波高0.5m、海底勾配1/50）と仮定すると、リップカレントの発生間隔は200m程度となり、海水浴場内に離岸流が発生する可能性が高いといえる。

■4. リップカレントの危険性と活用

ライフセーバーには、リップカレントの特徴と危険性を理解したうえで有効に利用する知識と技術が求められる。

①リップカレントの危険性

遊泳者がリップカレントにつかまると「沖に流される」という恐怖感からパニックに陥ることがある。また、岸に戻ろうとして流れに逆らって泳ぐことにより、疲労して溺れることもある。リップカレントのスピードは秒速2m以上になることもあり、競泳のオリンピックメダリストといえども流れに逆らって泳ぐことは難しい。また、リップカレントが発生している場所（特に構造物背後）は周りに比べて波高が低く静穏に見えることから、安全な場所だろうと誤った判断をする遊泳者が多い。多くの遊泳者は視覚的にリップカレントを確認できないため、十分注意が必要である。JLAが活動する海水浴場における「パトロールログ」の分析によれば、Preventive Action（安全移送、軽溺）、Emergency Care（重溺）の約70%が、リップカレントなどの流れが原因で起きている。また、オーストラリアにおける溺水事故の約90%がリップカレントによるものといわれている。

②リップカレントの活用

リップカレントは、事故を引き起こす原因のひとつであることから、ライフセーバーにとって監視の際の重要ポイントの一つである。その一方で、沖に向かう速い流れを活用すれば、より早く沖にいる溺者にアプローチすることが可能になり、救助においては利点でもある。

■5. リップカレントからの逃れ方

リップカレントに流されてしまった場合は、パニックを起こさず（Don't Panic）、落ち着き（Stop）、考え（Think）、行動をする（Action）ことが重要である。

リップカレントから逃れるには、流された者の泳力によって異なる方法を用いる。泳力のある者は、浜に向かって斜め45度の角度で泳ぐことで抜け出すことができる（図4-27）。一方、泳力がない者や疲れている者は、浜に対して平行に泳ぎ、リップカレントがなくなるところまで、すなわち波が砕けているところまで移動したら、浜に向かって泳いで戻るとよい。また、リップカレントは沖のリップヘッドでは流れが拡散するので、救助を要請しつつ、リップヘッドまで流された後（前述のとおり、一般的には20〜50m）に行動してもよい。

◆図4-27　リップカレントからの脱出方法

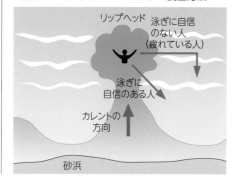

6 その他の注意しなければならない流れと地形

1. 沿岸流（ロングショアカレント）の特徴

比較的まっすぐ海岸が続いている場所において、沖から岸へ斜めに波が打ち寄せている場合に、海岸線に沿った沿岸流（ロングショアカレント：Longshore Current、図4-28）と呼ばれる流れが発生する。

沿岸流によって入水した位置から流されると、元の場所へ戻ろうと慌てて流れに逆らって泳いでしまい、疲れ果てて溺水事故を起こす場合がある。もし流されたときには、元の場所へ戻ろうとして流れに逆らわず、最短で岸に着けるよう徐々に岸に近づくように泳ぎ、岸に着いてから歩いて元の位置に戻ることが一番安全な方法である。

2. 逆潜流（アンダー・トゥー）の特徴

汀線（波打ち際）付近まで急深な地形の海岸や、海岸が礫で構成され汀線付近が急勾配の海岸では、波が砕波（波が砕けること）せずに汀線近くまで到達する。波は汀線付近で砕波し、流れにエネルギーを変え、海底の斜面に沿って沖に向かって流れが起きる。この流れは逆潜流（アンダートゥー：Under Tow、図4-29）、または底引きと呼ばれている。

背の立つくらいの深さのところでは、上半身は砕けた波で岸側に押され、下半身は逆に沖に向かって強く引かれるので、立っていることさえ難しい場合がある。海水浴客、特に子供が足をさらわれ、溺水事故につながる危険があり、このような流れが起こる海岸では十分注意が必要である。

3. 河口流の特徴

河口では、河川流と海浜流により複雑な流れが発生している場合が多く、特に降雨後の増水時には強い河川流と海浜流が合わさり、河口沖

◆図4-29　逆潜流（アンダートゥー）

海底

◆図4-30　河口流

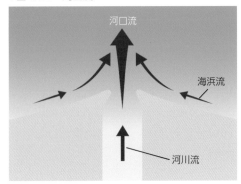

河口流

海浜流

河川流

◆図4-28　沿岸流（ロングショアカレント）

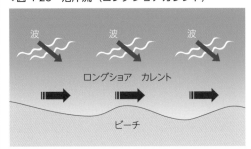

波　　波　　波

ロングショア　カレント

ビーチ

に向かう強い流れが発生する。これを河口流
（図4-30）と呼ぶ。

　河口砂州が発達し、川幅に比べて河口部が狭
いと、平常時でも強い流れが発生していること
があるので注意が必要である。また、河口付近
の波は河口テラス（沖に突出した地形）の影響
により収斂し、さらに河口流の影響を受けて、
力強い巻き波型の砕波になることが多い。この
ように河口付近は海水浴利用に適する条件では
ない。

■ 4. 吹送流とオフショアによる流れの特徴

　長時間一定方向に吹く風の力によって生じる
流れを吹送流と呼び、海面付近で最も強い流れ
が生じる。風向きがかなり長い間一定であれば
定常状態に達する。海面のみに流れが生じる場
合は皮流（Skin Current）とも呼ばれる。

　一方、海岸では、陸から海に向かう風（オフ
ショア）が強く吹き続けることがある。この場
合、オフショアによる風の力と、継続的に吹く
オフショアによって生じた流れによって、遊泳
客が沖に流される危険性があり、特に浮き具
（フロート）を使用した遊泳客は流されやすい。
オフショアは広い範囲で吹くので、場合によっ
ては一度に複数の浮き具が沖に流されることが
あり、十分注意が必要である。

■ 5. インショアホールの特徴

　砕波や海浜流によって、海底が部分的に深く
掘られ、大きな溝が汀線に沿って形成される場
合がある。これはインショアホール（Inshore
Hole、図4-31）と呼ばれている。

　満潮時にはインショアホールに気づかず、子
供が深みに足をとられて溺水事故につながる危
険があり、注意が必要である。

　一方、多くの場合、干潮時は露出し、潮溜ま
りとなり、子供のよき遊び場になる。このよう
な場所において、ライフセーバーがサーフト
レーニングやレスキューを行う場合、特に汀線
から走って沖へ向かう際に、浅い水深が急に深
くなったり、深い水深が急に浅くなったりと
いった水深の急な変化に対して、足首の捻挫等
を招くことがあるので注意が必要である。

◆図4-31　インショアホール（静岡県・相良サンビーチ

①満潮時におけるインショアホールによる汀線付近の水深
の違い（沖が浅い）

②干潮時に現れたインショアホール

7　潮汐の種類とその特徴

①潮汐のメカニズム

　月と太陽との引力に基づく起潮力によって起こされた波を潮汐波という。潮汐波は潮汐という規則正しい海面の昇降運動を起こすだけでなく、同じ周期で変化する潮流という水平運動も起こす。潮流は、外洋では弱く、海峡（鳴門、来島など）や水道（浦賀、伊良湖など）では強い。また、不規則な海岸や海底地形の影響を受けて敏感に変化する。潮汐のなかで規則的なものは、天体（特に月、太陽）の引力に起因する天文潮汐である。一方、気圧や風向等の変化に伴って起こる気象潮汐および海水の密度の変化等に起因する水面の昇降は一般に不規則である。

　潮汐周期（満潮、干潮）は、通常1日に2回（潮の半日周期・約6時間ごと）起きるが、年間何回かは1日1回（潮の日周期）のときもある。満潮に向かっているときが上げ潮、干潮に向かっているときが下げ潮と呼ばれ、このときの潮の流れは速い。満潮時・干潮時に潮の流れは止まり、これを潮止まりという。春から夏にかけての日中の流速は月齢とともに変化し、大潮（満月、新月）の頃に極大、小潮（上弦・下弦の月）の頃には極小となる。ただし秋から冬は、反対に日中あまり潮は動かず、夜間に大きく動く。よって潮回りで判断せずに、潮ごとの潮位で判断するのが正しい。

②潮汐の把握

　潮汐は、ライフセーバーが監視や救助などの安全管理をするうえで必要な情報であり、海浜利用者が潮汐を理解することも安全管理につながる。最近は、携帯端末からも確認できるため、最新の情報を容易に入手できる。インフォメーションボードへの記載やログ（日誌）に記録することは、安全管理の第一歩である。

◆図4-32　潮汐表（タイドカレンダー）の例

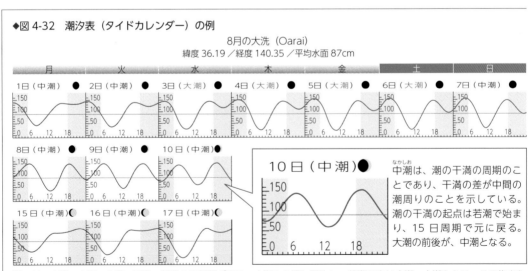

8月の大洗（Oarai）
緯度36.19／経度140.35／平均水面87cm

中潮は、潮の干満の周期のことであり、干満の差が中間の潮周りのことを示している。潮の干満の起点は若潮で始まり、15日周期で元に戻る。大潮の前後が、中潮となる。

潮には、大潮・中潮・小潮・長潮・若潮の5種類がある。大潮から順に発生し、若潮の次は中潮、大潮となり、その後また順に繰り返す。大潮のときが干満差が最も大きく、中潮、小潮、長潮、若潮の順にその差が小さくなる。

8 津波の特徴と対策

■ 1. 津波の発生メカニズム

　津波は、主に海底で起こる地震に起因して発生する。日本周辺には4つのプレート（大きな岩盤）が存在し（図4-33）、海溝（プレート境界）では、海のプレート（太平洋プレート、フィリピン海プレート）が陸のプレート（北米プレート、ユーラシアプレート）へ年間数cmの速度で動き、陸のプレートの下に潜り込むように沈み込みが起きている。このときに陸のプレートも引きずり込まれて歪んでいくが、ある時点で耐えられなくなると急激に跳ね上げられるように元へと戻る。このときの地殻の動きが地震であり、地殻の上の海水が短時間に押し上げられることによって津波が発生する（図4-34）。2011年3月11日に発生した東北地方太平洋沖地震（東日本大震災）もプレート境界での地震であった。このほか、地震に伴う海底の急激な沈降により、海面が変動し起こる津波もある。

　波は海面付近の海水のみが動くのに対し、津波は海底から海面までの海水全体が塊となって動き、波長（津波の長さ）も数km〜数百kmと非常に長く、エネルギーがとても大きい（図4-35）。さらに、津波は水深が深い沖合ではジェット機並の速さで伝わり、水深が浅くなると速さが遅くなり、津波高が高くなる（図4-36、次頁）。陸域に遡上した津波の速度は時速約30km以上であり、人間が全力で走るよりも速い。また、岬の先端やV字型の湾奥などでは津波のエネルギーが集中して局所的に津波高が高くなること、反射など複数の波の重なりによって第一波よりも第二波、第三波の方が大きくなる場合があること、さらには条件に応

◆図4-33　日本近海のプレート

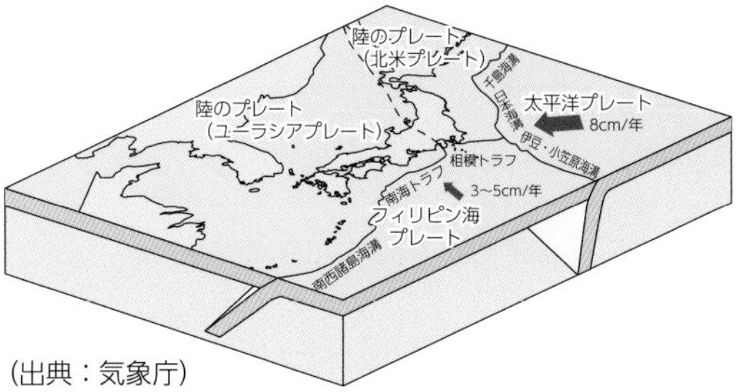

（出典：気象庁）

◆図4-34　津波発生のメカニズム

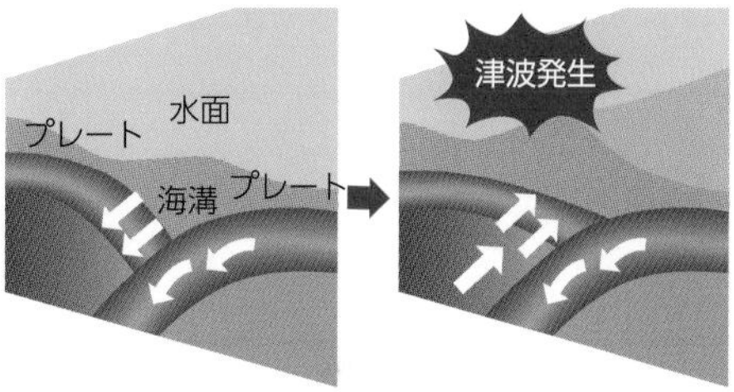

（出典：国土交通省）

◆図4-35　津波と波浪の違い

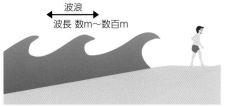

（気象庁 資料より作成）

じて押し波、引き波のどちらでも始まることに注意が必要である。

■2. 想定される津波

日本沿岸では、過去にさまざまな地震により津波被害が起きており、今後も太平洋沿岸を中心に全国で過去と同様、もしくはそれ以上の津波の襲来（しゅうらい）が予測されている。発生が懸念（けねん）される最も被害が大きいと推定される地震は、東海・東南海・南海地震の連動発生、いわゆる東海から九州沖を震源域とする「南海トラフ巨大地震」であり、震度7の地震と最高34mの津波により、最悪のケースでは23万人が津波により死亡すると推定されている（2012年8月29日内閣府発表）。

■3. 津波対策の現状

国や地方自治体では、各海岸での想定津波高、到達予測時間、浸水域を算出し、それに対する対策を行っている。津波対策は、発生頻度はきわめて低いものの発生すれば甚大な被害を

もたらす最大クラスの津波と、発生頻度が高く津波高は低いものの大きな被害をもたらす津波の2つのレベルの津波を想定して対策を行っている。最大クラスの津波に対しては住民避難を柱とした総合防災対策で対応し、発生頻度の高い津波に対しては防波堤など構造物によって津波の内陸への浸入を防ぐこととしているが、いずれの場合も津波からの迅速かつ確実な避難が必要である。

避難については、地方自治体が作成している浸水域、避難路、避難場所を記載した「津波ハザードマップ」（図4-37、次頁）が活用できる。

一方、気象庁は、地震発生後、津波による災害の発生が予想される場合、地震が発生してから約3分を目標に大津波警報、津波警報または津波注意報という津波情報を発表している（表4-1）。ただし、震源地が陸地に近い場合は、津波警報が津波襲来に間に合わないことがあるので、地震を感じたらただちに避難することを徹底する必要がある。ここで発表される「津波の高さ」は海面（平常潮位）からの高さであり、津波が崖などを遡上した場合は、発表される高さの何倍にもなることに注意する必要がある。

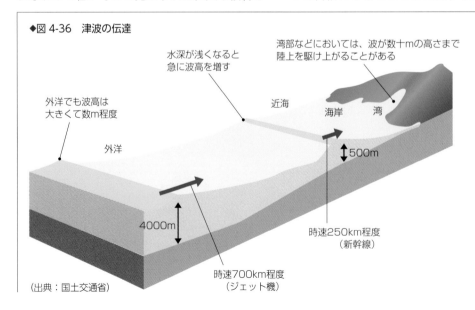

◆図4-36　津波の伝達

湾部などにおいては、波が数十mの高さまで陸上を駆け上がることがある

水深が浅くなると急に波高を増す

外洋でも波高は大きくて数m程度

近海

海岸　湾

外洋

500m

4000m

時速250km程度（新幹線）

時速700km程度（ジェット機）

（出典：国土交通省）

■ 4. ライフセーバーのとるべき対応

ライフセーバーは、活動する海水浴場において想定される津波高、到達予測時間、浸水域、対策等についてあらかじめ知っていなければならない。特に、活動する海水浴場が、東南・東南海・南海の三連動地震等、大津波が想定される海岸域の場合には、行政機関と連携した十分な事前の対策が必要である。地域ごとの詳細な情報は、各都道府県で策定されている津波対策も含めた防災計画より取得することができる。

津波に対して、ライフセーバーは「日常的に予防対策を講じ、率先避難者となる」ことを基本原則に行動しなければならない。想定される津波に対して、日常的に十分な予防対策（減災対策）を講じることは、災害時に適切な行動をとるうえで非常に重要である。また、津波警報・注意報発令時は、海浜利用客を誘導しつつ、自らが率先避難者（避難を呼びかけながら自ら率先して避難し、周囲の人を避難経路へ誘導する役割）となって、ただちに安全な高台へ避難しなければならない。この場合、想定を超える大津波の襲来が予想された際は、対策マニュアルやハザードマップに過度な依存はせず、状況に応じて臨機応変にさらなる高台を目指して避難する。

ライフセーバーは、自ら対策や計画を事前に確認することで、まずは自らの命を守り、生き抜く能力（方法）を身につけなければならない。具体的なアクションは以下のとおりである。

①該当する「津波ハザードマップ」を入手し、対象の地震（規模・発生確率）、津波高、到達予想時間、浸水域、避難場所などを確認する。

◆図 4-37　ハザードマップの例

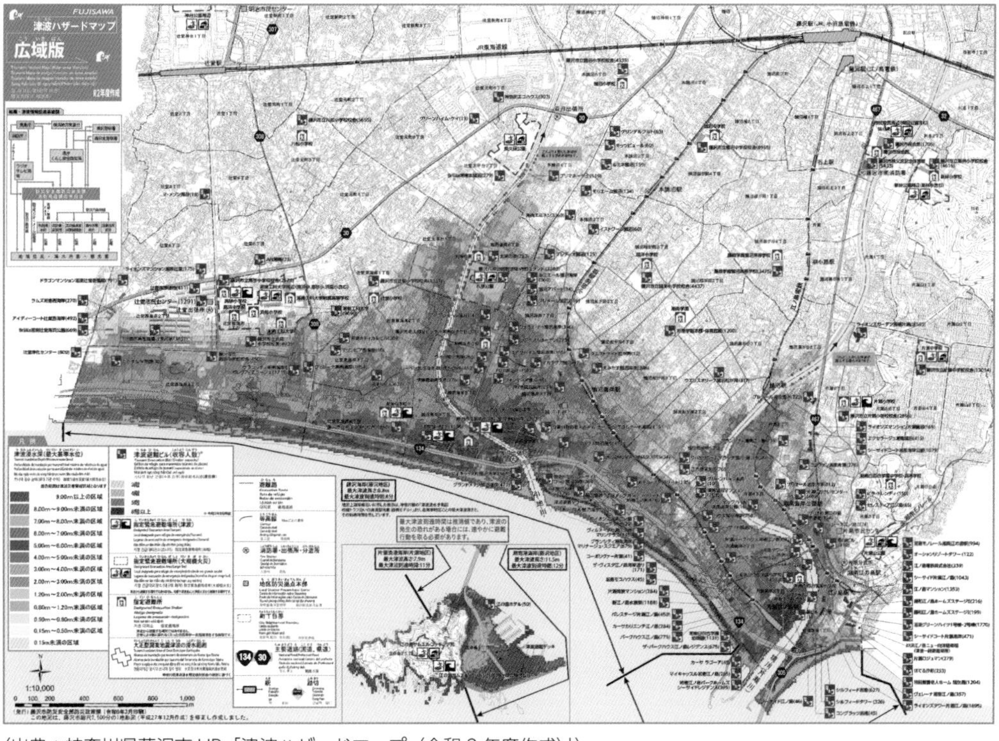

(出典：神奈川県藤沢市 HP「津波ハザードマップ（令和 2 年度作成)」)

②「津波ハザードマップ」を基に、実際に避難経路を確認し、避難訓練を実施する。この場合、避難開始時に海に居た場合、陸に居た場合など、状況の違いによる必要な避難時間等を確認しておく。

③津波が発生した場合のクラブ員等の安否確認方法を共有しておく。

次に、行政機関や地域の方々と協力し、海岸利用者とライフセーバー自身の迅速かつ適切な避難を行うための能力（方法）を身につけなければならない。具体的なアクションは以下のとおりである。

④監視活動期間中に津波警報・注意報などの情報を、どのような手段で取得するか確認しておく（例えば、防災無線、防災メール、ラジオ・テレビ等）。

⑤津波警報・注意報発令時における海岸利用者への情報伝達方法を確認しておく。一般的に

は防災無線や海水浴場の放送設備を用いるが、オンショア（海から陸に向かう風）のときは沖合まで放送（声）が届かない場合がある。放送の届く範囲をあらかじめ調べておくとよい。また、避難時のアナウンスについては、原稿を事前に準備しておくとともに、海岸利用者に避難時のアナウンスが周知されるように、日常的に避難誘導アナウンスを紹介する。

⑥放送以外の海岸利用者への伝達手段として旗の掲揚があり、特に聴覚障害者や沖合の利用者への伝達手段として有効である。各地で津波時に掲揚する旗は異なっていたが、JLAは気象庁と連携し、津波フラッグ（図4-38、次頁）の周知と運用の強化に取り組んでいる。

⑦避難誘導時のライフセーバーの役割や範囲（時間的、空間的）を、あらかじめ行政機関や公的救助機関と確認しておく。ライフセーバーは自らの命を守ることが大前提であり、避難誘導について行政機関への引き継ぎ、あ

◆表4-1 津波警報・注意報の分類ととるべき行動

種類	発表基準	発表される津波の高さ		想定される被害と取るべき行動
		数値での発表 （津波の高さ予想の区分）	巨大地震の場合の発表	
大津波警報※	予想される津波の高さが高いところで3mを超える場合。	10m超 （10m＜予想高さ） 10m （5m＜予想高さ≦10m） 5m （3m＜予想高さ≦5m）	巨大	木造家屋が全壊・流失し、人は津波による流れに巻き込まれる。 沿岸部や川沿いにいる人は、ただちに高台や避難ビルなど安全な場所へ避難してください。
津波警報	予想される津波の高さが高いところで1mを超え、3m以下の場合。	3m （1m＜予想高さ≦3m）	高い	標高の低いところでは津波が襲い、浸水被害が発生する。人は津波による流れに巻き込まれる。 沿岸部や川沿いにいる人は、ただちに高台や避難ビルなど安全な場所へ避難してください。
津波注意報	予想される津波の高さが高いところで0.2m以上、1m以下の場合であって、津波による災害のおそれがある場合。	1m （0.2m＜予想高さ≦1m）	（表記しない）	海の中では人は速い流れに巻き込まれ、また、養殖いかだが流失し小型船舶が転覆する。 海の中にいる人はただちに海から上がって、海岸から離れてください。

※大津波警報は、特別警報に位置づけられている。
（気象庁ホームページより）

◆図4-38　津波フラッグ活用の例

津波避難訓練の様子。公的機関と連携を取ることが重要。

るいは連携することが必要である。

⑧避難誘導に際しては、海岸利用者が避難時に素足であることも想定して避難経路を設定する。また、地震によって避難経路が遮断される場合も想定される。そのため、複数の避難経路を確保しておくことが望ましい。

⑨以上の結果をとりまとめ、津波避難に関する

行動マニュアルを作成し、活動を共にするライフセーバーへ周知徹底することはもちろん、行政機関とも情報を共有しておく。

⑩さらに、海水浴期間中に、海水浴客も交えて、行政機関と合同で避難訓練を実施することが望ましい。実施後は問題点・課題などを話し合い、行動マニュアルを適宜修正する。

津波フラッグとは

　令和2年夏より、赤と白の格子模様の旗を「津波フラッグ」として全国の海水浴場や海岸付近で導入する取り組みが始まった。津波フラッグを用いることで、聴覚障害のある方や、波音や風で音が聞き取りにくい遊泳中の方などが、津波警報等の発令を視覚的に認知できるようになる。津波フラッグが掲揚された場合、大津波警報、津波警報および津波注意報等が発令されていることがあるので、速やかに避難を開始する。津波フラッグは、長方形を四分割した赤と白の格子模様のデザインで、縦横の長さや比率に決まりはない。ライフセーバーによる掲揚のほか、旗を建物に掲げるなど他の手法によって掲揚される。

　赤と白の格子模様は、国際信号旗のU旗*と同様のデザインであり、「視認性が高い」「色覚の差に影響しにくい」「国際的に認知されている」「遊泳禁止と混同しない」というメリットが実証された。

　JLAの加盟する国際団体、国際ライフセービング連盟（ILS）でも、水辺の緊急避難を示す旗として、赤と白の格子模様の使用を推奨しており、JLAにおいても水辺の避難誘導旗として周知を推進している。

＊U旗について：赤と白の格子模様の旗は、国際信号旗では「U旗」と呼ばれており、海上での船舶の交信手段として世界共通で使われている。U旗の掲揚は「危険が迫っている」ことを意味している。津波フラッグは、外国人にも理解されやすく、光の角度によっても影響されづらい中性的な色は避けた避難誘導旗として、U旗と同様のデザインが使用されている。船舶からU旗と他の旗が同時に掲揚された場合、他の意味を持つ場合がある。

9 海流の種類とその特徴

①海流のメカニズム

海流は、地球の自転の影響による規模の大きな潮の流れである（図4-39）。日本の周囲には暖流と寒流が流れている。

②日本の周囲を流れる海流の特徴

南赤道付近から沖縄を通り本州南岸沿いに北上する暖流を黒潮（日本海流）と呼び、沖縄本島付近で黒潮から分岐して日本海へ向かう暖流を対馬海流と呼んでいる。

一方、アリューシャン列島方面から北海道の東部を通り、千葉県の銚子沖まで南下してくる寒流を親潮（千島海流）と呼び、シベリア南東部に沿って日本海を南下する寒流をリマン海流と呼んでいる。

九州地方から関東地方にかけての太平洋岸では、黒潮の本流が岸近くを蛇行して流れることもあり、その流速は、2ノット（毎秒1m）から4ノット（毎秒2m）と速く、伊豆諸島付近での遊泳、シーカヤッキング、ダイビング、サーフィン等のマリンスポーツをする場合は注意が

必要である。海水温と黒潮の蛇行については、第三管区海上保安本部海洋情報部海洋速報を参考にされたい。

◆図4-39　日本の周囲を流れる海流

[参考]

第三管区海上保安本部海洋情報部

海洋速報をはじめ、海洋状況表示システム（「海しる」）など、さまざまな情報を見ることができる。

黒潮の蛇行

本州南岸を流れる黒潮の蛇行のタイプは、大きく分けると紀伊半島から遠州灘沖で南側に大きく蛇行して流れる「大蛇行型」と四国から本州南岸に沿って流れる「非大蛇行型」の2種類に分けられる。

特に後者の「非大蛇行型」は、遠州灘から関東近海で小さく蛇行する「離岸型」と四国から本州の南岸近くを直進する「接岸型」がある。黒潮の流れが「大蛇行型」になると、黒潮の蛇行している部分と本州南岸との間では下層の冷たい水が湧き上がるため、冷水塊が発生する。

この冷水塊は、漁場の形成などに大きな影響を与えるため、その動向は漁業関係者にとって大きな関心事になっている。一方、黒潮の蛇行は、船舶の運航や伊豆七島での異常潮位、さらには海水浴場の低水温等に影響を与えるため、私たちにとっても身近な問題なのである。

10 危険な海洋生物

ここで取り上げる危険な海洋生物は、下記の6つに分類できる。

①刺胞動物（腔腸動物）は、クラゲ類、珊瑚類、イソギンチャク類に代表され、ヒドロ虫綱、箱虫綱、鉢虫綱、花虫綱の4綱がある。ものに付着して生活するポリープ型と、水中に浮遊して生活するクラゲ型の2つのタイプがある。触手に刺胞を持ち、その毒性は種類によって異なる。

②軟体動物は、筋肉でできた外とう膜で内臓が保護されている動物のこと。体や足に骨や節はなく、筋肉でできた足で活動している。イカやタコ、ホタテなどの貝類、ナメクジなどが代表的な生物である。また、二枚貝を除いて口の中に歯舌を持っている（例：イモガイ科の巻貝は、吻鞘の奥に槍形の歯舌歯があり、これに毒管がつながっている）。

③魚類は、海産脊椎動物の中で多様性の富んだグループで、顎の無いヤツメウナギ等「無顎綱」と、サメやエイ等軟骨性の骨格を持ち鱗の無い「軟骨魚綱」と、カタクチイワシやマグロ等硬骨の骨格を持つ「硬骨魚類」に大別される。（Andrew Campbell, Seashore Life/1983）

④棘皮動物は、すべて海生で、口と肛門を結ぶ体軸を中心に、5つの方向に放射状に伸びる五放射相称と呼ばれる体を持ち、内部に石灰質の骨板あるいは骨片を持っている。また、水管系を持ち、これによって運動、呼吸、排泄などを行っている。ウニは、体表に防御用の棘を持ち、刺さると強い痛みを伴う。

⑤環形動物は、海水、淡水、陸に広く分布し、多毛綱（ゴカイ類）、貧毛綱（ミミズ類）、ヒル形綱の4綱がある。体は細長く、円筒形または扁平で、多くの体節からなり、体内は隔壁によって仕切られている。各体節には、剛毛や繊毛器官が備わっている（例：ウミケムシの背の剛毛の尖った先端に触れるととげが刺さり、3〜7日間ほど激しい痛みと火傷のような症状になる）。

⑥爬虫類は、変温動物で、体は表皮の角質化した鱗（うろこ）で被われ、四肢は短小、または退化して消失、大部分が陸生で肺呼吸を行う（例：エラブウミヘビ、マダラウミヘビは、ハブの70〜80倍の神経毒を持ち、沖縄では死亡例もある。イイジマウミヘビは、これら2種類に比べれば毒性は弱く退化している）。

（参考資料：『危険・有毒生物』（第2刷）学習研究社；『沖縄県における海洋危険生物・刺咬症被害発生状況』衛生環境研究所）

1. 基本的な対処方法

海水浴や磯遊びでは、多種多様な生物との出会いを楽しむことができる一方で、生物に「刺される・噛まれる・触れる」ことによって、時には死に至るケースもある。

これらは、私たちが生物の特徴を十分に知らなかったことが原因で起きることが多い。例えば、これら生物の発生しやすい季節や時間と場所を知るだけでも被害の発生件数は軽減されるだろう。

以下では、代表的な海の危険生物への対応、被害を受けた際の一般的な応急手当について取り上げる。

[予防する]

　肌を露出しての活動は、日焼けや危険な海洋生物から身を守ることにつながらない。ラッシュガードやウエットスーツ、長袖のパトロールシャツを着用してパトロールを行うことが大切になる。磯や桟橋など、場所によっては、ウエットブーツやマリンシューズなどを着用してパトロールを行うことが怪我予防につながる。

[温める]

　受傷部位をできるだけ早いタイミングで、痛みが和らぐまで温める。やけどしない範囲の42℃程度のお湯に60分程度浸す。温め方は、直接受傷部位をたらい等に入ったお湯に浸けるか、お湯をビニール袋等に詰めて受傷部位に当てるとよい。痛みが収まらなければ、それ以上時間をかけて温める。必ず、医療機関受診するよう勧める。どちらも温度の状態（ぬる過ぎず、熱過ぎず）を確認しながら行う。

[冷やす]

　受傷部位が腫れ上がり、赤く発熱が著しい場合は、発熱を抑えるために受傷部位を氷のうなどで冷やす。皮膚の弱い人や刺激に弱い子供、お年寄りには、あて布などを一枚敷いて行うとよい。

【注意】　刺胞（触手）の取り除き方
：触手が視認できる場合は、刺胞を活性化しないよう海水でやさしく洗い流す。取り除きにくい場合は、感染防止用グローブなどでやさしくつまみ取るか、ピンセットなどを使用してもよい。真水で洗い流すと刺胞を活性化し、刺胞から新たな刺胞毒が発射されて刺傷被害をさらに大きくすることもあるので避ける。また、刺胞動物門箱虫綱に属すアンドンクラゲやハブクラゲ、ヒクラゲなどの刺胞は酢酸（酢を1000倍に薄めた物）が刺胞を不活性化するとされているため、明らかに触手などが視認でき、刺したクラゲが箱虫綱と断定できるときに限り、触手を取り除けるまで酢酸を触手などに直接掛けながら洗い流すとよい。箱虫綱以外のクラゲの刺胞に対して酢酸を掛けると活性化するため逆効果であり、どのクラゲに刺されたのかが不明なときは酢酸の使用は禁忌である。ただし p.73 に記載のとおり、アンドンクラゲに対して酢酸の効果はあくまでも経験則であり、応急手当の後は必ず医療機関の受診を勧める。応急手当で利用するために海水を高温化の詰め所に汲み置きする等は、雑菌を増殖させるために禁忌である。
　なお、海生物に刺された場合は、10分から15分後にアナフィラキシー・ショックを起こす可能性があるため、必要に応じて傷病者の観察を続ける。またアナフィラキシー・ショックによる溺水事故を防ぐため、遊泳者に対して、海生物に刺された場合は、ただちに陸に上がる指示を出すことも重要である。

[毒を取り除く]

　毒の性質から呼吸困難に陥り、呼吸停止ならびに心停止に至るケースがある。ウミヘビ（多くの種類が存在する）やヒョウモンダコ、アンボイナ（イモガイの仲間）といった危険生物に刺されたもしくは咬まれた場合には、一刻も早く毒を取り除き（しぼり出す・吸い出す等）、また駆血帯（圧迫）により毒の身体への広がりを最小限に食い止めつつ、早期医療機関への搬送を行い、医師の管理下に委ねる。

[止血、心肺蘇生]

　サメやダツ等のように、毒があるのではなく、外傷として被害を起こす危険生物も多い。この場合は、できるかぎりの現場での応急手当を施し、医療機関に引き継ぐ。

■ 2. 海の危険な生物による症状と応急手当

　代表的な海の危険生物を取り上げ、症状と応急手当について紹介する。

●カツオノエボシ ［Blue Bottle］ *Physalia physalis* (Linn')

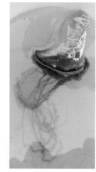

［**分布と特徴**］　ヒドロ虫の仲間に属し、英語で Jellyfish（ジェリーフィッシュ）と呼ばれるミズクラゲやエチゼンクラゲなどのいわゆるクラゲとは異なる。1個体に見えるのは、実は多くのヒドロ虫が集まって形成された群体。

本州の太平洋沿岸にカツオが到来する時期に海流に乗ってき

(写真提供・左右とも：菊地太)

て、浮き袋の見た目が烏帽子に似ていることから三浦半島や伊豆半島でカツオノエボシと呼ばれるようになった。大きさ 10cm ほどの透き通った藍色の浮き袋をもち、中には気体（主に一酸化炭素）が詰まっていて、これで海面に浮かぶ。浮き袋は常に膨らんでいるわけではなく、必要に応じてしぼみ、一時的に沈降することもある。カツオノエボシ自身には遊泳力はほとんどないが、浮き袋にある三角形の帆で風を受けて移動することができる。

［**症状**］　浮き袋から海面下に伸びる触手は平均 10m 程度、長いもので 50m ほどにも達し、触手がなんらかの刺激を受けると、表面に並んでいる刺細胞から刺胞が発射される。刺胞には刺糸というタンパク質毒素が含まれる。人にとって非常に危険な生物である。触手に強力な毒をもち、刺されると強烈な電撃を受けたかのような激痛がある。患部は炎症を起こして腫れ上がり、痛みは長時間続く。二度目に刺されるとアナフィラキシー・ショックというアレルギー症状が出る場合があり、刺されて数分から 15 分くらいで発症するといわれる。その症状は、さまざまで、全身性じんましん、くしゃみ、咳、呼吸困難、悪心、嘔吐、脱力感、心悸亢進、不安感などが出る。ショック死する危険性もある。

［**応急手当**］　①刺されたら、すぐに海から上がって、安静にする。痛みによりパニックを起こし溺れの原因や、時間差でアナフィラキシー・ショック症状が出て、溺れる可能性があるためである。②触手がついていたときは、やさしく取り除く。刺糸が発射されていない刺胞を不用意に刺激しないようにするため、近くにあるタオルやプラスティックボード、ゴム手袋を使用して触手を除去する。③海水を使って、毒素を洗い流す。真水や酢酸、アルコール、ビール、重層、サンオイル、コーラなどで洗ったり、砂で擦ったりしない（酢酸を使用するとアンドンクラゲなどには有効だが、カツオノエボシには刺胞を刺激し逆効果）。④受傷部位を 42℃ 程度のお湯に浸すか、氷で冷やすかの二通りがある。温めることによりタンパク質毒素を不活性化させ痛みを無くす。刺された場所が熱をもっていれば、冷やし痒みを抑える。⑤予後は応急手当てに留まらず、医療機関への受診を勧める。

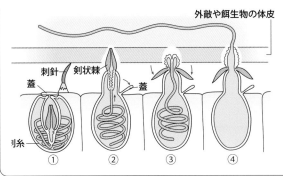

外敵や餌生物の体皮

刺針　剣状棘
蓋　　　　　　　　　蓋
刺糸
① ② ③ ④

◀刺胞の刺し方
①何かに触れたことを刺針が察知すると
②刺胞から剣状棘が飛び出して相手に突き刺さり
③剣状棘がめくれるように中身が出てきて
④刺糸が相手の体内に入り込み、毒液が注ぎ込まれる

●カツオノカンムリ

（写真提供：菊地太）

[分布と特徴]　腔腸動物門ヒドロ虫綱管クラ（こうちょう）（くだ）ゲ目カツオノカンムリ科に属する海産動物。カツオノエボシと同様、カツオの群れと一緒に見られることがあるのでこの名がある。世界の暖流域に広く分布しているが、夏季に日本の太平洋沿岸に多数が流されて打ち寄せることがある。

[症状]　感触体上には刺胞が見られ、それらに触れるとかなりの痛みを感じる。

[応急手当]　アナフィラキシー・ショック症状を引き起こす可能性もあるため、刺された際は、すぐに陸上に戻り、先に紹介したカツオノエボシと同様の対処を行う。

●アカクラゲ　[Brown Jellyfish]　*Chrysaora pacifica*（Goette）

[分布と特徴]　日本各地で見られる種で、春から初夏にかけてよく見られる。直径10cmほどの傘に16本の褐色の放射模様があり、24本〜72本の触手を持ち、その触手には刺胞がぎっしりと詰まっている。

[症状]　毒性は強い。刺胞に触れるとやけどのような痛みがあり、ミミズ腫れを生じることがある。

[応急手当]　カツオノエボシと同様の手当てを行う。触手に真水・酢酸は禁忌。（きんき）

●アンドンクラゲ ［Sea wasp］ *Carybdea brevipedalia*（Kishinouye）

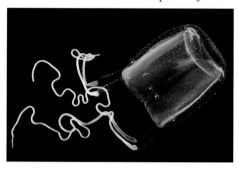

[分布と特徴]　刺胞動物門箱虫綱に属し、文字通り立方体のような形状の傘を持ち、その四隅から薄桃色の触手が伸びている。触手を除き、体全体がほぼ無色透明であり水中では目立たず、クラゲとしてはかなり高速で遊泳する。しかも、高度な眼（レンズ眼）を有し、遊泳時には視覚情報を利用している（Ueno et al., 2000）。箱虫綱にはハブクラゲやヒクラゲ等、毒性の強い種が多い。オーストラリアにはさらに毒の強いハブクラゲの近縁種 Chironex fleckeri（キロネックスフレッケリ）が分布しており、死亡事故が多発するため血清が作成されている。クラゲ類の刺胞毒の多くはタンパク質毒素であり、複数回刺された場合にはアナフィラキシー・ショック症状を起こす可能性もあるので注意が必要である。

（写真提供：菊地太）

[症状]　触手がなんらかの刺激を受けると、表面に並んでいる刺細胞から刺胞が発射される。刺胞には刺糸というタンパク質毒素が含まれる。人にとって非常に危険な生物である。触手に強力な毒をもち、刺されると強烈な電撃を受けたかのような激痛がある。患部は炎症を起こして腫れ上がり、痛みは長時間続く。二度目に刺されるとアナフィラキシー・ショック症状が出る場合があり、アンドンクラゲに刺されて、数分から15分くらいで発症するといわれる。アレルギー反応なため個人によって無反応な方もいれば、写真のように腫れる者もいる。

[応急手当]　アンドンクラゲに刺された場合は、一般的には食酢またはアルコールを掛けて、刺胞を不活性化させてピンセットなどで取り去って、患部を冷やすとされている（ただし、この対処法は上記の C. fleckeri の知見に基づいており、アンドンクラゲに対してはあくまで経験則のようである）。酸性毒ではないためアンモニアはもちろん、小便も効果はない。アナフィラキシー・ショック症状を引き起こす可能性もあるため、刺された際は、すぐに陸上に戻り、先に紹介したカツオノエボシと同様の対処を行う。

●ギンカクラゲ

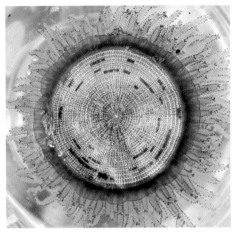

[分布と特徴]　ヒドロ虫綱花クラゲ目の群体性クラゲの1種。その平らな円盤状の気泡体の中心部は白色から銀色で、銀貨というより牛乳瓶のフタや大根の輪切りに形容される場合もある。盤部は最大で4cmほど、その周囲には刺胞を持った感触体。刺胞の毒性は弱いが人によってはアレルギー症状が出るので油断できない。数年に一度、湘南地区では大量に漂着することがある。

[症状]　ギンカクラゲの毒もタンパク質毒である。青い触手部分に皮膚の弱い部分が触れると、カツオノエボシやアカクラゲほどではないものの、微量に痛みを感じる。

（写真提供：菊地太）

[応急手当]　アナフィラキシー・ショック症状を引き起こす可能性もあるため、刺された際は、すぐに陸上に戻り、先に紹介したカツオノエボシと同様の対処を行う。

●ハブクラゲ

[分布と特徴]　日本国内では沖縄県だけに生息し、夏場の沖縄周辺に出現する。10～12cmほどの立法形の傘をもち、四隅から数本ずつ1mほどの触手を出し、毒性は強い。また、遊泳力があり0.34ノットのスピードで泳ぐ。満潮時に多く見られ、ビーチの浅瀬に群れをなして移動することもある。沖縄県保健医療部によると、ハブクラゲ等海洋危険生物による刺咬症被害（105件）のうち、ほぼ半数（44件，約42％）がハブクラゲによるものである。

[症状]　刺された瞬間、焼きつくような鋭い痛みを感じる。刺された部分にミミズ腫れが生じ、6時間ほどで炎症性の浮腫を伴った水疱ができる。受傷直後にショック症状を起こし、呼吸停止、心停止に至る場合がある。体力のない子供が広範囲に刺されると、生命の危険性が特に高い。

[応急手当]　ただちに海から上がり、刺胞（触手）が皮膚などに残っている場合は、完全に取り除けるまで多量の酢を刺胞（触手）に直接掛け続けながら取り除く。ただし、その場に酢の用意がない場合は、海水で刺胞（触手）を完全に洗い流す。そして、刺胞（触手）が完全に取り除かれてから、先に紹介したカツオノエボシと同様の対処を行う。なお、呼吸停止を起こした場合は、心肺蘇生を実施する。

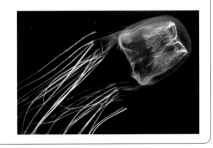

●ヒョウモンダコ ［Blue-ringed octopus］ *Hapaloch laena fasciata*（Hoyle）

（写真提供：菊地太）

［分布と特徴］ インド洋から太平洋域の暖海に広く分布している。日本では、伊豆・沖縄・宮古・八重山諸島に分布し、黒潮の影響を受ける伊豆半島西海岸でも見ることがある。体調 12 cm 前後の小型のタコで、刺激を与えると青い斑紋が浮かび上がる。岩場や珊瑚礁の海域に生息している。

［症状］ 捕まえて手に乗せているときに噛まれる場合が多い。咬傷（こうしょう）による痛みは強くないが、フグ毒と同じテトロドトキシンと呼ばれる神経毒を持っているため、しばらくすると呼吸筋麻痺（きゅうきんまひ）を起こし、心肺停止状態となることがある。

［応急手当］ 咬（か）まれたら、毒をしぼり出し、受傷部位をきつく縛る。ただちに医療機関へ搬送する。もちろん、呼吸停止を起こした場合には、心肺蘇生を実施する。

●イイジマウミヘビ ［iijima's turtle-headed sea snake］ *Emydocephalus iijima*（Stejneger）

［分布と特徴］ インド洋、東南アジア、オーストラリア北部から、フィリピン、台湾を経て日本の南西諸島までの浅瀬で見られる。全長 70〜150 cm。体色は黄色がかった青で、身体にたくさんの黒い横縞（よこじま）が並ぶ。

［症状］ ウミヘビの毒はハブの 20 倍の強さといわれる。しかし、性質は非常におとなしく、また、口も小さいため、咬まれる被害はほとんど起こっていない。咬傷（こうしょう）による傷は小さく、痛みも少ないが、呼吸筋麻痺などを起こすことがある。

［応急手当］ 咬まれたら、毒をしぼり出し、受傷部位をきつく縛（しば）る。ただちに医療機関へ搬送する。もちろん、呼吸停止を起こした場合には心肺蘇生を実施する。

●アンボイナ ［Geography cone］ *Conus*（Gastridium）, *geographus*（Linnaeus）

［分布と特徴］ インドから太平洋地域に広く分布し、日本では紀伊半島以南の奄美・沖縄・宮古・八重山諸島の暖海で見られる。殻径は高さ約 11 cm、径約 5 cm の樽形で殻口が広く、紫褐色（しかっしょく）の雲（うん）状斑模様（じょうふもよう）と細かい網目模様が交互にある。食肉性で、吻鞘の奥に矢のような歯舌歯（しぜっし）を噴射して小魚を毒で麻痺（まひ）させて捕える。沖縄ではハブ貝と呼ばれ、恐れられている。

［症状］ 刺された瞬間は、チクッとするだけで強い痛みはない。受傷部位に小さな穴が空いて、周辺に紫斑（しはん）を生じる。20 分くらいすると自力歩行ができなくなり、嘔吐やめまいが見られ、意識不明の後、呼吸筋麻痺（こきゅうきんまひ）を起こし、心肺停止状態となる。

［応急手当］ 死亡率は約 20〜70% と高く、刺された場合は、一刻も早く医療機関へ搬送する。また、突き刺さった歯舌歯を抜いて、毒をしぼり出し、その後、受傷部位を圧迫して安静にする。

●ガンガゼ ［Longspine black urchin］ *Diadema setosum* (Leske)

[分布と特徴]　インドから太平洋の珊瑚礁の海域に広く分布し、日本では房総半島以南に分布し、殻径（かくけい）は5〜9 cm ほどで、20 cm ほどの長い棘（とげ）をもつ。日中は珊瑚（さんご）の下や岩の窪（くぼ）みに潜（ひそ）み、夜間になると岩の上や砂の上を動き回る。

[症状]　長い棘は折れやすく、刺さると鋭い痛みと腫れを生ずる。またリンパ線の腫れや筋肉麻痺を起こすこともある。

[応急手当]　棘は折れやすく体内に多数残されやすいので、棘は医療機関で切開して取り出す方が無難である。受傷後できるだけ早いタイミングで、受傷部位を痛みが和らぐまで温める。やけどしない範囲の 42℃ 程度のお湯に 60 分程度浸す。痛みが収まらなければ、それ以上時間をかけて温める。必ず、医療機関を受診するよう勧める。

●ハオコゼ ［Leaf scorpionfish］ *Hypodytes rubripinnis* (Temminck and Schleged)

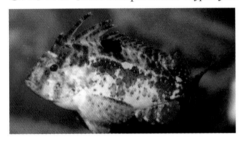

[分布と特徴]　本州中部以南の南日本の沿岸域、内湾（ないわん）のアマモなど、海草（かいそう）の生えているところや潮溜まりで見られる。背びれに 14 本の棘があり、体長 11 cm ほどで色がきれいなところから、一般的に海金魚（うみきんぎょ）と呼ばれている。また、神奈川では「ハオコシ」、和歌山では「スナバリ」とも呼ばれている。

[症状]　棘に刺されると瞬間的な痛みから疼痛（とうつう）に変わり、2〜3 時間は続く。赤く腫れ、発熱することもある。

[応急手当]　傷口を洗浄し、棘があれば慎重に抜く。受傷後できるだけ早いタイミングで、受傷部位を痛みが和らぐまで温める。やけどしない範囲の 42℃ 程度のお湯に 60 分程度浸す。痛みが収まらなければ、それ以上時間をかけて温める。必ず、医療機関を受診するよう勧める。

[その他]　このほかに、奄美諸島以南の珊瑚礁や岩礁、オーストラリアの比較的浅いところに棲むオニダルマオコゼがいる。背びれに棘があり毒性が強く、激しい痛みと傷口が腫れ上がり、麻痺（まひ）が起こる。呼吸困難や痙攣（けいれん）が起こり死亡することもある。

●オニダルマオコゼ

［Pitted stonefish］ *Synanceia verrucosa*
(Bloch and Schneider)

●ウツボ ［Moray eel］ *Gymnothorax kidako*（Temminck and Schlegel）

[分布と特徴]　本州中部以南の太平洋沿岸の浅い海の岩影や岩穴に生息し、主として夜間に活動する。鱗はなく、胸びれと腹びれもない。体長は 0.8〜1 m に達し、口は大きく目の後ろまで裂け、毒はないが歯は鋭く顎も強い。ウツボが生息する地域でダイビングや釣りを行う際には、十分な注意が必要である。

[症状]　手や足に咬みつかれると容易に外すことができない。無理に引けば、傷口が裂けて強い痛みと出血を伴い、時にはショック症状を起こす場合もある。

[応急手当]　傷口を真水でよく洗浄し、ガーゼや清潔なタオルなどがあればただちに直接圧迫止血をして、受傷部位を心臓より高い位置に保つ。必ず、医療機関を受診するよう勧める。

●ミノカサゴ ［Luna lionfish］ *Pterois lunulata*（Temminck and Schlegel）

[分布と特徴]　インド洋・太平洋に分布し、日本では北海道南部以南で見られ、岩場の窪みなどに生息する。体長は 25 cm くらいで、背びれと胸びれは大変長い。背びれ、腹びれ、尻びれの棘には強い毒がある。若魚の体色は淡い紅色に黒色の横帯があるが、成長するに従って全体的に淡くなる。

[症状]　棘に刺されると、激しく痛む。時間が経過するにつれて受傷部位が腫れ、紫色になる。顔面が蒼白となり、吐き気、むくみ、関節痛などが現れる。

[応急手当]　傷口を洗浄し、棘があれば慎重に抜く。受傷後できるだけ早いタイミングで、受傷部位を痛みが和らぐまで温める。やけどしない範囲の 42℃ 程度のお湯に 60 分程度浸す。痛みが収まらなければ、それ以上時間をかけて温める。必ず、医療機関を受診するよう勧める。

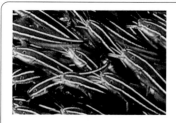

●ゴンズイ ［Barbel eel］ *Plotosus lineatus*（Thunberg）

[分布と特徴]　本州中部以南に分布し、全長 20 cm ほどの暖海性の魚で、海岸近くの岩礁や藻場に棲む。幼魚は団子状（ゴンズイ玉）に群れを作って泳ぐ。体形はナマズに似て頭が大きく、口の周りに 8 本のヒゲがある。こげ茶色の体色に 2 本の黄色の縦線が走る。第一背びれと胸びれの棘に強い毒がある。

[症状]　棘に刺されると激しい痛みを感じ、火傷のような痛みが次第に周囲に広がり、2 日間痛みが続くことがある。

[応急手当]　傷口から毒をしぼり出し、受傷後できるだけ早いタイミングで、受傷部位を痛みが和らぐまで温める。やけどしない範囲の 42℃ 程度のお湯に 60 分程度浸す。痛みが収まらなければ、それ以上時間をかけて温める。必ず、医療機関を受診するよう勧める。

●アカエイ ［Red stingray］ *Dasyatis akajei*（Müller and Henle）

[分布と特徴]　浅い海の砂泥底に生息し、河口などの汽水域に侵入することもある。普段は砂底に浅く潜り、目と噴水孔、尾だけを砂の上に出す。食性は肉食性で、貝類、頭足類、多毛類、甲殻類、魚類など底生生物を幅広く捕食する。アサリなどの漁場では、食害が問題となることもある。メスは春から夏にかけて浅海で出産し、5～10匹の稚魚は体長10cmほどで、体型は親と同じで、浅瀬で間違って踏んでしまった時には、毒針を受ける危険がある。触ったりしない限りは人を刺すことはない。

[症状]　尾は細長くしなやかな鞭状で、中ほどには数～10cmほどの長い棘が1～2本近接して並ぶ。この長い棘には毒腺があり、刺されると激痛に襲われる。数週間も痛みが続いたり、アレルギー体質の人はアナフィラキシー・ショック症状により死亡することもある。棘にはのこぎり状（鋸歯状）の「返し」もあり、一度刺さると抜き難い。

[応急手当]　刺されたらまず毒を絞り、患部を水または湯で洗い流した後、早急に病院で治療を受ける必要がある。生体を扱う際は、尾を鞭のように払って刺そうとするので十分注意しなければならない。生体が死んでも毒は消えないため、死体を扱う際にも尾には注意が必要である。受傷後できるだけ早いタイミングで、受傷部位を痛みが和らぐまで温める。やけどしない範囲の42℃程度のお湯に60分程度浸す。痛みが収まらなければ、それ以上時間をかけて温める。必ず、医療機関を受診するよう勧める。

（写真提供・左右とも：菊地太）

●オニヒトデ ［Crown-thorns starfish］ *Acanthaster planci*（Linné）

[分布と特徴]　紅海からインド、太平洋の熱帯・亜熱帯海域に広く分布し、日本では本州中部以南に分布する。直径約60cmまで成長が見られ、腕の数は11本から16本で緑灰色をしている。棘には毒性があり、棘の先は赤橙色である。周期的に異常発生して珊瑚を食い荒らし、問題になっている。

[症状]　棘が刺さったところからすぐに痛みが起こり、赤く腫れて痺れてくる。傷口は化膿しやすく、リンパ腺が腫れ、吐き気を伴う。傷は治りにくく、壊死することもある。

[応急手当]　棘が刺さったら先が折れないよう慎重に抜き、受傷後できるだけ早いタイミングで、受傷部位を痛みが和らぐまで温める。やけどしない範囲の42℃程度のお湯に60分程度浸す。痛みが収まらなければ、それ以上時間をかけて温める。必ず、医療機関を受診するよう勧める。

■3. その他の危険な生物による症状と応急手当

●チンクイ（ゾエア）

[分布と特徴]　「チンクイ」というのは、カニ、エビ、ヤドカリなど甲殻類の幼生（ゾエア）の俗称。種類によって形や大きさは異なるものの、全長0.5〜1mm程度とかなり小さく半透明のため、眼ではなかなか見ることができない場合が多い。一般に、ゾエアなどのプランクトンは海中の特定のところに集まったり、流れ藻と一緒に動いたりするので、同じ海水浴場でも場所により被害の差がある。

[症状]　海水浴で身体がチクチクする現象は、いくつか原因が考えられるが、水着の中で起こる場合は、チンクイ（海中の微小な浮遊生物）と

（写真提供：Shutterstock）　呼ばれるものによることが多い。水着と皮膚の間に入って痒くなり、発疹の原因になることがある。これらは毒があったり人に危害を加えようとしたりするものではない。目に見えるか見えないかほどの大きさで、成長の過程の段階でとげのある形状をしていて尖っているため、人間の皮膚に刺さり痒みや痛みを生じ、皮膚の表面に炎症を起こさせる。甲殻類の幼虫は、鋭い棘をもち、皮膚に刺さると機械的な刺激で皮膚炎を生じる。

[応急手当]　チクチクと感じたら、まずは海から上がり、できれば水着などを脱ぎ、すぐに水で流すかシャワーを浴びる。肌の露出しているところよりも水着の中などを念入りに洗い流す。赤い発疹があれば氷水の入った氷のうなどで冷やす。痒みが強く、発疹の範囲が広い場合は医療機関で治療を受ける。むやみに擦らないようにして、絶対に掻かないようにする。有効な予防方法がないため、チクチクと感じたら早めに海から上がることが大切である。

●シロガヤ

（写真提供：Shutterstock）

[分布と特徴]　ガヤ類は一見「藻」のように見えるが、海藻ではなく刺胞動物門 ヒドロ虫綱 軟クラゲ目 ハネガヤ科の刺胞動物。刺胞動物なので、刺激を与えると刺胞毒が発射されるため、素手で触るとかぶれてしまう被害を受ける。本州北部より琉球諸島に至る各地の浅海にきわめて普通に見られるほか、小笠原諸島からも知られている。特に岩場に、波で揺られるように生息している。

[症状]　羽根状の体に無数の刺胞があり、触れると痛みが走り、しばらくして水疱ができる。刺胞毒による症状は個人差があるが、激しい痛みがあり、その後、腫れやミミズ腫れが肌に残る場合がある。ひどいときは患部と周辺が大きく腫れることもある。痛みは長く続かないが、しばらく痒みが残る。

[応急手当]　受傷後できるだけ早いタイミングで、受傷部位を痛みが和らぐまで温める。やけどしない範囲の42℃程度のお湯に60分程度浸す。痛みが収まらなければ、それ以上時間をかけて温める。必ず、医療機関を受診するよう勧める。タンパク質毒素であるため処置としてはカツオノエボシと同様である。

●フジツボの仲間

暖流の影響を受ける本州周辺や南西諸島周辺では、毒性の強い魚貝類や甲殻類があり、食中毒を起こして死亡する場合が多々あるので、特に注意が必要である。

なお、ライフセーバーのいないビーチや珊瑚礁周辺で活動するときは、皮膚を守るために必ずラッシュガードやウエットスーツ、さらには手袋・靴の着用も必要になってくる。フジツボやカキは危険な生物の部類から外れているが、磯や桟橋のあるビーチでの活動中に、これらの殻をうっかり触って怪我をすることが意外と多いということも忘れてはならない。

【資料】人を襲う可能性のある危険なサメ

●ホホジロザメ

（写真提供：Shutterstock）

映画で一躍有名になったサメ。英名はグレートホワイトシャーク。他のサメに比べてかなり体躯がしっかりしていて寸胴。鼻もずんぐりしていてかなり威圧的な見た目なのが特徴。最も大きいサイズだと6mにもなり、パワーも半端でなく噛まれただけで致命傷になる。人を襲った事例も多く世界中の沿岸で見られる。主にオーストラリアの海域で見られるが、日本近海でも生息しているので危険な海域は多いといえる。浅瀬に来ることもあるので、サメと思ったら絶対に近づかないようにする必要がある。

●イタチザメ

（写真提供：Shutterstock）

ホホジロザメ以上に遭遇したら危険なサメがイタチザメ。英名はタイガーシャーク。大きさは平均3mほどで比較的小さなサメだが、侮ってはいけない。イタチザメが危険なのは、"なんでも"食べる性質と好奇心の強さにある。本来サメは人を捕食対象とみなさずに避ける傾向がある。一方、イタチザメは選り好みしせず、持ち前の好奇心で人に寄ってくる。最も人を襲う可能性があるサメといえる。しかも集団で動くことがよくあるので、1匹見つけたら囲まれている場合もある。日本近海でも多数発見されている。ちょっと濁ったような視界の悪いところを好み、波打ち際まで来ることもあるので気をつける必要がある。

●ヨゴレ

（写真提供：Shutterstock）

メジロザメの一種であまり聞き慣れない名前だが、サメの中では最も危険な種類ヨゴレ。他のサメよりも最も分布範囲が広くどこでも見られる。ただ沿岸部ではほぼ見られることはなく外洋で生息しているので、海水浴ぐらいのレジャーなら遭遇することもなく危険もない。しかし、遭遇したら絶対にすぐに海から上がる必要がある。イタチザメと同じくなんでも捕食し、他のサメよりもはるかに獰猛で気性が荒いためである。外洋の海に投げ出されるような事故にあい、もしヨゴレに遭遇するようなことがあったらまず命の保障はない。「サメの中で最も危険」と強く警告されるぐらい恐ろしいサメである。

●シュモクザメ

（写真提供：Shutterstock）

シュモクザメは頭がハンマーのような形をしていることから、英名はハンマーヘッドシャークと呼ばれる。最も見分けるのが容易なサメである。人を襲う事例は少ないが、日本ではシュモクザメによる死亡事故があったので非常に危険なサメと認識されている。上記のサメたちよりは比較的安全であるが、浅瀬に来るときは非常に"お腹を空かせている"時。発見したらすぐに逃げるのが賢明である。

同じビーチでもその日の気象・海象により遊泳条件は異なる。
ライフセーバーは正確な判断をするためにも、海の知識を学ばなければならない。

サーフ
パトロール

わが国の海水浴場

■1．現状と問題点

　年間を通じて多くの人がレジャーとして海へ行く。その大半は海水浴が目的であるといわれており、海水浴はまさに「国民的レジャー」の一つといえるだろう。一方で、海での水難（死亡・行方不明）事故の約50％は6〜8月の海水浴シーズンに集中しているという統計資料が裏付けているように、海水浴中に遊泳者が事故に遭遇するといった報告は多い。また、わが国の海水浴場ではビール等のアルコールを伴った飲食がつきものとなっており、飲酒が海浜利用者の死につながる溺水事故の一因にもなっているといわれ、近年その危険性が指摘されている。

　四方を海に囲まれた日本は、その海岸線の総延長が約35,000 km あり、1,028ヵ所の海水浴場が全国各地に点在している（2022年海上保安庁調べ）。しかし、日本ライフセービング協会（以下、JLA）が関与している海水浴場はそのうちの約18％にすぎず、そのほとんどが関東圏にある。そのため、日本全土の海水浴場における安全管理が十分とはいえないのが現状である（図5-1）。もし、安全管理を軽視して無責任に観光誘致を行っている海水浴場があれば、人命を軽視していることが大きな社会問題に発展する可能性もあるだろう。

◆図5-1　日本ライフセービング協会が関与している全国の海水浴場等の数（日本ライフセービング協会、2022）

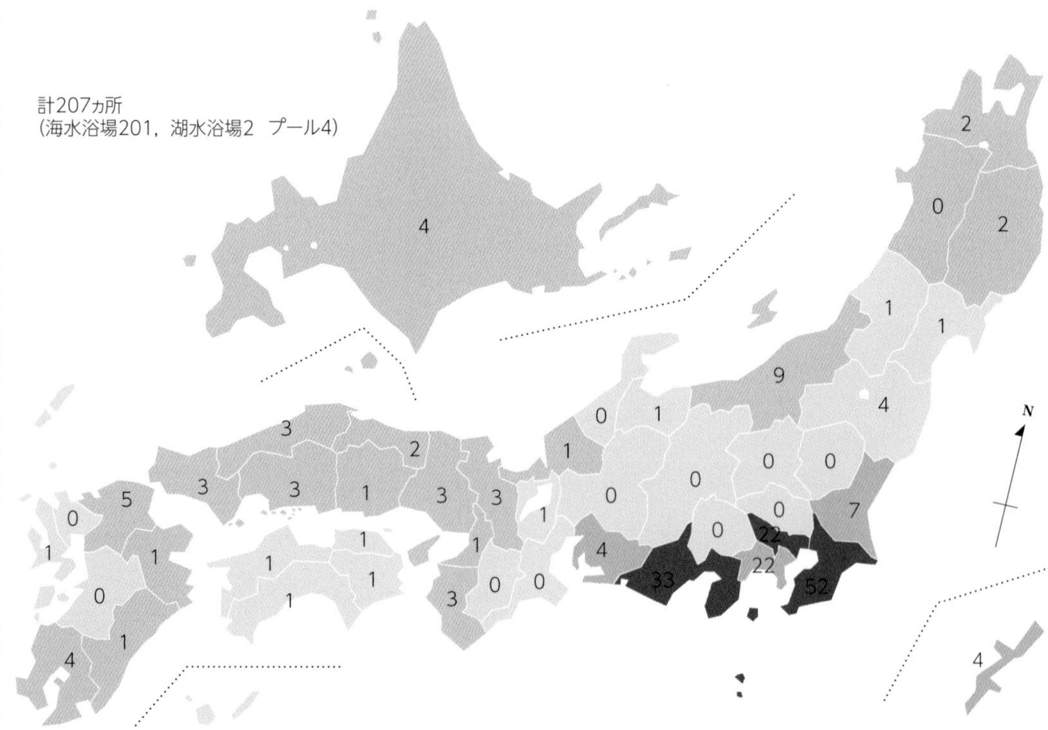

計207ヵ所
（海水浴場201，湖水浴場2　プール4）

日本国内のこのような現状を考えると、全国の水辺環境における安全管理の担い手の一人としてライフセーバーの育成が求められており、有資格者によるサーフパトロール（監視活動）の実施を全国的に普及させることが、JLAに課せられた重要な課題である。

■2．海水浴場の定義

海水浴場とは、海岸法に基づき開設責任者（自治体等）が自然公物（国の持ち物）である海岸を所管管理者（都道府県）から認可を受け、一定期間開設するものである。開設責任者は、海岸法や条例によって海岸環境の整備と保全および公衆の海岸の適正な利用に努めなければならない。

■3．開設責任者の役割

開設責任者は、地域の関係諸機関・諸団体と協力して利用者の利便性を高めるとともに、安全な運営を図らなければならない。また、水難事故等の緊急時に現場での迅速な連携を可能にするため、海水浴場開設期間前に開設責任者と関係諸機関・諸団体（ライフセーバーを含む）で事前協議会を、開設期間終了後には事後協議会（反省会）を実施する必要がある（図5-2）。

そこでは、安全管理以外にも水質や海水浴場周辺の公衆衛生（ゴミや汚水処理、食品取り扱い業者の指導等）、利便性（シャワーやトイレ、駐車場の整備等）といった海浜利用者にとって快適な海水浴場のあり方についても話し合いを行うことが望ましい。

◆図5-2　海水浴場における地域関係諸機関・諸団体との連携例

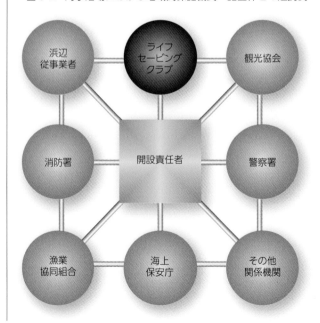

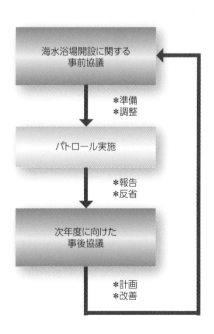

2　要救助者の特徴

■ 1. パトロールログと各種レポート　の意味とその活用

　事故防止のためには、過去のパトロールに関するデータや全国の海水浴場における救助や応急手当などの事例を参考にして、要救助者（溺者・傷病者など）の特徴をライフセーバーが理解する必要がある。特に、溺水状態別の要救助者数や発生した事故の原因・時間帯・特徴などを調査することは、事故を未然に防ぐための監視活動を展開するうえでとても重要な情報となる。

　そのため、私たちライフセーバーは、日々のパトロールログ（日誌）と事故対応時における各種レポートの記入を確実に行うことに加えて、これらの情報を毎年集計・報告する必要がある。JLAに登録している全国のライフセービングクラブの協力によってはじめて、溺水情報を社会に還元することができることを忘れてはならない。

　JLAでは、このようにして提出された溺水情報をパトロールの現場に還元できるように「全国海水浴場パトロール統計」（以下、「パトロール統計」）として報告している。ライフセーバーは、この「パトロール統計」を活用することによって、溺水等の事故を少しでも減少させるような努力が求められる。このようなパトロール現場からの情報を［収集→公開→活用］というサイクルで積み重ねていくことによって、将来、ライフセーバーの日本社会における存在意義はますます高まっていくであろう。

○要救助者
　要救助者とは、身体・生命に危険が及び、自らその危険を排除できず、救助や手当、支援などを必要とする者、または救助しなければならない者。溺水事故に遭った、またはその可能性がある溺者、手当を必要とする傷病者、海洋・山岳での遭難者などを含む。

○傷病程度の区分（総務省消防庁で活用されている用語にならい日本ライフセービング協会で設定）
　・死亡：初診時において死亡が確認されたもの
　・重症：傷病の程度が3週間以上の入院を必要とするもの
　・中等症：傷病の程度が入院を必要とするもので重症に至らないもの
　・軽症：傷病の程度が入院加療を必要としないもの

○溺水状態の区分
　・Emergency Care：救助した時に意識がない（反応がない・目を開けない）
　・Preventive Action：救助した時に意識がある（反応がある・目を開ける）
　　　　　　　　　　　※Preventive Actionには、レスキュー器材でピックアップしたが、浜まで運ぶに至らなかった者やボードやチューブなどに掴まらせて休ませた者なども含む。

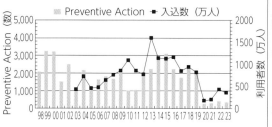

レスキュー件数；Preventive Action
（1998 ～ 2023 年）

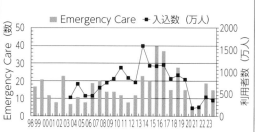

レスキュー件数；Emergency Care
（1998 ～ 2023 年）

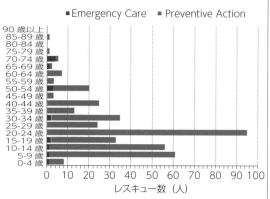

要救助者の年齢別レスキュー件数（2023 年）

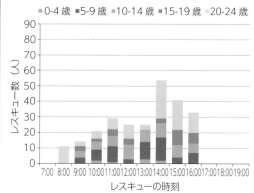

要救助者（若年層）の年齢別・時間帯別のレスキュー件数
（2023 年）

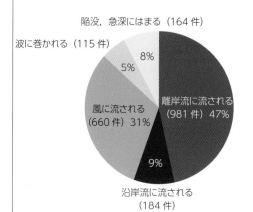

海水浴場における水難事故の要因（自然要因）
（2013 ～ 2019 年）

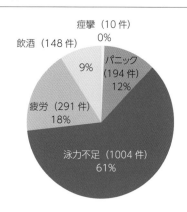

海水浴場における水難事故の要因（個人的要因）
（2013 ～ 2019 年）

第 5 章……サーフパトロール

これらの統計資料から、「どのような時間帯に、どのような年齢層が、どのような原因で、溺水事故を起こしやすいのか」といったことが理解できるとともに、海水浴場開設責任者や関係諸機関への報告書としても活用できる。さらには、監視活動の知識としてのライフセーバー間での共通認識とすることや、資料から事故発生の可能性を考慮に入れた体制づくり（例えば、監視塔（タワー）に配置するライフセーバーの人数・器材の種類・数量等についての実態に合わせた調整）にも参考になるであろう。アドバンス・サーフライフセーバーなど監視体制全体をマネジメントする立場にあるライフセーバーには、これらのパトロール統計から得られる情報を監視現場で提示し、実際の活動に活かすことが求められている。

■2．溺者の特徴

溺者を早期発見するには事故発生までの経緯とともに、溺者を見分けることも重要である。溺者が救助を求めて声を出している場合等は比較的容易に発見できるだろう。しかし、それ以外の場合は溺れのサインや周りの遊泳者の行動

○溺れのサイン

▶後ろから波をかぶり、前髪が顔に掛かりながらも浜に向かおうとしている動作。

▶浮いたり沈んだりしながら、水面に顔を出して空気を吸おうとしている動作。

▶かろうじて水をかいて、息を吸おうと水面をもがくような動作。

▶頭が後ろに反り、手ではしごを上る（のぼ）ような動作。

▶顔を水面に出そうと、両手で水を叩く（たた）ような動作。

を読み取ることで溺者を迅速・的確に発見しなければならない。また、経験の浅いライフセーバーはこの溺れのサインのみを監視する可能性が高いため、最初に述べた事故発生までの経緯にも目を向ける必要がある。

■3．溺水事故の事例

　溺水事故はその原因を一つに特定することができない。そのため、ライフセーバーは危険な場所だけではなく、海水浴場全体を監視できるように心がけなければならない。つまり、遊泳者だけでなく、浜にいる海浜利用者の行動もよく観察し、少しでも特異な動作をしている人に対しては注意して監視する必要がある。

　溺水事故が発生する状況を理解する手がかりとして「JLA アニュアルレポート」（図 5-3）より、いくつかの事例を紹介する。

◆図 5-3　JLA アニュアルレポート

詳細については、QR コードを読み取り、協会サイトにて確認してほしい。

アニュアルレポート・各種資料

○救急搬送事例

・20 代男性が遊泳エリア内で遊んでいたところ、水底にあったものを踏んで切創。
・40 代女性が波に右肩が当たり脱臼。
・50 代男性が飲酒後に入水し波打ち際で酩酊状態。

・60 代女性が磯遊びをしていた際に転倒。

外傷のなかでも水中で頸部を打撲した場合，頸髄損傷となり溺水に至ってしまうケースもあるのでライフセーバーは適切に対応することが求められる。また，クラゲやハチに刺された場合もアナフィラキシーをきたす危険があることを改めて認識しなければならない。

○救急搬送事例（CPR 実施）

・30 代女性がシュノーケル中に遊泳エリア内で溺水。
・60 代男性が遊泳エリア内で遊泳中に溺水。

CPR を早期に開始したケースにおいても期待に反して心拍再開とならないこともある。もちろん心停止の原因にもよるが，各ライフセーバーの技能の正確性を確認しておくことが勧められる。

＊

　このように、溺れる原因や状況はさまざまである。ライフセーバーにとって、遊泳者がパニックに陥り暴れている場合は、最も明確に状況を判断しやすい。一方で、静かに溺れる者を見分けるのは、非常に難しい。そのため、早期発見には溺水に関する知識に加えて、事故に至るまでの状況を適切に判断するための経験も必要になる。

Water Safety アプリ　海のみまもりシステム

　JLA では、日本財団の助成により、IoT と AI を活用した「海辺のみまもりシステム」を開発した。水辺の事故防止のために、各国では先端技術を活用したさまざまな取り組みが行われており、AI により離岸流発生を自動検知して利用者のスマートフォンに通知し、さらに離岸流エリアに人が入るとライフセーバーに通知する本システムは、各国からも注目されている。2024 年 4 月現在、海のみまもりシステムは、千葉県・御宿中央海岸、福井県・若狭和田ビーチ、静岡県・吉佐美大浜海岸、神奈川県・由比ガ浜海岸、中央・材木座海岸で稼働している。

　2019 年から本格的に運用が開始された当システムは、海辺の事故防止だけでなく、システムの普及展開、機能向上により、海辺においてさまざまな人が助け合い支え合う社会の実現をめざしている。

海岸に設置されたWebカメラ

Informed to signage

Informed to smart watch of Lifeguard

AI detected Rip current

AI detected Human

□ 黄色の枠；AIが自動で検知した離岸流エリア
□ 赤色の枠；AIが自動で検知した離岸流エリア内の遊泳者

IoTとAIを活用した「海辺のみまもりシステム」

海のみまもりシステム・Water Safety 情報を
アプリで公開している。

3 パトロールの基本的な考え方

■1．パトロールの基本

　パトロールは、事故を未然に防ぐためだけでなく、誰もが水辺活動を楽しめるように安全で快適な海水浴場の環境を調整・維持するための活動でもある。ここでの主体は、海浜利用者であり、ライフセーバーではない。しかし、時としてパトロール中のライフセーバーは、大群衆(だいぐんしゅう)に指示を出すなど指導的立場をとらなくてはならない場合がある。

　ライフセーバーは、いつ発生するか分からない事故に対して常に備えることによって、事故発生時には溺者だけでなく、救助者の安全も確保できるようなパトロールを行うことを心がけるべきである。

■2．ライフセーバーの役割

　事故防止とともに、誰もが楽しめるように安全で快適な環境づくりのため、ライフセーバーには下掲の役割が求められている。

■3．パトロール期間中の留意点

　パトロール中、ライフセーバーは、JLAが指定するパトロールユニホームを着用するべきである。ただし、これらをパトロール以外の目的で使用してはならない。

　パトロール期間におけるライフセーバーの服装と装備についての留意点は、次頁のとおりである。

○ライフセーバーに求められる役割
・海水浴場における各区域を設定する。特に水面の「遊泳区域」「専用使用区域」「危険区域（遊泳禁止、立ち入り禁止）」等を指定する場合、判りやすいブイや標識を表示する必要がある。
・安全や環境保全に基づいた利用規則を提示する。
・自然災害（落雷、津波等）に関する対策を熟知し、これに沿った迅速・確実な対応をする。
・事前に情報を収集して海況・気象の特性や変化を予測し、周知させる。
・海水浴場内外の情報を統括し、放送器材などを用いて場内を管理する。
・遊泳条件フラッグの色を決定し、表示する（青色：遊泳可、黄色：遊泳注意、赤色：遊泳禁止、p.108 表5-5を参照）。
・海水浴場の全域を巡回し、状況を把握しながら事故の防止に努める。
・環境保全のために水辺の美化活動を行う。
・安全や環境保全を目的とした啓蒙活動を行う。
・事故発生時には、レスキューの原則を守り救助活動を行う。

○ライフセーバーの服装と装備

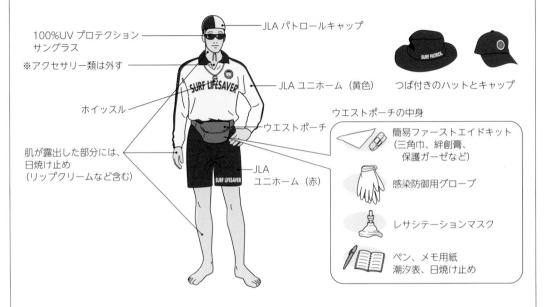

100%UV プロテクション
サングラス

※アクセサリー類は外す

ホイッスル

肌が露出した部分には、
日焼け止め
(リップクリームなど含む)

JLA パトロールキャップ

JLA ユニホーム（黄色）

ウエストポーチ

JLA
ユニホーム（赤）

つば付きのハットとキャップ

ウエストポーチの中身

簡易ファーストエイドキット
(三角巾、絆創膏、
保護ガーゼなど)

感染防御用グローブ

レサシテーションマスク

ペン、メモ用紙
潮汐表、日焼け止め

○パトロール期間におけるライフセーバーの服装と装備に対する留意点

・想定しうるさまざまな事故に対し、備えを怠らない。

・パトロール中は、アクセサリー類を身につけない。

・レスト（半日以上の休息）を設けず長期間パトロール活動を継続することは、心身の疲労を蓄積させるだけでなく、体調不良に陥る恐れがある。そのため、適宜、レストをとることが望ましい。

・日焼けは、疲労や体力（免疫力を含む）の低下を招く恐れがある。パトロール中は、「日焼け止め」を塗ったり、「帽子」や「サングラス」、「ユニホーム(ラッシュガード等)」を着用したりして、できるかぎり直射日光を避けることに努める。また、頻繁に水分補給をすることも不可欠である。

・朝夕のトレーニングは、日中のパトロール活動に支障をきたさないように、量や質を調整する。

・自分自身の安全のためにも、パトロールに悪影響を及ぼすような飲酒をしてはならない。

・自他の健康を害し、体力低下の一因にもなる喫煙を（パトロール期間に限らず日頃から）絶対に行ってはならない。

4 パトロールの実際

1. パトロールの組織体制

　海水浴場には、ライフセービングに関する資格を所持したライフセーバー（認定ライフセーバー）が、配置されていることが望ましい。また、パトロールは一つのチームとして構成され、仲間として相互の信頼関係を築く必要がある。そのため、各ライフセーバーの取得している資格や経験年数を基に、組織内での役割を決める（表5-1）ことで、パトロールに際して組織としてさまざまな状況に対応することが可能になる（図5-4）。

2. パトロールを実施するうえでの留意点

　実際のパトロールでは、監視による事故の早期発見から救助までが主な活動の範囲である。そのなかで、監視とは、ほとんど起こらない重

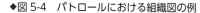

◆図5-4　パトロールにおける組織図の例

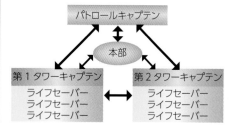

大な事故やその兆候の早期発見に努める活動であり、精神的な疲労や飽きが生じやすい。また、ひとたび事故が起こると救助活動は身体的に大きな負荷がかかるため、単独でパトロールを実施することは心身の両面において大きな負担となる。そこで、これらの負担を軽減するためにも、まず監視本部を情報伝達の中心として設置し、そのうえで海水浴場内の適切な場所に監視塔（タワー）を配置するとよい。1つの監視塔（タワー）には、最低2人以上のライフセーバーを配置し、監視塔（タワー）内でロー

◆表5-1　ライフセーバーの名称と役割の例

名称	資格 / 経験年数	役割
パトロールキャプテン	アドバンス・サーフライフセーバー 3年以上	パトロールキャプテンには、海水浴場全体における監視システムを指揮し、的確な指示・判断ができる能力が要求される。天候や海の状況によっては、遊泳状況を把握し、安全な遊泳区域の設定を行ったり、行政や地元関係者とのコミュニケーションを築くことも要求される。また、パトロールログの集計、ライフセーバーの体調管理、シフトの調整などを行わなければならない。
タワーキャプテン	ベーシック・サーフライフセーバー 2年以上	タワーキャプテンには、2年以上のパトロール経験があり、1つの監視塔（タワー）が担当するパトロール区域の責任者となり、リップカレントや波の状況に合わせて、安全な遊泳区域に遊泳者を誘導する能力が要求される。また、1つの監視塔（タワー）には原則として2人以上のライフセーバーが配置され、パトロールキャプテンの指示や自らの判断によって、監視塔（タワー）内のライフセーバーに対して的確な指示を出せなくてはならない。
本部	アドバンス・サーフライフセーバー 〜 BLS 1年以上	性別、体格、身体能力など問わず、すべてのライフセーバーが行うことができるポジションであり、アナウンスを通して海水浴場のルールや注意を促す役割等がある。また、迷子の放送、応急手当等を行うこともある。さらに、各監視塔(タワー)の人員、器材等の配置をコントロールし、緊急時にはパトロールキャプテンやタワーキャプテンの指示を受けて、消防、警察、海上保安庁などの行政諸機関と直接連絡をとることも要求される。

テーション（交代）しながら、ビーチをコントロールすることが望ましい。

ローテーション・システムの利点は、「監視塔（タワー）」「ビーチパトロール／海上パトロール」「レスト」などの役割をパトロールメンバーで交代しながら継続的に実施することで、眠気や飽きなどが解消され、監視に必要な集中力の維持が期待できることにある。特に、監視塔（タワー）からの監視活動以外に、砂浜を歩いてのビーチパトロールや、IRB（Inflatable Rescue Boat：船外機エンジン付き救助用ゴムボート）やPWRC（Personal Water Rescue Craft：レスキュースレッドを装着した救助用水上バイク）、レスキューボードなどを利用して水の上からの海上パトロールを行うことは監視上有効な手段であり、海浜利用者が多い場合には安全管理上、このようなパトロールを実施す

ることが望ましい（図5-5）。ローテーション・システムにおける交代時間は一般的に15分から30分を目安とする。しかし、ビーチの状況や監視塔（タワー）の人員配置などによって、この時間は調整する必要がある。

■3．パトロールにおける役割

パトロールにおいて求められる主な役割を図5-6に配置した。図での配置を確認しながらそれぞれの役割を解説する。

まず、パトロールにおいて主に情報伝達の中心的機能を果たすのは監視本部である。この監視本部は、監視塔（タワー）を配置する際にその拠点となるため、海水浴場内で最も目立つ象徴的な建物であることが好ましい。また、海水浴場内の放送や無線機など内部の通信に必要な

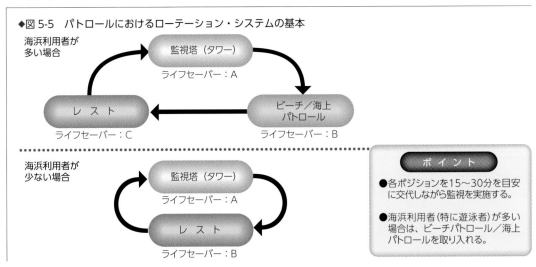

◆図 5-5　パトロールにおけるローテーション・システムの基本

海浜利用者が多い場合

監視塔（タワー）
ライフセーバー：A

レスト
ライフセーバー：C

ビーチ／海上パトロール
ライフセーバー：B

海浜利用者が少ない場合

監視塔（タワー）
ライフセーバー：A

レスト
ライフセーバー：B

ポイント
●各ポジションを15〜30分を目安に交代しながら監視を実施する。
●海浜利用者（特に遊泳者）が多い場合は、ビーチパトロール／海上パトロールを取り入れる。

◆表 5-2　波打ち際（汀線）までの距離による監視塔（タワー/台）機能の特徴

監視塔から波打ち際までの距離	長所	短所
短い	・遊泳者に近い位置で監視できるため、状態を把握しやすい。 ・救助の際に、迅速に対応できる。	・遊泳区域の監視範囲が狭くなるとともに、浜の様子を把握しにくい。 ・潮の干満による影響を受けやすい。
長い	・監視範囲が広く、遊泳区域だけでなく浜全体の様子まで見ることができる。 ・潮の干満による影響を受けにくい。	・双眼鏡などを用いないと、遊泳者の状態を把握しにくい。 ・救助の際に、迅速に対応しにくい。

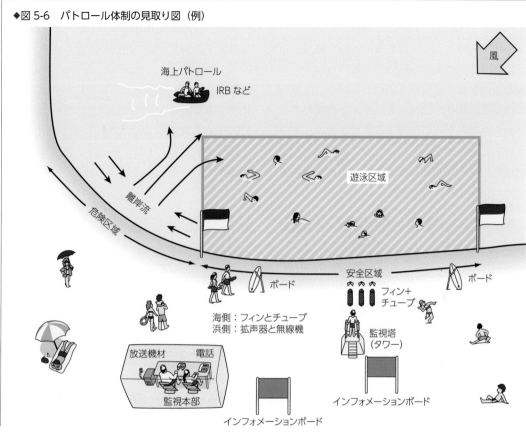

機器を設置するだけでなく、役所や消防機関、警察機関、海上保安機関といった外部組織・機関との通信手段の設置、機材の充実を図るべきである。加えて、通信機器だけでなく、監視塔（タワー）で対処できないような応急手当、救命手当に必要な器材やスペース、さらに器材全般の予備があればいつでも交換できるように準備するとよい。

　一方、監視搭（タワー）は、ローテーション・システムに基づいた監視を行ううえで重要な拠点となる。そのため、海浜利用者からも判別しやすい色や目立つ高さが必要となる。また、監視塔（タワー）は表 5-2 に示したような特徴を理解したうえで、監視活動において死角ができないような場所に配置されなければならない。

　次に、ビーチパトロールを行う際は、遊泳者の体調や飲酒の有無、危険な行為の有無などを比較的近い位置から観察することを心がける。これによって、事故が発生したときには迅速に対応することが可能となる。また、配置人数に余裕があれば 2 人以上のチームを編成して行う。これは、パトロール中に、一方のライフセーバーが救助に向かった際、残ったライフセーバーが監視本部や監視塔（タワー）への無線報告（状況報告や応援・救助支援要請など）を円滑に行うためである。

　また、海上パトロールを行う際は、レスキューボードや IRB、PWRC などを使用して海上で待機し、遊泳者の観察や誘導を行う。特にリップカレントのある場所や遊泳区域の風下、または下流に待機し、緊急時に対応できる態勢をとることを心がける。

■4．事故防止のための監視

　水難事故の大半は防止することが可能だといわれている。海浜で遊泳区域が定められている海水浴場などでは環境に注意しながら、注意の必要な遊泳者や海浜利用者の様子を常に集中力を欠かさないように注視する必要がある。そのためには、まぶしさを避けて頭や眼を動かして監視を行ったり会話や移動を慎んだりする必要

がある。
　監視の方法には大きく分けて、スイーピングとスキャニングの2つの種類がある。
○スイーピング
　監視エリア（受け持ちエリア）全体を大きく見渡す方法。
○スキャニング
　監視エリアをくまなく見渡す、細かく何度も見渡す方法（図5-7）。

◆図5-7　主要なスキャニング・パターン

アップ・アンド・ダウン（上下に見る）

トライアングル（三角形に見る）

サイド・トゥ・サイド（左右に見る）

フィギュアー・エイト（8の字に見る）

サーキュラー（半円状に見る）

アルファベット（英文字を描くように見る）

■5．パトロールで使用される器材

パトロールで使用される器材にはさまざまなものがある（表5-3）。ライフセーバーは多様な器材を人的状況や自然環境に応じてセットアップ（準備）する必要がある。特に、悪天候下でのセットアップに関しては、利用者やライフセーバーの安全に最大限の配慮を図るべきである。なお、業務終了後には必ずメンテナンスを実施し、常に良好な状態を保てるように努める。

●監視本部の器材

監視本部には、救助器材、応急手当器材のほかに、内・外部との連絡をとるための通信機器、予備器材全般を配置することが望ましい（図5-8）。

●監視塔（タワー）の器材

監視塔（タワー）には、救助器材、応急手当器材、その他の器材が準備されている（図5-9）。

◆表5-3　パトロールで使用する器材

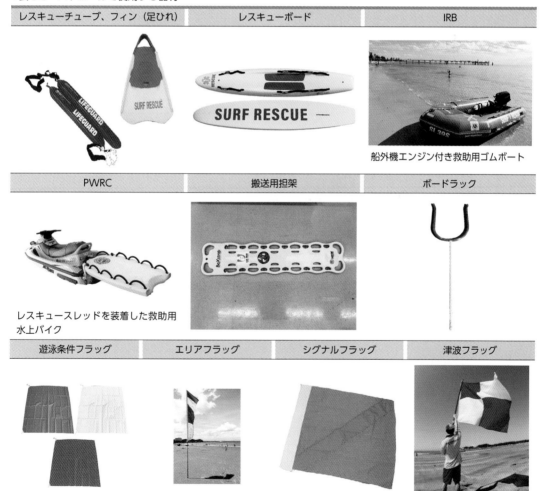

レスキューチューブ、フィン（足ひれ）	レスキューボード	IRB
		船外機エンジン付き救助用ゴムボート
PWRC	**搬送用担架**	**ボードラック**
レスキュースレッドを装着した救助用水上バイク		
遊泳条件フラッグ	**エリアフラッグ**	**シグナルフラッグ**	**津波フラッグ**

◆表 5-3　パトロールで使用する器材（つづき）

監視本部	監視塔（タワー）	監視台

テント	インフォメーションボード	双眼鏡	無線機

拡声器	ファーストエイドボックス	応急手当用の洗浄水	レサシテーションマスク

AED（自動体外式除細動器）	パトロールログ	各種レポート

◆図 5-8　監視本部の様子と器材一覧（例）

救助器材	応急手当器材
・レスキューチューブ ・フィン（足ひれ）	・ファーストエイドボックス ・水（洗浄用） ・お湯 ・氷（冷却用） ・搬送用担架 ・AED(自動体外式除細動器)

その他	
・通信機器（電話／無線機） ・シグナルフラッグ ・各種レポート ・パトロールログ	・拡声器 ・エリアフラッグ ・遊泳条件フラッグ

◆図 5-9　監視塔（タワー）のセットアップの様子と器材一覧(例)

救助器材	応急手当器材
・レスキューボード ・ボードラック ・レスキューチューブ ・フィン（足ひれ） ・IRB ・PWRC	・ファーストエイドボックス ・水（洗浄用）

その他	
・無線機 ・シグナルフラッグ ・各種レポート	・拡声器 ・エリアフラッグ ・遊泳条件フラッグ

6．器材のメンテナンス

　器材のメンテナンスは、ライフセーバーにとって重要な仕事の一つである。

　使用した器材は業務終了後に砂を落とし、真水で洗って破損箇所を確認して、翌日には速やかに準備できるように保管する（図 5-10）。また、消耗した器材は必ずその日のうちに補充し、破損や紛失をした場合には速やかに修理、補充する。特に使用頻度が高い器材の部品は、常に１つ以上の予備を保持するように管理すると活動に支障をきたさずによい。

◆図 5-10　レスキューボードのメンテナンス(洗浄作業)

7. パトロールログと各種レポートの記入方法

①パトロールログの記入

　「パトロールログ」は、日報として海水浴場開設責任者への報告に使用するだけではなく、気象や潮汐の変化をパトロールメンバーが確認するツールとして作成されている。

　また、各種レポート（「レスキューレポート」や「傷病者記録票」、図5-11）は海水浴場内の事故の詳細について全国のライフセーバーと情報共有を可能にするとともに、公的救助機関との連携向上にも大いに役立つ情報となり、翌年のパトロールに活かすことができる。

　「パトロールログ」や各種レポートの用紙は、JLAから各ライフセービングクラブに発送されるが、記入に関する留意点も同封されているのでパトロールに入る前に必ず読むようにする。

◆図5-11　レスキューレポート用紙

② e-パトロールログの活用

　2020年度より「e-パトロールログ（e-ログ）」を導入している（図5-12）。パトロールログデータは、ライフセーバーの活動実績を社会に示すためにとても重要であり、海水浴場やプールでの水辺の事故や傷病の実態を明らかにするわが国唯一のデータである。また、ライフセーバーと海上保安庁との連携にも活用されている。

③レスキューレポートの記入

　「パトロールログ」と同様に、「レスキューレポート」の記入を行っていくことによって、レスキュー事例の情報を積み重ね、検証していくことは将来の事故防止に役立つだけでなく、レスキューの質の向上にもつながる。

　そのため、不注意などで記入事項に漏れがないようにパトロールキャプテンなどがダブルチェックをするとよい。なお、救急車を要請した事例は必ず記載するようにする。

④傷病者記録票の活用

　救急隊が傷病者を医療機関へ搬送する時間の全国平均は年々増加傾向にある（2021年は42.8分：総務省消防庁）。

　これに対し、ライフセーバーから救急隊への引き継ぎを速やかにかつ円滑に行い、医療機関

◆図5-12　e-パトロールログ（e-ログ）

への搬送の時間を短縮することを目的に、JLAでは「傷病者記録票」の活用を進めている。そのため、ライフセーバーのための記録票でなく、その仕様は、救急隊が必要としている情報の記入欄に限定され、狭隘な車内等でも携行しやすい大きさの紙を用い、かつ3枚の複写式としており、救急隊、対応したライフセービングクラブ、JLAの3者間で情報が共有でき、事後の検証がされやすい様式になっている。

なお、ライフセーバーの人数に限りがある場合には、記録票への記入は後回しにし、救助や応急処置、搬送、救急車要請などを優先させなければならない。

■8．ロープワーク

パトロール活動や救助活動において、ロープを使って遊泳区域を示すブイを固定したり、安全のために救助者を確保する場面が出てくる。ここでは、その際に必要となるロープの使い方（結び方）を紹介する。

●扱い方の原則（右利きの場合）

・腕や指の力を抜く。
・左手でロープの端から50cmほどのところを持ち、右手でその先端を扱う。
・利き手の右手を中心に、左手は補助的な役割となるため、リング等にロープを通したり掛けたりする際、右手でロープの先端が扱える体勢を取れるように取り扱う。
・ロープが長過ぎる場合は、適当なところで折って二重にして扱う。
・焦らずに1つひとつの手順を確実に行う。
・身体（手足など）で練習してはならない。
・ライフセーバーがロープワークを行う際、実践的には、IRBやPWRC等の動力船を係留するときや、ブイを設置したりする際、風・

波・潮流の外力の影響を受けながら実施することになる。これらの外力が突然及ぶ際に、ロープワーク中にできたロープの輪の中に指や手、身体の一部を入れた状態だと、ロープが突然引き締まり、ロープから手が抜けなくなったり、手や指などを痛めたり、水中で実施した際には、水面に浮上することさえすぐにはできなくなる危険性が伴うことがあるので注意が必要である。

●巻き結び

[用途]物にロープを結び付ける際に用いる。

[結び方：手すり等へ結ぶ場合]

①ロープの端を手すりの上から掛ける。

②左手のロープとV字になるようにもう一度掛ける。

③V字のところへ抜く。

④両手で軽く締める。

●8の字結び

[用途]ロープに結び目をつける際に用いる。

[結び方]

①左手の端で輪を作る。

②手前の端を折り返して、8の字を作る。

③8の字を作った端を、上の輪に通す。

④上の輪に通した端を右手で持ち、両手で締める。

●本結び

[用途]　必要に応じて結び目が簡単にほどけるようにする際に用いる。三角巾を利用した包帯法でも必要になる。

[結び方]

①左手のロープの端をダブルにしてつまむ。右手のロープの端を下から入れ、左のロープの下をくぐらせる。

②くぐらせたロープを元のところへ出して、両手で軽く締める。

③完成形。

●一重つなぎ

[用途]　ロープとロープとをつなぐ際に用いる。

[結び方]

①左手のロープの端をダブルにしてつまむ。右手のロープの端を下から入れ、左のロープの下をくぐらせる。

②右のロープの下をくぐらせて出し、両手で軽く締める。

③完成形。

●もやい結び

[用途]　物をロープで固定する際に用いる。

[結び方：手前側で結ぶ場合]

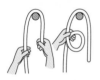

①左手のロープ（長い方）を右手指で軽くつまみ、手首をひねって輪を作る。

②ロープの端を下から輪に入れる。
※輪の重なり方に注意。

③長いロープの下をくぐらせる。

④同じ輪に上から入れて、両手で軽く締める。

●二重つなぎ

[用途]　太さの異なるロープをつなぐ際に用いる。太いロープに細いロープを巻き付けるように結ぶ。

[結び方]

太いロープ　細いロープ

①前掲の「一重つなぎ」と同じ要領。

②一重つなぎから、もう一度同じところへ並べて回し、両手で軽く締める。

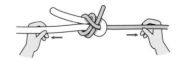

③完成形。

5 コミュニケーション

1. パトロール環境に応じた コミュニケーションの大切さ

　海水浴場においては、天候や周囲の雑音によってライフセーバー同士の声による意思の伝達や疎通が困難になる場合がある。そのような際でも、事故を未然に防ぐため、確実で円滑なコミュニケーションを相互にとらなければ、安全を確保することはできない。

　以下では、海水浴場で用いられている主な手段を紹介する。

2. コミュニケーション器材の種類 とその特徴

①海水浴場内放送

[特徴]

　海水浴場内の海浜利用者全員へ一斉に情報を伝達できる。津波の発生やサメなどの危険生物の出現といった場合の緊急避難の通告をはじめ、安全周知のための各種インフォメーション、迷子の捜索依頼や保護者を呼び出す際などに有効な器材である。

　なお、能力を最大限発揮させるため、事前に海水浴場内にスピーカーなどを設置し、ビーチ、あるいは海上でアナウンスが聞き取れるかを確認し、スピーカーの角度や音量を調整しなければならない。

[方法]

　海浜利用者全員へ一斉に伝達できる反面、緊急避難や安全周知のための通告によって海浜利用者にパニックを引き起こさせる可能性もある。

　なお、使用する場合は、海浜利用者も聞いているため、言葉選びはもちろん、語調も考慮しなければならない。

※ライフセーバー同士の連絡手段としてやむを得ず使用する場合は、海浜利用者も聞いているため言葉を選び、内容を簡潔に伝えるようにしなければならない。

②無線

[特徴]

　遠くの相手に、言葉を用いて意思を伝えることができる器材である。わが国ではライフセーバーに対して専用に割り当てられた周波数帯はないため、小型の省電力タイプの無線機を使用するケースが多い。携帯性に優れ、免許の必要

がなく、低価格で購入できるため、とても便利
だが、交信できる範囲(距離)が1〜2km程度
とやや狭い。

[方法]

　無線機は、必ず使用前に、バッテリーの確認
はもちろん、使用方法や周波数（チャンネル）
の確認を行う。会話の際は、明確、簡潔を心が
け、マイクから口を10cmほど離して話をす
るとよい。

　緊急時には、冒頭に「レスキュー・レス
キュー・レスキュー」と3回いい、それに続け
て「3つのP」と呼ばれる「位置（Position）」
「人数（People）」「状況（Problem）」を明確
に伝える（図5-13）。

　なお、レスキューがあった場合、他のライフ
セーバーはそのチャンネルで交信することを避
け、他のチャンネルに切り替えて交信するなど
して混乱を避けるようにするとよい。

③拡声器

[特徴]

　遊泳区域内の呼びかけといった局所的な範囲
へのコミュニケーション手段として有効な器材
である。

[方法]

　スイッチボタンを押しながら、マイクに話す
と、調節された音声がスピーカー側から出る。
使用することによって相手に不快感を与えるこ
ともありうるため、相手との距離が近い場合は
用いることを避け、肉声でどうしても届かない
場合には使用するようにする。

④ホイッスル

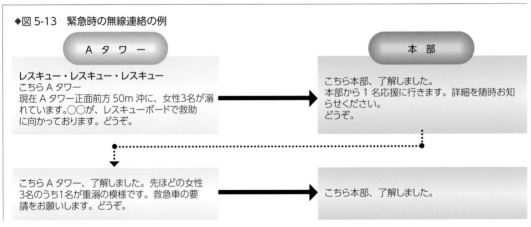

◆図5-13　緊急時の無線連絡の例

Ａ　タ　ワ　ー	本　部
レスキュー・レスキュー・レスキュー こちらＡタワー 現在Ａタワー正面前方50m沖に、女性3名が溺れています。○○が、レスキューボードで救助に向かっております。どうぞ。	こちら本部、了解しました。 本部から1名応援に行きます。詳細を随時お知らせください。 どうぞ。
こちらＡタワー、了解しました。先ほどの女性3名のうち1名が重溺の模様です。救急車の要請をお願いします。どうぞ。	こちら本部、了解しました。

[特徴]

ホイッスルは、ライフセーバー同士、あるいは遊泳者に対して通信機器が使えない場合に意思を伝える方法として用いる器材である。

[方法]

遊泳者に注意を促す場合は、遊泳者が不快感を抱かぬように、威圧的な態度をとってはならない。「なぜ注意されたのか（なぜ危険なのか）」などの理由が理解できるようにやさしく伝えることが肝要である。

一般的に、表5-4のように長音と短音を使い分ける。

◆表5-4　ホイッスルの使い方と意味

	使い方	意味
長音	ピッー、ピッーと長く大きく2回吹く	緊急事態、重大な事故
長音	ピッーと長く大きく1回吹く	救助出動
短音	ピッ、ピッ、ピッと短く2～3回吹く	遊泳者や海浜利用者への注意など
短音	ピッ、ピッと短く1～2回吹く	ライフセーバーへの呼びかけ

⑤シグナルフラッグ

[特徴]

ホイッスルと同様に、通信機器が使えない環境で自分の意思を相手に伝えるために用いる器材である。シグナルを送られたライフセーバーは、その意味を理解した場合、「了解」の意思（シグナル）を返信する。

[方法]

シグナルの出し手によって異なる。浜からはシグナルフラッグを用いて行い、海からは頭上に手を挙げてシグナルを出す。シグナルの基本的意味は、「両手を挙げた人からは離れる、片方の手を挙げた人には近づく」となっている。サーフライフセービングでは、遠くからでも目視できるように身体の外側に腕を広げる形になっている。

◇浜から海へのシグナル

①注目しろ
（2本のフラッグを頭上で振る）

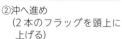

②沖へ進め
（2本のフラッグを頭上に上げる）

③浜へ戻れ
（1本のフラッグを頭上に上げる）

④止まれ
（2本のフラッグを地面と水平に開く）

⑤左/右へ行け
（1本のフラッグを移動する方向へ地面と平行に上げる）

⑥遊泳者を引き上げろ
（1本のフラッグは頭上で
回転させ、もう1本のフ
ラッグは地面と平行に上
げる）

⑦分からない
（1本のフラッグを頭上で
左右に振る）

⑧了解
（1本のフラッグを頭上から下に下ろす）

◇海（海や海上のボード）から浜へのシグナル

①救助支援（アシスタンス・リクワイヤード：セカンドレス
キュアー等の要請）
（片手を頭上に大きく挙げ、左右に振る）

②緊急避難警報（エマージェ
ンシー・エバキュエーショ
ン・アラーム）
（両手を頭上に大きく挙げる）

◆浜から海へのシグナル

⑥その他：携帯電話

[特徴]

　海岸線の長い海水浴場で無線が届きにくい場
合に有効な器材である。しかし、海水浴場に
よっては電波状況が悪くつながりにくいことも
あり、確実な連絡手段とはいえない場合がある。

[方法]

　複数の監視塔（タワー）がある場合には、短縮
番号等を登録し、簡便に通話できるようにして
おくとよい。

6　インフォメーション

1．パトロールにおけるインフォメーション

　海水浴場のルールや海の状況といった情報を利用者が事前に理解することは、海水浴場の安全管理を行うにあたり有効である。

　以下では、海水浴場で用いられる海浜利用者に対する主な情報提供手段を紹介する。

2．インフォメーション器材の種類とその特徴

①インフォメーションボード

[概要]

　インフォメーションボードには、気温、水温、潮汐、潮の流れ、離岸流の場所、遊泳区域、トイレの位置、主な禁止事項などを記入する。このボードを海水浴場の出入り口などに設置することで、海水浴場内のさまざまな状況を利用者に知っていただくのに効果的である。

[方法]

　午前、午後の決められた時間、海や遊泳状況が変わった場合など、必要に応じて情報を更新する。

②標識

[概要]

　標識のように、絵を見ることによって一目でその意味が理解できれば、老若男女問わず誰でも短時間で多くの海浜利用者に情報を伝達することが可能になる。

　海浜のルールや注意喚起、警鐘に関わる標識については、国内では各地で独自のものが使用されているといった現状がある。しかし、主要なものについてはISO規格で定められ国際的な標準とされたものが制定されており、JLAもそれに伴い、国内でも国際標準に統一した使用を推奨している。

[方法]

　対象となる海浜の利用制限や形状、環境に関わる注意喚起、禁止事項等をISO規格で定められた標識を用いて掲示する。海水浴場の出入り口付近に提示するなどして注意喚起を促すとよい（p.95 図5-6を参照）。

③遊泳条件フラッグ

[概要]

　その日の遊泳条件を青・黄・赤の３色で海浜利用者に知らせるための旗（器材）である。ビーチ、海上を問わず、海水浴場全域から見える位置に旗を掲げなければならない。ライフセーバーは、自然条件などを随時チェックし、安全確保に努める。

[方法]

　旗の色とその意味は以下（表5-5）のとおり。

◆表5-5　遊泳条件フラッグとその意味

青色	黄色	赤色
遊泳可：海が比較的安全な状態を示す。「遊泳区域内で遊びましょう」	遊泳注意：海が危険な状態を示す。「遊泳には十分注意してください」	遊泳禁止：海が非常に危険な状態を示す。「海へは絶対に入らないでください」

④エリアフラッグ

◆図5-14　エリアフラッグと遊泳区域

遊泳区域

[概要]

　赤と黄色の旗を２本１組で波打ち際に設置し、旗と旗の間が１つの遊泳区域であることを示す旗（器材）である（図5-14）。

[方法]

　旗はある程度の高さに維持できるよう工夫し、目立つようにする。旗と旗の間は、波や流れ、複雑な海底などの影響を受けにくく、海浜利用者が比較的安全に遊泳できる場所を示す。自然環境の変化に応じて、随時移動させる必要がある場所もある。

⑤ヘルプ・シグナル

[概要]

　海ではリップカレントや強いオフショアにより沖に流されて戻ってこられなくなる、急に水深が深くなる、また、遊泳中に体調が悪くなることが原因で溺水につながる場合がある。その際の救助要請の方法として、ヘルプ・シグナル（助けてサイン）が有効である。

・流されたり溺れたりする前に救助を求める。
・近くに流されたり溺れたりしている人を見つけた人が救助を求める。
・実際に溺れそうになってしまった時点では十分な浮力を確保できる場合にのみ使用。

[方法]

　片手を左右に大きく振る動作で監視塔（タワー）やライフセーバーなどに向かって行う。浮き具に掴まっている場合には、流されていても無理に岸に戻ろうとせず、浮き具を絶対に離さないようにする。また、浮き具を身につけていない場合には、手や頭を大きく上げただけで水中に沈む危険を伴うため、早めに合図を出し、沖に流されても慌ててパニックを起こさず、身体が水中に没しても顔だけは水面に出し通常の呼吸ができるようにする。

ドローンパトロール

　JLA では、海辺の事故防止を目的にライフセーバーに必要なドローンパトロールに関する知識や技術の向上に関する活動、関係行政との連携促進に関する活動を行っている。

【活動内容】
・ドローンパトロールの運用と運用マニュアルの作成
・ドローンパトロール研修会の開催
・サーフライフセービングオーストラリアからの技術提供
・他機関との連携

【神奈川県協定】
　2020 年に締結した神奈川県と JLA の包括協定の下、2020 年、2021 年、2022 年では、特定非営利活動法人神奈川県ライフセービング協会、県内のライフセービングクラブと共に、神奈川県の海岸における水難事故防止活動（エリアマネージャーによる巡視、ライフセーバーによる監視・救助活動）を行った。この結果、3 ヵ年でのライフセーバーが対応した Emergency Care（意識のない溺者の救助）は 1 件、Preventive Action（意識のある溺者の救助）は 76 件、CPR を除く応急手当（First Aid）は 475 件であり、死亡事故ゼロで終えることができた。

　また、東部エリア（逗子／材木座／由比ガ浜／腰越）では、ドローンによる監視活動を実施した。機動力の高いドローンは、上空から潜在リスクを観察し、必要に応じて、①早期に海岸利用者へ危険を周知することができること、②ライフセーバーによる救助の初動を早くすること、ができることが分かった。また、アンケート調査により、ドローンパトロールが安心・安全へ寄与すると考える人が多く、その結果、再来訪の意思が高いことが分かった。2022 年では、逗子と葉山にてドローンパトロールに関する講習会も実施した。

JLA シミュレーション審査会

　これまでも地域クラブ単位で有事を想定したシミュレーショントレーニングを行っている。

　一方、JLA シミュレーション審査会では、多くのライフセーバーが集まることにより、実施者は多くの目にさらされ、より実災害に近い環境下で緊張感をもって行うことができる。さらには、見学者にとってもクラブ単位では経験できなかった、他クラブの持ち込んだ使用器材や、チームワークの取り方、監視長のリーダーシップを目の当たりにすることができ、学び多い機会となる。

　ライフセーバーだけでなく、有事の際に、次に引き継ぐであろう公的救助機関の方々と合同で行うことにより、救急隊が医療機関に搬送するために何を協力したら、安全に現場早期出発できるのか、検証することもできるだろう。また、メインストレッチャーなど、クラブ単位のトレーニングではなかなか触れることのない引き継ぐ相手の資器材に、どうサポートすれば、より安全に、救急隊にとって助かる行為になるのかを考えることもできる。

　JLA シミュレーション審査会の閉会時に、参加してくださった多くの公的救助機関、関係行政、地域推薦の審査員の講評により、次年度以降の夏の監視業務において、参考になる意見を聞くことも大きな学びとなっている。

　審査会は事故を想定しているが、各種対応の根幹に、ライフセーバー間の高度な連携能力が求められる。その醸成は、有事対応だけでなく、普段の監視活動においても反映されるものと確信している。

■1．マネジメントの考え方

　パトロールをマネジメントするうえで、年間を通じた「長期計画」から、1日の活動にいたる「短期計画」のなかで、「計画（Plan）」「実行（Do）」「評価（Check）」「改善（Action）」を確認しておく必要がある（図5-15）。

　これらを遂行するうえで最も重要なことは、常に現場での活動を意識することである。例えば、日々のトレーニングのなかでも、安全で迅速かつ確実な救助を実行するためのシミュレーション・トレーニングを取り入れていくことが求められる。

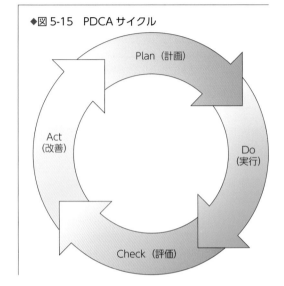

◆図5-15　PDCA サイクル

Plan（計画）
Do（実行）
Check（評価）
Act（改善）

■2．パトロールにおける PDCA

①計画（Plan）

　対象となる期間によって、長期では「1年間の目標設定」、中期では「パトロール期間中の目標設定」、そして短期では「1日の目標設定」といった3つの計画がある。

　全体のマネジメントを計画するために、それぞれのレベルにおいて「どのような人たちが関係するのか」（人）、「どのような物が必要となるのか」（物資）、「どのくらいの運営費が必要なのか」（資金）、といったことを把握することが大切になる。

②実行（Do）

　長期／中期／短期の計画に基づき、実行する。

③評価（Check）

　実行に基づいた結果と計画目標とを比較・分析する。

　「何ができたのか」、そして「何ができなかったのか」といったことを把握することは、同じ失敗を繰り返さないために重要な作業である。

④改善（Action）

　「継続するものは何か」、また「改善するものは何か」、そして「廃止するものは何か」といったことを把握し、次のステップに向けて、パトロールの質を向上させる。

＊

　ライフセーバーは PDCA を各レベルにおいて繰り返すことによって、自らの活動を継続的に改善させていくことが求められる。

この項目のイベントガードとは、海や湖、川、調整池などで行われるオープンウォータースイミング（OWS）やトライアスロンのスイムパート等、水泳を伴う競技会の安全管理を意味する。救助器材として主にレスキューボードやレスキューチューブを用いて行う。

海水浴場におけるビーチパトロールを主体とした安全管理とは異なり、OWS競技やトライアスロン競技ごとに、開催場所や開催方法の特殊性に応じた安全管理体制を整える必要がある。

地震や津波、悪天候時など、競技者の避難場所の確保や避難ルートが、競技会の開催場所により異なる。そのため、大会運営側とライフセーバーの綿密な打ち合わせや連携が重要である。

近年、健康増進や生涯スポーツの人気が高まり、水泳競技は中高年層にも親しまれている。そのため、体調不良等競技者自身に起因する溺水事故や泳力の過信、トレーニング不足による事故も発生している。

ライフセーバーは競技者の監視やコースの間違いを指摘するだけでは不十分であり、競技の特性や競技者を理解したうえでイベントガードに従事することが必要である。

ライフセーバーとして日頃のパトロールの経験を活かし、体力や判断力、行動力、機動力など、総合的なライフセーバーの能力を発揮し事故を未然に防ぐことに尽力する。また、有事の際には迅速な救助活動が競技会の安全な運営に寄与している。

ひとたび競技が始まると数時間イベントガードに従事することも多い。日頃からのライフセーバー自身の体調管理や競技時間中の体調管理も重要である。

■ 1．パトロール器材および人材

①器材

パトロールにおける器材準備は多岐にわたる。競技会の規模等により準備する器材の選択が必要である。

- ・レスキューチューブ
- ・レスキューボード
- ・水上バイク（PWRC）
- ・インフレータブルレスキューボート（IRB）
- ・スタンドアップパドルボード（SUP）やカヤック
- ・救護船、リタイア者搬送船
- ・審判船
- ・警備・警戒船（周囲の船舶対応）

その他、ライフセーバー以外のボランティアスタッフや、競技運営上の審判が乗船する船なども存在する。

②人材

・アクアティックイベント セーフティコーディネーター（水上安全統括者：ASC）

水上パトロールのコーディネートを行う。統括する者はJLA アクアティックイベント セーフティコーディネーター（以下、ASC）またはJLA サーフライフセービングインストラクターであり、各種競技会における安全管理経験者を配置する。ASCは、全体をコントロールしやすい場所（全体を見渡せる場所、PWRC

オペレーターなど）に配置する。

・ライフセーバー

　JLA 認定ライフセーバーを競技会規模に応じた規定数以上配置し、水上での監視、要救助者搬送、緊急時対応等を行う。主にレスキューボードを使用し、伴泳・伴漕、SUP、カヤックの担当や各種船舶での補助等を担うこともある。

・PWRC オペレーター（船長）およびクルー

　水上パトロールにおける重要な役割を担う。オペレーターまたはレスキューアーのどちらかは JLA PWRC 資格保持者であること。特殊小型操縦免許保有者を船長とすること。

・ダイバー

　行方不明者発生時、捜索・引き上げを行う。民間団体発行のダイビングインストラクターまたはレスキューダイバー有資格者が望ましい。労働安全衛生法の規定に基づき潜水資格を保有していること。

・IRB ドライバー（船長）および船員

　法令で定められた小型船舶操縦士免許を保有し、使用水域および船舶に精通した者であること。

・医師・看護師

　スイム救護所または救護船において、緊急時対応を行う。医師および医師と同数以上の看護師等配置が必要である。

・競技審判員やその他スタッフ、ボランティア

　運営本部、スタート、フィニッシュ、周回チェック等の配置がある。競技者に、異変があった際は水上パトロールの人員と連携をとって対応にあたる。

■2.　水上パトロール体制

①事前準備

　パトロールの実施には事前準備が大切である。使用水域の調査、（水質や水中生物、気温・水温など）器材の段取り、人員の確保、移動手段や宿泊等の手配、書類の整備、主催者との打ち合わせ、競技者へ安全に関する事項の説明等を行うことがある。気象・海象の急変、地震や津波などの避難経路、場所について、競技会開催の場所や参加人数に合わせて再確認を行う。

(1) 主催者との打ち合わせ
(2) 競技者への安全に関する説明
(3) 救助 / 救護のシミュレーショントレーニング
(4) 当日朝のミーティング

②水上パトロール体制

　パトロールスタッフは、「水上スタッフ」「陸上スタッフ」の２つに大別できる。水上ス

◆図 5-16　ポンツーンからのスタート時の様子

◆図 5-17　シミュレーショントレーニングの様子

タッフは水上での監視や事故の防止、棄権者の確保・搬送および救護・救命を担当し、陸上では、陸上からの監視等に加え傷病者が発生した際の応急処置や医療機関への通報連絡等を担当する。

(1) 水上パトロールの開始と終了

水上パトロールは、競技者が泳いでいるすべての時間において行う必要がある。そのため、ウォーミングアップの時間から体制を確保し、スイム競技終了後、すべての安全確認（スイム競技者全員の人数確認）が終わった後に、体制を解除することになる。

(2) スタッフの配置数

ライフセーバー等の水上安全に関わる人数は、競技会の規模、環境等により考慮が必要である（表5-6）。

(3) アクアティックセーフティコーディネーター（ASC）の配置

ASCは、全体を把握する必要がある。水上パトロールスタッフの配置状況を把握しコントロールできるよう配置する。

また、競技者の情報を集約し各セクションへ情報共有する。特に、コース上にいる競技者の人数を計測担当と情報を共有したうえで「フィ

ニッシュし陸上に上がった人数（リタイア者を含む）」＋「現在泳いでいる人数」＝「競技者全員の人数」を把握しておくことも重要である。

(4) スタッフの配置

水上パトロールスタッフは死角がないよう、また、すべての地点での事故に迅速な対応ができるよう考慮して配置する。先頭泳者および最終泳者の位置を常時把握できる体制づくりが必要である。定点待機の体制を組むか競技者伴漕の体制を組むかはスタート方法・競技会規模・競技者・環境等により異なる。

《一斉スタート》

競技者全員がスタート位置から同時にスタートをする方法。

《ウェーブスタート》

競技者の年齢や性別等でスタート区分（カテゴリー）を分け、間隔を空けてスタートすること。

《ローリングスタート》

トライアスロン競技会で近年よく使われるスタート方法。10名程度を一つのグループとして数秒ごとにスタートすること。

◆表5-6 スイムパートにおける、パトロールスタッフ数の基準

スイム競技者人数		周回コース			ワンウェイコース
		200名未満	200-500名	500名以上	
ライフセーバー（競技者／距離のうち多い人数配置）	競技者	20名につき1名以上			
	コース距離	1名以上/100m		1名以上/70〜80m	1名以上/70〜80m
PWRC		1艇以上/400m（予備艇含め2艇以上が望ましい）			
IRBまたは小型船舶		1艇以上（津波、自然災害等、緊急避難を考慮したうえで配置すること）			
医師および看護師等		医師1名以上看護師等1名以上	医師2名以上看護師等2名以上	医師3名以上看護師等3名以上	医師3名以上看護師等3名以上

ライフセーバー/PWRC：本表の配置数をJLAが関わる競技会においては最低基準とする。

113

◆図 5-18　一斉スタート直後の混戦した様子

《定点監視型》

　水上パトロールスタッフが定点で待機する。周回コースやウェーブスタート等で競技者がまばらになる場合に有効である。

◆図 5-19　定点監視の様子

《伴漕監視型》

　水上パトロールスタッフが競技者と共に進む伴漕監視型は、1周またはワンウェイコース、一斉スタートの場合に有効である。

◆図 5-20　伴漕監視の様子

(5) スタッフの配置図

　安全管理を円滑に行うためにあらかじめ配置図を作成し、全員に周知が必要である。

◆図 5-21　配置図の例（周回コース）

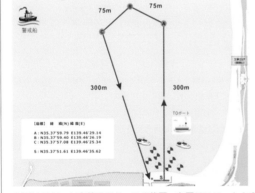

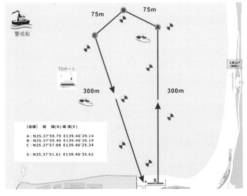

《左図はスタート直前のスタッフの位置，右図はスタートから 15 分後のスタッフの位置。

③パトロールにおける通信およびコミュニケーション

（1）通信手段の準備

一つの場所から全体を視認することが困難である場合が多い。そのため、無線等の通信機器による連絡系統を構築し、全員が情報共有できる環境づくりが重要である。無線機等の有無にかかわらず、シグナル・笛等の通信方法を全員に共有しなければならない。

（2）無線

特定小電力無線・陸上無線・IP無線等があるが、利用にあたって関係法令を順守しなければならない。

（3）笛

距離が離れている、視界不良、緊急を表す手段として有効である。

（4）スタッフ間のシグナル

スタッフ同士の連絡手段として有効である。無線機の有無にかかわらず、全員が理解する必要がある。特に審判やボランティアにも津波フラッグ等緊急避難に関する周知が必要である。

（5）競技者からの救助要請シグナル

競技者からの救助要請シグナルを察知することは、監視の重要な視点である。シグナルを確認したら、迅速に競技者に近づき状態を確認する。

（6）競技者とのコミュニケーション

・声かけおよび会話

泳いでいる競技者に声をかける場合は、呼吸するタイミングで声かけると効果的である。なかなか気づいてもらえない場合は、継続的に声かけを行う。

・身体への接触

泳いでいる競技者に声をかけても気が付かない場合で、安全上必要な際は浮力体を使って泳ぎを中断させる。ただし、強制的に泳ぐことを止めてしまうので、競技者へ十分な配慮が必要

である。

④水上パトロールの役割と注意事項

（1）監視

競技者および周囲の環境を常に監視する。事故につながる競技者の挙動等を常に把握するとともに、環境の変化（自然環境・ほか一般船舶やスポーツ愛好者等人的環境等）にも気を配る。

（2）コース逸脱者のコース修正や進行方向のアドバイス

声をかけるために競技者に近寄った際、後方の別の競技者の妨げにならないようにする。

（3）不安要素のある（衰弱している、蛇行が激しい等）競技者への声かけやコミュニケーション

衰弱が激しい競技者や蛇行が激しい競技者とコミュニケーションをとる場合は、ゴーグルを外すように依頼し、目を見て話すことが重要である。

（4）浮力体（レスキューボード・レスキューチューブ等）を使用した競技者の確保

競技者が求めてきた場合や必要と判断した場合、または制限時間切れ等でピックアップ対象となった競技者を浮力体に掴まらせる。

（5）競技者の状態の確認および、必要に応じリタイアの勧告

競技者の状態を確認し、必要に応じてリタイアを勧告する。またリタイア者情報は随時ASCに報告すること。

（6）リタイア者や要救助者の搬送

競技者がリタイアを希望、または審判等より競技者引き上げの要請があった場合および緊急搬送の必要がある場合は、競技者をレスキューボードやレスキューチューブ等に確保し、PWRC等に引き継ぎ搬送する。引き継ぎ後は速やかに監視体制に戻る。

（7）その他船舶

　　警備船、リタイア者　搬送船、救護船、審判船の使用が考えられる。

⑤パトロールにおける視点と対応

　プールとは違い、レーンロープがなく他者との距離が近いなど、自然環境下特有の安全管理対応が必要である。

＜注意が必要な競技者の特徴＞

- ・目標に向かって泳げていない
- ・明らかに進んでいないまたは、泳ぎのペースやフォームが極端に乱れてきた
- ・前に進まず、円を描くようにグルグルと泳ぐ
- ・息継ぎをせず泳ぎ続けている
- ・突然動きが止まった
- ・溺水　など

＜注意が必要な環境＞

- ・低い水温による障害
- ・暑熱環境による障害
- ・ウエットスーツが引き起こす障害　など

■3．有事の対応

①水上における要救助/リタイア者の判断

（1）救急要請の判断

　心肺停止の疑いがある、心肺停止に至る兆候がある場合は、迅速に救急要請する。

（2）競技者にリタイアを促し、救護所に搬送する判断

　次のような症状が見受けられたら、競技者にリタイアを促す。

- ・意識レベルが低下している（話をしている際、目線が定まらない/受け答えがおぼつかない）
- ・顔色が悪い（青白い/チアノーゼ/斑様に赤いなど）

- ・泳いでいて息継ぎができていない
- ・呼吸苦がある
- ・呼吸数に異常がある
- ・麻痺、運動障害がある
- ・泳力が乏しい
- ・競技続行できないほどの外傷がある
- ・複数回声をかけてもコースを外れて泳ぐ
- ・体温が極端に高い/低い　など

（3）その他、陸上への搬送対象とする判断

　次のような症状が見受けられたら、競技者を陸上に搬送する。

- ・競技者本人の意思で競技の続行中止を判断した者
- ・審判等から退水指示を受けた者
- ・ライフセーバーが、危険だと判断した場合
- ・各種目に設定された制限時間内にチェックポイントを通過できなかった者

②要救助者/リタイア者搬送手順

（1）レスキューチューブ、レスキューボード、SUP、カヤック等で要救助者/リタイア者を確保する。自力で帰浜した方が早い場合を除き、PWRC等に搬送依頼する。

（2）要救助者/リタイア者のレースナンバー（キャップ、手の甲、リストバンド等に記載）および状態を審判や救護所スタッフに無線連絡する。
　　※救急要請が必要な場合は遅延なく連絡する。

（3）PWRC等にリタイア者を収容する。

（4）速やかに浜のピックアップポイントへ搬送する。
　　※リタイア者を、PWRCから多人数収容の搬送船等に搬送、乗船させる場合もある。

（5）帰浜した競技者のレースナンバーの確認し、審判等担当者との情報共有搬送した競

技者の状態を観察し、必要であれば救護所または医療機関へ搬送する。

③対応方法の作成・周知

事故発生時は迅速な対応が求められる。そのために、事故発生時に誰が、どのような連絡・対応を行っていくかを明確にしなければならない。

(1) 緊急連絡体制図
(2) コース全体とピックアップポイントを示した図
(3) 事故発生時対応フロチャート
(4) 事故発生時対応マニュアル
(5) 津波、雷等競技中断時の、避難経路と避難場所
　　※競技者が水上から陸上に戻る手段も、シミュレーションしておくこと。

緊急連絡体制図は、緊急時、関係各所との迅速な連携を図るため、緊急連絡体制を一覧で示したものである。情報の集約および関係各所への通報・要請は運営本部が行うことが望ましい。救急要請は通常現場の救護所から行うことで迅速な対応ができるが、通報自体と通報後の情報集約がしやすいため、救護本部または運営本部からの119番通報とする競技会もある。

セクション・場所の違いを問わず、事故発生時における以下の内容を把握できるものが望ましい。

・連絡通報における役割の明確化
・要救助者（行方不明者）発生から、医療機関・公的機関等に引き継ぐまでの流れ

■4．競技会の中止基準

気象・海象等の条件を基に、悪天候等による危険が見込まれる場合、スイムコースの変更や距離の短縮を提案する。安全第一としつつ、該当する競技会の参加選手を考慮して実施種目が決定されることがある。

①競技中止の判断

競技会主催者は、天候悪化・事故等により競技会の安全確保ができないと判断した場合は、競技開始以前あるいは競技中に競技を中止・延期・内容変更することがある。競技者は運営本部の指示に従い行動する。

②競技中止基準

天候/環境/その他事故の要因を考慮し、運営本部が中止を判断する。

・水質
・気温（WBGT 湿球黒球温度）/水温
・気象庁が発表する注意報・警報発令
・地震/津波
・雷
・強風
・波浪/潮流
・濃霧/雨による視界不良　など

ガイドラインの詳細については、JLA で発刊している「オープンウォータースイミング水上安全ガイドライン」「トライアスロン水上安全ガイドライン」が参考になる。

■5．オープンウォータースイミング（OWS）

OWS 競技は一般的な競泳競技より実施する距離が長い特徴がある。愛好者でも数百メートルから数 km にわたり、中には 10 km 以上の距離を泳ぐ競技会もある。オリンピックにおける 10 km 競技は「マラソンスイミング」と呼ばれており、選手は 2 時間近く泳ぎ続ける。

JLA と公益財団法人日本水泳連盟は、オープンウォータースイミング競技を安全に普及・

発展させるために、2016年から双方で事業協力を行っており、全国各地で開催されている認定OWS大会（サーキットシリーズ）は、JLA認定ライフセーバーが安全管理に従事している。さらに2024年3月19日には、水泳を通じた教育や環境問題等社会に貢献する幅広い活動を推進し、水泳教室等で水泳の普及・啓発活動を中心に水辺の安全教育「ウォーターセーフティ」の普及を協力して行っていくため、「パートナーシップ協定」を締結した。海に囲まれ、川や湖など自然豊かな日本において、命を守ることができるスポーツとしての「水泳」の習得は、健康増進だけでなく水辺の事故（溺水事故）防止にも役立つ。相互が協力することで、「ウォーターセーフティ」が大きく前進することが期待される。

◆図5-22　PWRCから選手を見守るライフセーバー

■6．トライアスロン

トライアスロンは、「スイム（水泳）→バイク（自転車）→ラン（長距離走）」の3種目を連続して行い、合計タイムを競う複合競技である。国内レースの多くがスタンダードディスタンスと呼ばれる総距離51.5 km（スイム1.5 km、バイク40 km、ラン10 km）で行われているが、競技会によって3種目それぞれの距離もさまざまである。

第一種目であるスイムに苦手意識を持つ選手もおり、認定ライフセーバーの存在が安心感を与えることにつながる。

また、デュアスロン（ラン、バイク、ラン）やアクアスロン（スイム、ランまたはラン、スイム、ラン）の開催もあり、悪天候時は実施種目や距離の変更で開催させることもある。

JLAは、2016年に公益社団法人日本トライアスロン連合とパートナーシップ協定を締結し、全国の水辺の環境保全、安全指導、監視・救助活動とトライアスロン競技の健全な普及を共に促進することとなった。

トライアスロン愛好者がJLA認定ライフセーバー資格やBLS資格を取得したり、JLA認定ライフセーバーがトライアスロンの審判資格を取得したりする例もあり、競技理解と双方の安全に対する意識向上がさらに見込まれる。

◆図5-23　レスキューボードから選手を見守るライフセーバー

サーフ
レスキュー

レスキューの基本

■ 1. 事故防止の大切さ

　事故が発生してしまった場合、ライフセーバーは救助活動を行う。そのため、ライフセーバーには実際に溺れている人をレスキュー（救助）するための技術が求められる。しかし、それ以上に、溺水をはじめとする事故を未然に防ぐための技術が求められ、事故防止が大きな使命ということができる。

　この事故防止には、海浜利用者だけではなく、レスキュアー（救助者）自身も含まれる。レスキューが必要な場合、どのような環境下においても安全が優先される。そのため、レスキューの行動を起こす前に、状況をしっかりと把握し、確実な方法を選択する必要がある。安全で確実で迅速なレスキューを行うため、ライフセーバーは以下の項目を身につけられるよう、日々トレーニングして備えておくことが求められる。

①レスキュー器材の使用方法や手順に関する知識
②選択した方法で救助ができるための技術
③救助を成し遂げられる体力
④知識、技術、体力などに基づいた判断
⑤自己管理やパトロールキャプテンの重要な指示に的確に応じる規律
⑥状況の変化に応じて器材や技術を有効に使える機転

　レスキュアーは単独でレスキューに向かうこともあれば、チームでレスキューに携わることもある。あらゆるレスキュー場面を想定し、繰り返し練習をすることによって、実際のレスキュー時に緊張が軽減され、余裕をもち、より落ち着いてレスキュー方法を選択することができるようになる。また、レスキュー中は、常にレスキュアー自身にも危険が及んでいる。容易なレスキューにおいても常に二次事故の防止に努め、必ず器材を活用したり協力者によるバックアップ体制を準備しておくことを推奨する。

■ 2. パトロールにおける　　リスクマネジメント

　ライフセーバーは、海水浴場において指導的立場に立つことが多い。そこでは、海水浴場の危機管理（リスクマネジメント）を担う役割が

◆図6-1　リスクマネジメントの考え方

危険

事故の防止
事故が起こる前に小さな事故を分析し、事故防止の対策を立て事故防止に努める。
例）・離岸流の前に看板の設置
　　・飲酒して海に入る者への注意
　　・日焼け防止のアナウンスを流す

事故

悪化の防止
事故が起きた場合、悪化を最小限に食い止めるため、迅速に対応する。
例）・迅速なレスキュー
　　・119番通報をして救急車を呼ぶ
　　・心肺蘇生の実施
　　・熱中症の手当を実施

悪化

リスクマネジメント

ある。リスクマネジメントというと難しく聞こえるかもしれないが、「いざというときに、どう行動するのか」と捉えると、とても自然な考え方といえるであろう。

この「いざ」ということには「いざという事態を起こさないようにすること（事故の防止）」、そして「いざという事態で何をすべきか（悪化の防止）」という２つの視点がある（図6-1）。

「事故を起こさないように防止する」とは、事前に行う対策のことである。「ヒヤリ」、「ハット」するような日常での小さな事故を見逃さず、分析し、予防策を講じることが大切である。また、事故が発生した場合には、迅速に対応しなくてはならない。これは事後にすべき対応のことだが、緊急時では、普段であれば分かっていることもできなくなることがある。そのため、普段から繰り返し、事故のシミュレーションを行い、「頭で分かる」から「身体でできる」レベルにまで対処法を習熟しておいたり、事故発生時の手順マニュアルを作成し共有しておくことが大切である。

■3. レスキューの原則

レスキュアーは、「安全」「確実」「迅速」な救助を行うために、次の３つの原則を守らなければならない（図6-2）。

①原則１：安全

> レスキュアー自身と溺者の安全確保（二次事故の防止）をすること

どのようなレスキューであろうとも、レスキュアーは救助によって自分の生命を失ってはならない。つまり、どのようなレスキューにおいても危険は伴うので、二次事故の防止に努めなければならない。

このことは、何においても最優先されなけれ

◆図6-2　レスキューの原則

ばならない。さらに、溺者を不必要な危険にさらさないように注意することも含まれる。

②原則２：確実

> 確実なレスキュー方法を選択すること

レスキュアーは状況をすばやく判断し、正確な知識と的確な判断で、確実に遂行できるレスキュー方法を選択し実施する。

③原則３：迅速

> 速やかにレスキューをすること

レスキューはできるかぎり速やかに行う。特に、意識障害、呼吸停止、心停止の溺者をレスキューする場合は一刻を争う。いち早く、水から引き上げ、心肺蘇生を実施しなければ、命にかかわる。

■4. レスキュー方法の選択

溺者を発見した際、レスキュアーは瞬時に状況判断し、レスキュー方法を選択する。どのような方法で溺者を救うかは、表6-1（次頁）の選択基準を参考に決断するとよい。

■5. アシスタンス・リクワイヤード

海水浴場においては、チームとして監視や救助活動に従事している場合が多い。そのため、溺水事故が発生した際には、ファーストレスキュアーによるレスキューや応援者（セカンド

溺者の状態	・溺者の数は 1 人か？複数か？	・意識はあるか？ないか？
溺者の距離（位置）	・近いか？遠いか？	
海の状態	・波があるか？ないか？ ・水深は深いか？浅いか？	・潮の流れはどのようになっているか？ ・岩や暗岩、珊瑚等はあるか？ないか？
応援者	・自分以外にレスキュアーはいるか？いないか？	
救助器材	・救助器材は何があるか？ ・救助器材がない場合、ほかに利用できる有効なもの（浮き具等）はないか？	

※状況を把握したり、レスキューに向かったりしている間においても、溺者や溺者を取り巻く状況は刻々と変化していく。変化する状況を常に把握し続け、柔軟に対応することが必要である。

レスキュアー等）による 119 通報や心肺蘇生の準備、引き上げ場所の誘導、ファーストレスキュアーの補助等、一連のレスキューがスムーズに実施される必要がある。

　ボードレスキューやチューブレスキューの時に、ファーストレスキュアーが出す「アシスタンス・リクワイヤード」のシグナル（陸に向かって片手を振る動作）は、「アシスタンス」つまり「応援」を要請するという意味である。この要請（アシスタンス）内容には、119 番通報、心肺蘇生の器材準備、ファーストレスキュアーの誘導（図 6-3）、セカンドレスキュアーとしての補助、レスキュー全体の管理者、現場指揮者との連携も含まれる。そのため、ファーストレスキュアーはレスキューにおいて「応援」が必要と判断した段階で、できるだけ早いタイミ

ングに「アシスタンス・リクワイヤード」のシグナルを出し、シグナルを受ける者が少しでも早い段階で応援の準備や対応ができるようにしなければならない。また、シグナルを受けた者は、溺者の様子、ファーストレスキュアーの能力、レスキューの進行状況、環境や条件（含む気象海象）など、レスキュー全体を総合的に判断し、何が必要かを見極め、アシスト方法を判断・決定し迅速に対応することが求められる。

○アシスタンスに含まれる内容

　119 番通報、心肺蘇生等の器材準備、ファーストレスキュアーの誘導、セカンドレスキュアーとして補助の要請、ならびにレスキュー全体の管理者との連携等がある。

○ベーシック・サーフライフセーバーに求められるもの

・的確な 119 番通報

・状況に応じた心肺蘇生等の器材準備

・安全で迅速なファーストレスキュアーの誘導

・安全で確実なセカンドレスキュアーとしての補助

○アドバンス・サーフライフセーバーに求められもの

　ベーシック・サーフライフセーバーの役割に加え、レスキュー全体の管理者や現場指揮者との連携

◆図 6-3　ファーストレスキュアーを誘導する様子

2 レスキュー方法とその分類

■ 1. レスキュー方法の分類

レスキュー方法は「水に入る／入らない」、「泳ぐ／泳がない」といったことで7つの方法に大きく分けることができる（図6-4）。安全、かつ確実で迅速なレスキューを行うために、状況に適した方法を選ぶ必要がある。

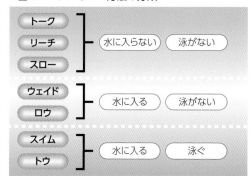

◆図6-4　レスキュー方法の分類

トーク		
リーチ	水に入らない	泳がない
スロー		
ウェイド	水に入る	泳がない
ロウ		
スイム	水に入る	泳ぐ
トウ		

■ 2. レスキュー方法の実際

①トーク（talk）

レスキューアー（救助者）が水に入らず、陸上から溺者に向かって声をかける方法である。その際、溺者にしっかりと聞こえるくらい大きな声で、かつ安心させるような声色を用いるよう心がける。状況によっては、溺者を落ち着かせたり、励ましたりすることも必要になるだろう。不意に水中に転落した場合、溺者はパニックに陥り、冷静な判断ができず、無駄に体力を消耗してしまうことがある。声をかけることで、溺者を落ち着かせ、安全な場所へ誘導することもできる。声をかけることは誰でもすぐにできることなので、実際、レスキューを行う前に、必ず声がけをする。

[ポイント]

水中に入らなくて済むので、より危険性が少なく、誰でもできる方法である。溺者を落ち着かせることによって、その後のレスキューがスムーズになる。

[注意点]

声が聞こえない場合（距離が遠い、溺者がパニックなど）はどうにもできない。また、この方法は実質的なレスキューではないので、水から引き上げることはできない。

②リーチ（reach）

レスキューアーが水に入らず、陸上から自らの手足を溺者に差し出して救助する方法である（図6-5）。もし、棒や竿などの長い物を利用すれば、より安全で、より遠くまで差し出すことが可能になる。溺者の顔をめがけて棒などを差し出すと、相手に怪我をさせる恐れがあるの

◆図6-5　リーチ

①

②

で、溺者が掴みやすいよう相手の肩口へ差し出すような配慮が必要である。また、差し出された手足または物を溺者が勢いよく掴んだ場合、レスキューアーはバランスを崩し、水中へ転落する危険性がある。そのために、レスキューアーはできるかぎり体勢を低くするか、手すりなどをしっかり掴んで救助するとよい。

[ポイント]

水中に入らなくて済むので、より危険性が少なく、泳げない人でも救助ができる。氷が張るような水温の低い水域でも行うことができる。

[注意点]

腕や棒などが届かない距離では、レスキューを行うことができない。

③スロー（throw）

レスキューアーが水に入らず、陸上から水に浮かぶ物やロープを結び付けた物を溺者に投げ入れて救助する方法である（図6-6）。溺者は浮き具を手にすることで、自力で水面に浮くことが可能になる。特に、浮き具にロープを結び付けた物を投げ入れることで、比較的距離の離れた位置にいる溺者にも使用でき、溺者が浮き具をしっかり掴んだ後でロープを引っ張り、陸上まで安全に移送することができる。投げる距離は、できるだけ余裕をもって遠目に投げ入れ、着水後、目標（溺者）に向かってロープを引きながら調整すると効率的である。

水に浮かぶ物としては、リングブイ、浮き具、ボール、ペットボトル、ビニール袋、タオル、洋服、レスキューチューブなどがある。ペットボトルやビニール袋のような軽い物を遠くに投げたい場合は、中に少量の水を入れたり、衣類の場合は結び目を先端につくって重りの代わりにするとよい。また、ロープを結び付けた浮かぶ物を投げるときは、ロープがからまらないように注意し、投げた勢いでロープが手元から離れていかないようにロープをしっかりと手で持つか足で踏んでおくとよい。

[ポイント]

泳げない人でも救助ができる。また、氷が張るような水温の低い水域でも行うことができる。浮く物であればどのようなものでも利用できる。

[注意点]

投げ入れる距離には限界があり、届かない距離だと救助できない。風が強かったり、ロープがからまったりすると、目標に向けて正確に投げ入れるのが難しい。また、ロープを結んだ浮き具を溺者の顔面にぶつける危険性がある。

◆図6-6　スロー

④ウェイド（wade）

　水中の足が届くところをレスキューアーが歩いて溺者に近づき、救助する方法である（図6-7）。溺者を確保する場合は、溺者に掴みかかられる危険性があるので、棒や浮き具などを活用するとよい。用具がない場合は、溺者の背後から確保するとよい。もし、レスキューアーが複数いる場合は、お互いの手をヒューマンチェーン（図6-8）でつなぎ合わせ、先頭の人が溺者を救助する方法もある。自分の手で相手の手首を握り合うヒューマンチェーンを用いることで、しっかりと握り合い、手が離れる危険を回避できる。

[ポイント]

　泳がなくても救助できる。

[注意点]

　水中に入るので、深みにはまったり、流れに流されたり、波にのまれたりする恐れがあるので、海の状況をよく見ることが重要である。

⑤ロウ（row）

　レスキューアーがボートやサーフボードを使って溺者に近づき、救助する方法である（図6-9）。溺者に近づくためには、手漕ぎボートやレスキューボードといった器材は非常に有効なものである。ボートやレスキューボードの上に溺者を乗せる際は、バランスが崩れやすいため、十分な注意が必要となる。

[ポイント]

　溺者を水中から引き上げることができる。泳ぎが苦手でも救助することができ、一度に複数の溺者を救助することが可能である。また、移動スピードに優れているため、岸から遠い場合でも救助することができ、視界も広く速やかに救助することができる。

　さらに、長時間の監視活動にも有用である。

[注意点]

　ボートやレスキューボードが転覆すると、レスキューアーおよび溺者にも危険が伴う。

　また、溺者に接近する際、溺者にボートやレスキューボードをぶつける危険性があるので注意が必要である。

◆図6-7　ウェイド

◆図6-8　ヒューマンチェーン

◆図6-9　ロウ

⑥スイム（swim）

　レスキュアーが泳いで溺者に近づき、救助する方法である（図6-10）。この場合、レスキュアーは、レスキュー器材を持って救助に向かうことが大原則である。レスキュー器材を持たずに救助に向かうことは、レスキュアー自身の事故（二次事故）を招く非常に危険な行為であることを十分認識しておく必要がある。

　泳いでのレスキューには、水泳技術と体力が求められる。そのため、トレーニングを十分せずに誰もが行うことができる方法ではない。また、溺者までの距離や風や海流等による流れがある場合は、足ひれ（フィン）を用いるとより速やかに、より確実に救助を行うことができる。

[ポイント]

　泳いでレスキューすることは、比較的陸上（浜）から近い位置での救助において、迅速に救助できる。人混みのなかにいる溺者のそばまで泳いで近づくことができ、安全に救助しやすい。ボートやIRB、PWRCなどから飛び込んで救助することもできる。さらに、潜水を伴った救助が可能であり、溺者が水没した場合にも柔軟に対応できる。その他、身動きが容易なため、岩場付近にいる溺者を救助する際にも有効な方法である。

◆図6-10　スイム

[注意点]

　レスキュアーに泳力が求められる。もし泳力が十分にないと、レスキュアー自身にかなりの危険性が及ぶ。また、水面を移動することからレスキュアーの視界が低く狭いため、波が高い場合には遠くが見えにくくなる。

　なお、レスキュー器材を持たず、素手でレスキューすることは、大きな危険を伴う。

⑦トウ（tow）

　レスキュアーが、溺者を確保したまま泳いで引っ張って安全なところへ移動させる救助方法である。溺者を確保したまま泳ぐということは、自分一人で泳ぐ場合と比べて非常に困難であり、危険を伴う。

[ポイント]

　レスキュー器材がないときにでも救助できる。特に溺者に余裕があり、自力で浮くことができる場合には利用しやすい。

[注意点]

　レスキュアーや溺者にとって最も危険を伴う方法である。

　なお、このレスキュー方法には、身体接触を伴う（contact）ものと、身体接触を伴わない（non-contact）ものとがある。

　身体接触を伴う方法は、溺者の状況やレスキュアーの能力に合わせて、十分注意しながら実施する必要がある。安全を確保するうえでは、レスキューチューブ等のレスキュー器材をできるかぎり活用して、身体接触を伴わない方法を選択する。

　身体接触を伴う方法には、いろいろなものがあるが、そのなかから代表的なものを次に紹介する。

[リストトウ]

　レスキュアーは、同じ側の手で溺者の手首を持ち、横泳ぎ等で引っ張って泳ぐ。

[ダブルショルダートウ]

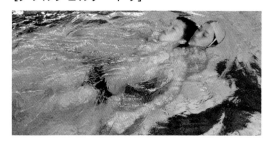

　レスキュアーは、両手で溺者の脇の下から腕を通して両方の肩を掴み、巻き足等で泳ぐ。

[ヘッドトウ]

　レスキュアーは、両手で溺者の頭をはさみ、両腕を伸ばして、気道の確保をしながら、巻き足等で引っ張って泳ぐ。

[アームピットトウ]

　レスキュアーは、片手で溺者の脇を掴み、横泳ぎ等で泳ぐ。

[クロスチェストトウ]

　レスキュアーは、片手で溺者の肩口から腕をまわして脇の下を掴み、溺者の顔が見えるように胸を抱きかかえ、横泳ぎ等で泳ぐ。

[ダブルアームピットトウ]

　レスキュアーは、両手で溺者の両方の脇を掴み、巻き足等で泳ぐ。

⑧水中捜索（search サーチ）

しばしば、溺者は水没している場合もある。浅瀬で濁っている場合や水深の深いところでは、チームを組んで水中捜索（サーチ）をすることで、レスキューアーが単独で捜索するよりも溺者発見の可能性が高まる。

［ポイント］

基本はチームを組んで捜索する。指示を出すレスキューアーが起点となって捜索するとよい。

［注意点］

場合によっては、水流の影響を考えて捜索する必要がある。また、ライフセーバーだけでは、人数が足りない場合、公的救助機関や海水浴場関係者と連携し、大人数をかけて捜索する必要がある。その場合、捜索場所の選定や範囲、指示系統を確認しておく必要がある。

［インディビジュアル・サーチ］

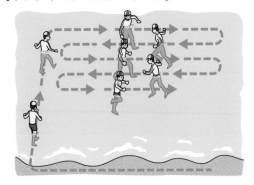

レスキューアーが1人しかいない場合に、1人で溺者を捜索する方法。

沖から浜と水平に歩き、徐々に浅瀬に近づきながら捜索する。これは水深が浅く、危険が少ない場合のみに行う。なお、できるだけ多くのレスキューアーと一緒に溺者を捜索することが望まれる。

［ウェーディング・サーチ］

数人で腕または手をつないで、背の立つところを歩いて溺者を捜索する方法。

［チーム・サーチ］

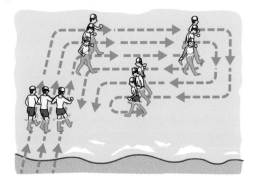

複数のレスキューアーで溺者を捜索する方法。

レスキューアーが横一列に並んでインディビジュアル・サーチと同様に沖から浜と水平に歩き、徐々に浅瀬に近づきながら捜索する。

[ライン・サーチ]

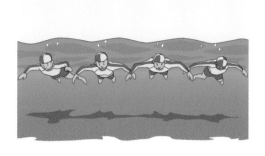

数人のレスキューアーが横一列に並んで潜行しながら溺者を捜索する方法。

お互いの手が触れ合うくらいの間隔で行う。

[バッキング・アップ]

潜入し浮上した後に水面で自らの身長分の距離を後戻りし、また潜入し浮上した後に水面で後戻りすることを繰り返しながら一直線上に進みながら溺者を捜索する方法。

[サークル・サーチ]

行方不明地点および溺者がいるであろうと予測される地点の対岸を中心にしてロープにレスキューアーが掴まりながら岸からスタートして岸までを180度の半円を描くように泳いで捜索する方法。ハーフサークル・サーチとも呼ばれる。

捜索場所が岸より離れている場所は、アンカー（錨）で固定したボート等の上から同様にロープを用いて360度の円を描くように泳いで捜索する方法（フルサークル・サーチ）がある。

[パラレル・サーチ]

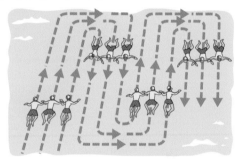

複数のレスキューアーがライン・サーチの体制を崩さずに常に平行に潜行して溺者を捜索する方法。

■3. レスキュー方法とその危険性

　レスキューの方法を選択するうえで最も重要なことは、まずレスキュアー（救助者）自身の安全を確保することである。なぜなら、水中でのレスキュー（人を助けようとすること）は、どのような場合においても危険を伴うからである。このことを理解したうえで、安全で確実かつ迅速な方法で救助を行う必要がある。

　なお、前述のレスキューの方法のうち「②リーチ」から「⑥スイム」までの方法は、溺者に対してアプローチ（接近）をしている。この過程では、溺者に抱きつかれたりするのを防御できる余裕をもつことが重要となる。さらに、溺者を安全な場所へ移送する「⑦トウ」においては、レスキュアー自身の体力が必要となる。この場合、溺者との身体接触を伴わない方がリスク（レスキュアーの危険度）は少ない。

　「②リーチ」から「⑦トウ」までのすべての方法において、危険度を少なくし、より効率よく救助するためにも、素手での救助はできるかぎり避け、レスキュー器材を適切に選択し、十分に活用することが望まれる。

レスキューチューブを使用した
レスキュー

レスキューボードを使用した
レスキュー

3 レスキュー器材とその用途

■1. レスキューにおける器材の有用性

ライフセーバーは、その活動においてさまざまな道具を使用するが、その中でもレスキューに用いる器材は最も重要で必要な道具である。レスキュー器材を用いずに救助活動を行うことは、命綱を着けずに高層マンションで窓拭きをするほどに危険なことである。たとえ器材を用いずにレスキューを行い、結果的に無事終了したとしても「この方法に危険はなかったのか」、「より安全な方法はほかになかったのか」ということについて見直すべきである。状況によってはレスキュー器材が利用できないことも考えられるが、救助は安全かつ確実、迅速に行うべきであり、積極的にレスキュー器材を活用し、その器材を用いた練習を日頃から十分に行うことがライフセーバーには求められる。

■2. レスキュー器材の特徴とその用途

ライフセーバーが海浜で使用するレスキューに用いる器材には、大小さまざまなものがあり、動力を用いたものまである。

よく目にするものとしては、レスキューチューブやレスキューボードがある。これらは人の力を推進力として用いるもので、トレーニングを積めば誰でも扱うことができるようになる。また、ライフセーバーが配属されている全国の海水浴場で必ず備えられているほどに普及しているものである。

一方、動力を用いたレスキュー器材としては、IRB や PWRC が普及している。その運転には船舶免許が必要で、さらには、救助のため

の専門的なトレーニングを積む必要もある。動力を用いた器材を利用すると救助時間は短縮されるが、その反面、大きな二次事故を引き起こすことがあるのでそれらの取り扱いには十分な知識と技術が必要である。また、いざというときに使用できないことがないように、日頃から器材の点検やメンテナンスを怠らないようにしなければならない。

実際に用いられるレスキュー器材の特徴とその用途は、表6-2（次頁）を参照していただきたい。ここに挙げるような専門的なレスキュー器材を駆使してレスキューが行われることは、安全かつ確実、迅速な救助をより可能とする。しかし、これらの器材が「ない」場合においても、身の回りにあるものを工夫して、レスキュー器材として準備・活用してほしい。マリンスポーツ中に溺者に遭遇した場合、自らが使用していたボディーボードやサーフボードの板がレスキュー器材の代用になるかもしれない。また、溺者が浮くための身の回りのものとして「ポリタンク、ペットボトル、クーラーボックス、ライフジャケット」など、あるいは溺者のところまで届けるものとして「ロープ、棒」なども考えられる。救助が必要な場面に遭遇したら、まずは落ち着いてレスキューに用いることができる器材を探してほしい。

リングブイ
［特徴＆用途］　硬く浮力のあるリングに20mくらいのロープがくくりつけられている。ロープの端をレスキュアーがしっかりと握ったり、踏んだりした後、溺者に向けてリングを投げ、掴まったところを引き寄せて救助する。プールや船舶でよく用いられている。

スローロープ
［特徴＆用途］　袋のなかに浮力のあるロープ（15〜20m）が詰め込まれている。ロープの端をレスキュアーがしっかりと握り、もう一方の手でバックを投げ、溺者がロープに掴まったところを引き寄せて救助する。川や船上からの救助時によく用いられている。

レスキューキャン
［特徴＆用途］　用途はレスキューチューブと同様。溺者は硬く浮力のあるキャン（オレンジ色の部分）の両脇の取手を握って浮力を確保する。日本ではあまり目にしない。

ウォーターパークチューブ（上）、レスキューチューブ（下）
［特徴＆用途］　チューブはウレタンという柔らかい素材でできており、浮力がある。レスキュアーは溺者のところまで泳いで届け救助する。ウォーターパークチューブはプール用で、フックがなく、棒状のまま使用し、溺者を乗せたり、掴まらせたりして救助する。一方、レスキューチューブは、海で用いられ、フックがあり、溺者に巻き付けて救助することができる。

レスキューボード
［特徴＆用途］　レスキューボードには十分な浮力がある。レスキュアーはボードに乗り、手でパドリングしながら進み、溺者をボード上に乗せて救助する。波のある環境では、バランスが取りにくく、練習が必要である。日本の海でよく見かける救助器材である。

ローボート
［特徴＆用途］　レスキュアーはローボートに乗り、オールなどを用いて漕ぎながら進み、溺者をボート上に乗せて救助する。溺者を乗せる際は、横から乗り込もうとすると転覆することがある。船尾からはい上がり、船のバランスに注意するとよい。

IRB
［特徴＆用途］　IRBとはインフレータブルレスキューボートの略で、ドライバー1名、クルー1名、計2名が乗船して救助にあたる。運転するには小型船舶免許が必要になる。船体がゴムでできているので、軽く、人力で陸上を搬送することが可能である。迅速に広範囲の移動が可能で、マスレスキューや海上パトロールに向いている。

PWRC
［特徴＆用途］　PWRCとはレスキュースレッドを装着した救助用水上バイクの略で、ドライバー1名と後方のライフスレッドにレスキュアー1名が乗り救助にあたる。ドライバー1名でも救助は可能である。運転するには小型船舶免許が必要になる。迅速に広範囲の移動が可能で、マスレスキューや海上パトロールに向いている。波が高いときにも力を発揮する。

搬送用担架
［特徴＆用途］　比較的長い距離を搬送する際に用いることが多い。種類によっては水中からの引き上げ救助に使用できるものもあり、ベルト等を使用することで動揺を軽減させ、安全に搬送することができる。

■ 1. レスキューボードを用いた
　　レスキューの基本

　レスキューボード（図6-11）は、わが国では1980年代終わり頃から海での救助に活用されてきた、最も普及されているレスキュー器材である。このレスキューボードを使いこなすためには、十分に練習を行う必要があり、技術や経験を積んだライフセーバーが使用することによって、次のようなメリットが生まれる。

・レスキューアーが溺者のところに到達するまでの時間が短い。
・レスキューアーの視線が高く、遠方にいる溺者も見えやすい。
・大きな浮力があり、海上でたくさんの人に掴まってもらうことができる。
・溺者をボードの上に乗せることができ、溺者に安心感を与えることができる。

・溺者を連れて浜（岸）まで戻るのに、時間がかからず、安全である。

＊

　これらのメリットを救助活動に活かすことができる状況には、次のような場合が考えられる。

[マスレスキューが必要な場合]

　大きな浮力をもつレスキューボードは、一度に多くの溺者に掴まってもらい、浮かせることができるため有効である。

[大きな波や潮の流れが強い場合]

　リップカレント等を利用することによって、溺者へ容易に接近でき、速やかに浜（岸）へ連れ戻すことができる。

　ただし、万が一に備え、レスキューチューブやフィンを装着したレスキューアーも向かわせ、最悪の事態に備えることも必要である。

◆図6-11　レスキューボードの名称

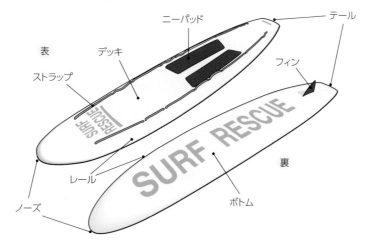

ニーパッド　テール　表　デッキ　ストラップ　フィン　レール　ノーズ　ボトム　裏

全長：約3.2m
全幅：約52cm
厚み：約18cm
重さ：約12kg

ノーズ：ボードの先方、テール：ボードの後方、デッキ：ボードの上面、ニーパッド：膝あて（ニーパドリングを行う際に利用）、ボトム：ボードの底面、レール：ボードの横面、ストラップ：デッキ部分にある紐（マスレスキューの際に溺者に掴まらせることもできる）、フィン：舵取り

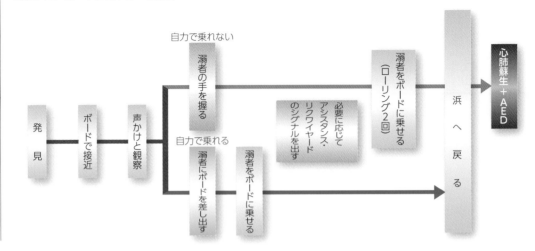

◆図 6-12　ボードレスキューの流れ

発見 → ボードで接近 → 声かけと観察

自力で乗れない
溺者の手を握る

自力で乗れる
溺者にボードを差し出す → 溺者をボードに乗せる

必要に応じてアシスタンス・リクワイヤードのシグナルを出す → 溺者をボードに乗せる（ローリング2回） → 浜へ戻る → 心肺蘇生＋AED

[救助機材が大がかりでスピーディーになる場合のデメリット]

　「素手での救助→チューブレスキュー→ボードレスキュー→ IRB・PWRC を用いたレスキュー」という順番で救助機材が大がかりになる反面、救助にかかる時間が短縮され救命率が高まる。その一方で、救助者が救助機材のコントロールを失ったとたん、機材が凶器となり、機材が大がかりなほど危険性が高くなる。すなわち、救助のスピードが高まるほど、リスクも上がるということを理解し、より慎重かつ入念なトレーニングが必要となる。

■ 2. ボードレスキューの流れ

　レスキューボードを用いた救助活動（ボードレスキュー）について、一連の流れを図 6-12 に示した。詳細は以下に、順を追って解説する。

①レスキューボードの設置

　レスキューボードは、常に即使用できる状態で、使用頻度が高いと予想される場所に目立つように置く。

◆図 6-13　ボードの設置の例

　ボードのデッキ面に滑り止めのパッドがない場合は、ワックスを塗っておく。ボードラックがある場合は、それに立てかける（図 6-13）。ワックスが塗ってある場合は、デッキ面が日陰になるよう立てかける。ボードは浜や海の状態などに応じて十分な本数を用意するとよい。

②溺者の発見

　レスキューアーは、溺者を発見した際、けっして見失ってはならない。レスキューボードのストラップを持ち、溺者を見ながら、溺者に最も近いところまで陸上を走る（図 6-14、次頁）。これは、溺者のところまで最も速く到着するためである。

③接近

溺者を見失わないようにパドリングを続け、声の届く距離になったら声をかけ、溺者がレスキューアーを認識できるようにする（図6-15）。気象や海象を考慮しながら、安全・確実（・迅速）に溺者を確保できるように接近し、ボードのノーズが溺者に届いたところでいったん止まる。

④観察

レスキューアーはボード上で溺者の様子を観察し、落ち着かせるためや反応を確認するために声をかけ続ける。

■ 3. 自力でボードに乗ることのできる 溺者に対するボードレスキュー

自力でボードの上に乗ることができる溺者に対しては、次のような手順でボードレスキューを行う。

①確保

レスキューアーは、溺者と安全な距離をとるため、ボードのやや後ろ側にまたがる。溺者を落ち着かせるため、レスキューアーは、溺者とコミュニケーションをとり、ボードのデッキにあるストラップをしっかり掴むように声をかける（図6-16）。

その後、波に注意するため溺者よりも浜側の位置を維持しながら、ボードのノーズを浜に向ける。

◆図6-14　ボードを持って走る

①

②

◆図6-16　ボードへ乗るように声をかける

◆図6-15　溺者への接近

◆図6-17　溺者がボードに乗るのをサポート

◆図6-18　2人でのパドリング

◆図6-19　波打ち際での対応

レスキュアーは要救助者に対し、ノーズ側に頭、テール側に足がくるように腹ばいの体勢でボードに乗るように声をかける。溺者をボードに乗せる際は、ボード上にまたがりながらバランスをとり、溺者の脚を引き上げるといったサポートを行う（図6-17）。溺者がボードに腹ばいの状態で乗ったら、レスキュアーは溺者の脚の間にうつ伏せの状態で腹ばいになる。

②浜へ戻る（パドリング）

レスキュアーは、溺者や海の様子を常に確認し、バランスをとりながら、パドリングで浜に向かう。溺者がパドリングできる状態であれば、コミュニケーションをとりながら、ともにパドリングを行う（図6-18）。

浜に戻る際、安全で確実に波に乗れるようであれば、波の力を利用し、速やかに浜へ戻ってもよい。しかし、無理に波に乗ってバランスを失い、溺者を海に落としてはならない。また、波が大きい場合は、あえて波に乗らず、やり過ごす必要もある。万が一、転覆し、溺者がボードから落ちてしまった場合は、けっしてボードを離すことなく、溺者を確保する。もし、溺者とボードをともに離してしまった場合は、レスキュアー自身の安全とコントロールを失ったボードが溺者や他の遊泳者等に与える危険性を考慮し、ボードを確保したうえで溺者に再度アプローチ（再救助）することが必要となる。

なお、手放してしまったボードがすぐそばにはなく、遠くに流れていってしまった場合には、ボードの確保を諦め、レスキュアーの救助能力を超えない範囲で、安全に十分注意を払いながら、素手による救助を行い、合わせてアシスタンス・リクワイヤードのシグナルも出す。

③波打ち際の対応

波打ち際に近づき、安全水域（水深）まで戻ってきたら、レスキュアーはボードから降り、ボードの脇に立って両手でストラップと溺者の足首を一緒に持つ。そして、ボードと溺者を一緒に確保したまま浜に向かって押す（図6-19）。なお、水深が浅くなり、ボードが進まなくなったら、溺者の安全を確認しながらボードから降りてもらうように声をかける。

その後、溺者の様子を観察し、必要があれば付き添いながら、監視塔（タワー）や本部などへ移送する。溺者が元気そうに見えても、いつ状態が悪化するか分からないので、判断には細心の注意を払わなければならない。

■ 4.自力でボードに乗れない溺者に対するボードレスキュー

「反応がない」、「泳ぎ疲れた」、「体重が重い」、「痙攣（けいれん）している」といった理由により、自

力でレスキューボードに乗ることができない溺者に対しては、以下のような手順でボードレスキューを行う。

①確保

　溺者が自力でボードに乗ることができない状態と判断したら、レスキュアーはボードの上で腹ばいになり、溺者に近い側の手で溺者の手首を掴み、確保する（図6-20）。もし、手首以外の部位がレスキュアーの近くにある場合は、それを掴んでもかまわない。溺者を確保してからは、レスキュアーは溺者よりも浜側の位置を維持する。

　また、溺者に意識がない状態ならば、いったん停止することなく、接近しながらボードの上で腹ばいになり、溺者に近い側の手で溺者の手首（場合によっては身体の一部）を掴み、確保する。

② 1回目のローリング

　レスキュアーは溺者を確保したら、すぐに溺者と反対側へ自分の下半身を下ろしてボードを止める。このとき、ボードは溺者とレスキュアーの間にあり、レスキュアーは溺者がボードに向いた際のテール側に来る手首をレスキュアーのノーズ側の手でしっかり掴む（持ち替えることになってもよい）。掴んだ溺者の手首を、溺者側のレールのボトム角にあてがい、腕がねじれていないことを確認し、レスキュアーのもう一方の手でストラップまたはレールを持ってボードを反転させる。すると、溺者の腕と身体の一部分がボード上に乗る（図6-21）。

③ 2回目のローリング

　溺者が最終的に乗る位置を予測しながら、溺者の身体の大きさを考慮して掴んだ腕の肘または脇をレールのボトム角にあてがい、レスキュ

◆図6-20　自力でボードに乗れない溺者の確保

◆図6-21　1回目のローリング

アーのもう一方の手でもう一度ストラップまたはレールを持ってボードを反転させる。するとボードのデッキ部分に溺者の身体が横たわる（図6-22、次頁）。

　なお、溺者の身体が大きくてローリングが困難な場合は、レスキュアーの両膝を、ボードのボトム面のレスキュアー側にあてがい、体重を

かけて反転させる。または、レスキュアーの腹部をボードのボトムに接地させ、逆上がりの要領で反転させるとよい。

また、ローリングにおいて、溺者のテール（後方）側の手を確保して反転させるのは、溺者の体幹を効率よくボードに乗せ、その後の位置調整を容易にするためである。

④溺者の位置の調節

溺者をボードのデッキ上にバランスよく、かつ、溺者の頭がノーズ側に、足がテール側を向いているような体勢でうつ伏せになるようにレ

◆図6-22　2回目のローリング

スキュアーは水中から調節する（図6-23）。溺者の大腿を引き寄せ、溺者の上半身を押すようにまわしながら溺者の位置を調整するとよい。溺者の両腕は、水中に垂れ下がった状態であれば、直さずそのままでよい。これは、パドリングの際、溺者の腕が水中にあると安定するからである。

⑤方向転換

レスキュアーは、ボードのノーズが浜に向くように波に注意しながら水中からボードの向きを回転させる。

⑥2人乗り

レスキュアーは、バランスに注意しながら、テール（後方）側より乗り込み、溺者の位置を調整する（図6-25、次頁）。この溺者の位置（前後）の調整については、溺者の足をテール側へ引っ張ることは容易だが、逆にノーズ側へ押すことは非常に難しい。溺者がボードの後ろに乗り過ぎた際は、溺者の腰辺りまでおおいかぶさり、バランスをとるとよい。

⑦アシスタンス・リクワイヤード

溺者に反応がないなど、着岸時または救助後の応援が必要と判断した場合、溺者確保から浜へ戻り始めるまでの間の、できるだけ早期の段階でアシスタンス・リクワイヤードのシグナルを出す（図6-24）。その際、波が低く他のレス

◆図6-23　溺者の位置の調節

キュアーから見やすい距離や位置の場合は低い姿勢で行ってもよいが、波が高かったり距離がある場合は、溺者をボード上に乗せ終えてレスキューアーがボード上にまたがった状態で行うと高さが確保できるのでシグナルが伝わりやすい。

⑧浜へ戻る（パドリング）

レスキューアーは、バランスをとりながら、パドリングで浜に向かう（図6-26）。このとき、波や潮の流れなどに十分な注意を払う。また、溺者の両腕が水中に垂れて抵抗になり前方

◆図6-24　アシスタンス・リクワイヤードのシグナルを出す

◆図6-25　テール（後方）側よりボードに乗り込む

◆図6-26　パドリング

（浜）になかなか進まないようであれば、溺者をボードに乗せる際にボード上の空きスペースに両腕を乗せてもよい。

また、浜に戻る際に、安全かつ確実に波に乗れるようであれば、波の力を利用し、速やかに浜へ戻ってもよい。しかし、無理に波に乗ってバランスを失い、溺者を海に落としてはならない。また、波が大きい場合は、あえて波に乗らず、やり過ごす必要もある。万が一、転覆し、溺者がボードから落ちてしまった場合は、けっしてボードを離さず、溺者を確保する。もし、溺者とボードをともに離してしまった場合は、レスキューアー自身の安全とコントロールを失ったボードが溺者や他の遊泳者等に与える危険性を考慮し、ボードを確保したうえで溺者に再度アプローチ（再救助）することが必要となる。

なお、手放してしまったボードがすぐそばにはなく、遠くに流れていってしまった場合には、ボードの確保を諦め、レスキューアーの救助能力を超えない範囲で、十分安全に注意を払いながら、素手による救助を行い、合わせてアシスタンス・リクワイヤードのシグナルも出す。

⑨波打ち際の対応

波打ち際に近づき、安全水域（水深）まで戻ってきたら、レスキューアーはボードから降り、ボードの脇に立って両手でストラップと溺者の足首を一緒に持つ（図6-27）。なお、水深が浅くなり、ボードが進まなくなったら、止まる。

◆図6-27　波打ち際での対応（2人で）

⑩キャリー

ボードを押しても進まない深さになったら、レスキュアーは溺者を安全な場所まで移動しなければならない。そのため、レスキュアーはボードにうつ伏せになっている溺者の身体を確保しながら、溺者の足から肩口へ体を押さえながら移動する(図6-28)。そして、溺者をうつ伏せにしたまま、背中側から両脇を深く抱え、身体を反転させてボードから降ろし(図6-29)、

安全な場所まで移動しなければならない。その際、一人で搬送するのは身体的な負担が大きく、レスキュアー、溺者ともに大きなリスクを伴うため、ツーパーソンキャリー（ドラッグ）等を行うとよい。ツーパーソンキャリーの場合、レスキュアー同士が向かい合ったり、同じ方向を向いたりして溺者の両脚を自分の両腕で抱え込むように保持する（図6-30）。ライフセーバー同士の体格や溺者の体格、波打ち際の形状等に合わせて、レスキュアーの背中側に進んだり、レスキュアー2人が横向きで移動した

◆図6-28　溺者の身体を確保しながら肩口へ移動

①

②

◆図6-29　溺者の両脇を抱えながら身体を反転

◆図6-30　ツーパーソンキャリー

①

②

③

りして、安全な場所まで搬送する。なお、波等の状況を見てボードを陸上まで上げずに、水中でツーパーソンキャリー等に移行してもかまわない。

■ 5. 呼吸が停止している溺者に対する
ボードレスキュー

ボードレスキューを行い、ボードに乗せる前に水上で人工呼吸を行う技術は、溺者が身内や知り合い等で感染の疑いがない場合でレスキューアーの安全が十分に確保された状態であり、かつ安全な場所までの搬送に時間を要することが想定されるか、現場に別の救助者が応援に到着する場合のみ行う。

※この技術は、アドバンス・サーフライフセーバーレベルで取り扱われる。

①確保
レスキューアーは、気象や海象を考慮しながら、安全・確実（迅速）に溺者を確保できるように接近し、ボードに乗ったままボードに近い要救助者の腕を掴んで（図6-31）、そのまま仰向けにしながらボードから下半身を下ろしボードを止める。もし、腕以外の部位がレスキューアーの近くにある場合は、それを掴んでもかまわない。そして、溺者の顔が水面から出るような体位にし、レスキューアーの片腕を溺者の片方

◆図6-31　溺者の確保

の脇の下から通しながら、頭を両手で保持する。このとき、ボードと溺者の身体が平行になるように確保してもよいし、頭部がボードの上に位置してもかまわない。

②呼吸の確認
レスキューアーは、速やかに溺者の気道を確保し、続けて呼吸の確認を行う。このとき、溺者の顎先（あごさき）をピストルグリップで保持すると溺者の身体が安定する（図6-32）。

③人工呼吸
溺者に普段どおりの呼吸がない場合、人工呼吸を水上で行う（図6-33）。このとき、マウス・トゥ・ノーズ（マウス）で行うが、感染防止の対応ができない場合は無理して行わなくてもよい。

◆図6-32　呼吸の確認

◆図6-33　水上での人工呼吸

④その後の対応

以降は、前述の「■**4. 自力でボードに乗れない溺者に対するボードレスキュー**」の手順と同様に行う。

○アシスタンス・リクワイヤード

レスキューアーは、救急車の要請が必要と判断した時点で、片手を大きく振る「アシスタンス・リクワイヤード」のシグナルを出す。要請を受けたライフセーバーは、速やかに救急車を要請し、ファーストレスキューアーの誘導・セカンドレスキューアーとして補助に加わる。

■6. ボードを利用した
その他のレスキュー

①波を利用した溺者の搬送方法

岸へ戻る際には、波があれば波の力を利用することで速やかに浜に戻ることができる（図6-34）。しかし、バランスを崩した場合は、レスキューアーだけでなく、溺者も水中へ落ちる可能性があり、今にも崩れそうな波や大きな波には無理に乗らない方がよい。

また万が一、溺者がボードから落ちてしまった場合は、溺者はもちろんのこと、ボードから手を離してはいけない。ボードのコントロール

◆図6-34　波のスープを利用した搬送

が失われ暴走した場合、周囲の遊泳者にぶつかり、怪我をさせてしまう危険性があるからである。

②波のある状況での救助方法

レスキューアーは、波に注意しながら浜側から溺者に近づく。波（沖）にまっすぐボードのノーズを向けたまま、ボードをコントロールし、波をやり過ごしながら、溺者の身体を確保する。波にまっすぐボードのノーズを向けたまま、波が穏やかになるタイミングを見計らい、ローリングして溺者をボードの上に乗せる。ボードに溺者を乗せたら、波が穏やかになるタイミングに合わせて、ボードのノーズを浜に向ける。そして、レスキューアーは速やかにボードに乗り込み、浜へ向けてパドリングを行う。なお、浜に向かう際、コントロールできないほど大きな波が来た場合は、波をやり過ごし、安全に確実に溺者を浜に搬送することを第一に考えなければならない。

③大きな波やブレイクポイント（インパクトゾーン）における溺者搬送の留意点

レスキューアーは、波に注意しながら浜側から溺者に近づく。

[溺者が自力でストラップを掴める場合]

ボードのテール側の手で奥のストラップを、ノーズ側の手で手前のストラップを握るように指示する（図6-35）。

◆図6-35　ブレイクポイントでのボードの扱い
（溺者が自力でストラップを掴める場合）

［溺者が疲労していたり、自力でうまくストラップが掴めない場合］

溺者の両脇の下からレスキュアーの両腕を通し、溺者の手の上からレスキュアーの手を重ねて同じストラップを一緒に握るようにする（図6-36）。

◆図6-36　ブレイクポイントでのボードの扱い
（溺者が自力でストラップを掴めない場合）

［溺者に意識がない場合］

溺者の両脇の下からレスキュアーの両腕を通し、レスキュアーはボードのテール側の手で奥のストラップ、ノーズ側の手で手前のストラップを握り、自分とボードとの間に溺者をしっかりとはさむ。

その後、波やスープ（泡立った波）に対してボードを平行に位置させ、背後から波に押されるようにして浜に戻る。特に、波やスープの力がとても大きなときは、波の力でボードが回転させられないようにボードのストラップを握っている奥の方の手をやや上に持ち上げてボード前側のレールをやや浮かせるとよい。そして、そのまましっかり溺者とボードをコントロールし、波やスープに押されるようにして浜へ戻る。

1. レスキューチューブを用いた レスキューの基本

　レスキューチューブ（図6-37）は、監視塔（タワー）正面の活用しやすい場所に置くか、決められた場所に掛けておく。重要なことは、レスキュー時にいつでも使えるように設置しておくことである。また、パトロール時にライフセーバーが脇に抱えて持ち歩いてもよい。なお、フィン（足ひれ）と組み合わせて使用すると溺者へ速やかにアプローチでき、迅速なレスキューに効果的である。技術や経験を積んだライフセーバーがレスキューチューブを用いることによって次のようなメリットが生まれる。

・波や風の影響を受けにくく確実に救助できる。
・持ち運びが容易で、携帯することができる。
・チューブの素材は柔らかく、万が一、溺者にぶつかっても怪我の危険性が少ない。
・1人のレスキューアーが同時に数本のチューブを扱うことができる。

2. チューブレスキューの流れ

　レスキューチューブを用いた救助活動（チューブレスキュー）について、一連の流れを図6-39（次頁）に示した。詳細は以下に、順を追って解説する。

①レスキューチューブの設置

　レスキューチューブは、常に使用できる状態で、使用頻度が高いと予想される場所にすぐに使える状態で置く（図6-38）。また、パトロール中、レスキューアーが携帯していることもある。

◆図6-38　チューブの設置の例

◆図6-37　レスキューチューブの名称

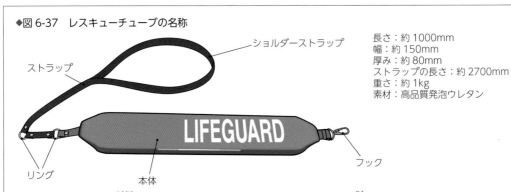

ショルダーストラップ
ストラップ
リング
本体
フック

長さ：約1000mm
幅：約150mm
厚み：約80mm
ストラップの長さ：約2700mm
重さ：約1kg
素材：高品質発泡ウレタン

ショルダーストラップ：肩紐（かたひも）、ストラップ：ショルダーストラップと本体をつなぐ紐（ひも）、リング：2ヵ所あり、フックを掛けることで本体を浮き輪のようにできる金具、フック：本体の端にあり、リングに掛けて用いる金具

②溺者の発見

レスキューアーは、溺者を発見した際、救助に向かう途中で溺者をけっして見失ってはならない。チューブを片手で持ち（フィンがあれば、もう一方の手でフィンを持ち）、溺者を見ながら、溺者に最も近いところまで陸上を走る（図6-40）。これは、溺者のところまで最も速く到着するためである。

③接近

水深が浅いところではウェーディングを用いて、脚を抜きながら速やかに溺者に向かって走る。その後、水深が深く脚を抜くことが難しくなってきたらドルフィンダイビングを用いて、溺者に向かう（フィンがある場合は、ドルフィンダイビングの合間に、タイミングよくフィンを装着する）。

なお溺者を見失わないようにウェーディングやドルフィンダイビングを続け、スイムに移行する。スイムの間も、ヘッドアップスイムなどを適宜用いて、溺者に声をかけながら接近する（図6-41）。

④観察

レスキューアーは、溺者との間に安全な距離を保ち、いつでも離脱できるディフェンシブポジションをとりながら溺者の状態をよく観察する。

◆図6-40　チューブとフィンを持って走る

◆図6-41　接近

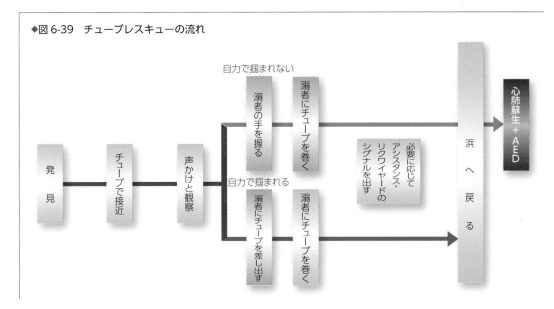

◆図6-39　チューブレスキューの流れ

発見 → チューブで接近 → 声かけと観察

自力で掴まれない
溺者の手を握る → 溺者にチューブを巻く

自力で掴まれる
溺者にチューブを差し出す → 溺者にチューブを巻く

必要に応じてアシスタンス・リクワイヤードのシグナルを出す

浜へ戻る

心肺蘇生＋AED

これは、溺者がレスキューアーを見た途端（とたん）に、助けを求めてしがみついてくる可能性があるからである。

■ 3. 自力でチューブに掴まることのできる溺者に対するチューブレスキュー

自力でチューブに掴まることのできる溺者に対しては、次の手順でチューブレスキューを行う。

①ディフェンシブポジション

レスキューアーは、溺者との間に安全な距離を保つ。そのまま、溺者の状態を観察しながら溺者に声をかけて落ち着かせる（図6-42）。

◆図6-42　安全な距離を保ち、溺者を観察

◆図6-43　チューブを渡す

①チューブをたぐり寄せ、②溺者に渡す

②チューブを渡す

レスキューアーは、溺者から目を離さず、後ろへ手を伸ばしてストラップを掴み、チューブをたぐり寄せる（図6-43　①）。そして、チューブを縦長に持ち溺者に向けて水面を滑らせるようにチューブを押し出す（図6-43　②）。

このとき、溺者とレスキューアーの間に必ずチューブを置き、溺者がしがみついてこないようにする。さらにはチューブの先端についたフック（金具）で溺者を傷つけないように注意しなければならない。溺者と安全な距離を保ち、溺者にチューブに掴まるように声をかけるとよい。

溺者はパニックや恐怖におびえている場合が多く、レスキューアーは不用意に溺者に近づき過ぎず、ある程度の距離を保ったまま観察し、声をかけ続けて、まずは溺者を安心させることが大切である。

③確保

溺者にチューブを渡したら、パニックを起こしているのか、怖がっているのかなどを溺者の様子を見て判断する。

その後、話しかけて溺者が落ち着いたところで、両脇の下にチューブを抱えながら掴まるよう指示する。溺者がチューブを抱えたら、溺者に近づき、レスキューアーは浜を背にして沖を向き、溺者と共に沖からの波等の変化を見ることができる状態で、溺者の後ろ側でフックをリングに引っ掛けチューブを巻く。その際、溺者が浜を向いていたらチューブのストラップのつながっている方が手前に来るような方向に溺者を静かに回し沖を向けさせてフックとリングをつなぐ（図6-44、次頁）。

溺水のほとんどのケースで、溺者は水面に浮いているチューブによじ上ろうとする。しかし、チューブにはそこまでの浮力はなく、再度沈みそうになるため、しっかりと声をかけて、

◆図6-44　溺者にチューブを巻く

①

②

③

③フックを留めた状態

◆図6-45　チューブで浜へ戻る

①

②

◆図6-46　溺者に付き添いながら歩く

チューブへの掴まり方を指示する必要がある。

④浜へ戻る

　溺者にチューブを巻き、仰向けの状態で、引っ張りながら岸に向かって泳ぐ（図6-45）。また、時々後方を見て、溺者の状態や波の状態を確認する。溺者に余裕のある場合は、仰向けでバタ足などをしてもらうよう指示をしたり、溺者の身体が水中で大きく抵抗にならないように、できるだけ身体を水平に保つように指示する。

⑤波打ち際の対応

　波打ち際に近づき、安全水域（水深）まで戻ってきたら、レスキュアーは溺者に足がつくことを確認させ、立ち上がらせる。その後、付き添いながら浜まで歩く（図6-46）。このとき、チューブのストラップが脚にからみついて転倒しないように配慮する。

　もし自分で歩くこともままならない状況であれば、応援者の要請をしてから搬送する（詳しくは p.155「**7. 搬送（キャリー）**」の節を参照）。

　その後、レスキュアーは溺者の様子を観察し、必要があれば付き添いながら、監視塔（タワー）や本部などへ移送する。溺者が元気そうに見えても、いつ状態が悪化するか分からないので、判断には細心の注意を払わなければならない。

■ 4. 自力でチューブに掴まれない溺者に対するチューブレスキュー

　「意識がない」、「泳ぎ疲れた」、「痙攣してい

る」といった理由により、自力でレスキューチューブに掴まることができない溺者に対しては以下の手順でチューブレスキューを行う。

①ディフェンシブポジション

レスキューアーは、溺者との間に安全な距離を保つ。そのまま声をかけながら、溺者の状態の観察を続ける。

②確保

基本的な動きとして、チューブレスキューはレスキューアーの安全を確保するためにも、先にチューブをたぐり寄せ、後に溺者の確保へと移行する。具体的には、レスキューアーは溺者から目を離さず、後ろへ手を伸ばしてストラップを掴み、チューブをたぐり寄せて、片手で掴む（チューブは、フック側の前の方を掴むと取り扱いしやすい・図6-47 ①）。続けて、もう一方の手で、レスキューアーに近い方の溺者の手首を確保する。その後、溺者を引き寄せながら脇の下にチューブを差し込む。チューブを溺者の身体に巻き付け、背中側でフックを留める（図

◆図6-47　チューブでの確保

6-47 ②）。このとき、溺者は顔を水中に沈めていることが多いので、上を向いた状態になるように注意する。

③アシスタンス・リクワイヤード

レスキューアーは、サポートが必要と判断した時点で、片手を大きく振る「アシスタンス・リクワイヤード」のシグナルを出す。要請を受けたライフセーバーは、どんなサポートが必要で適切かを判断してサポートを行う。場合によっては速やかに救急車を要請し、ファーストレスキューアーの誘導・セカンドレスキューアーとして補助に加わる。

④浜へ戻る

レスキューアーは、チューブで巻かれた溺者をスイムで引っ張って浜へ戻る。このとき、溺者の顔が水中に沈んでしまうことが多いので、上を向いた状態を維持できているかといった溺者の状態や大きな波が来ていないかなどの海況を確認するために、時々後方を見ながら引っ張って泳がなければならない。

⑤波打ち際の対応

波打ち際に近づき、安全水域（水深）まで戻ってきたら、レスキューアーはチューブのストラップをたぐり寄せて、金具周辺を手で持ち、溺者を引っ張って、さらに波打ち際まで運ぶ（図6-48）。あるいは、チューブごと溺者の両脇

◆図6-48　波打ち際での対応

から抱えて運ぶ。このとき、レスキュアーは自分が装着していたフィンが邪魔であれば、外してもよい。

⑥チューブを外す

波打ち際までたどりついたら、溺者を海に向かって長座のように座らせ、レスキュアーは溺者の後方に膝立ちになる。その姿勢のまま、溺者をレスキュアーの大腿部で支えて、ショルダーストラップを外す（図6-49 ①）。その後、チューブのフックを外して、溺者からチューブを外す（図6-49 ②）。もし、セカンドレスキュアーがいれば、セカンドレスキュアーは溺者の斜め横前方に位置し、溺者の肩辺りを支えながら、波の状態や周りの状況を管理・コントロールしサポートする。

⑦キャリー

波打ち際からは、レスキュアーが溺者を抱えて安全な場所まで移動しなければならない。その際、1人で搬送するのは身体的な負担が大き

く、レスキュアー、溺者ともに大きなリスクを伴う。そのため、セカンドレスキュアーと協力してツーパーソンドラッグやツーパーソンキャリー等を行うとよい（図6-50 ①②）。

■ 5. 呼吸が停止している溺者に対するチューブレスキュー

チューブレスキューを行い、チューブに巻いた溺者を浜へ引っ張って泳ぐ前に、水上で人工呼吸を行う技術は、溺者が身内や知り合い等で感染の疑いがない場合でレスキュアーの安全が十分に確保された状態であり、かつ安全な場所までの搬送に時間を要することが想定されるか、現場に別の救助者が応援に到着する場合のみ行う。

※この技術は、アドバンス・サーフライフセーバーレベルで取り扱われる。

◆図6-49 チューブを外す

①まず、ストラップを外す

②次に、チューブを外す

◆図6-50 キャリー

①ツーパーソンキャリー

②ツーパーソンドラッグ

①ディフェンシブポジション

レスキュアーは、溺者との間に安全な距離を保つ。そのまま声をかけながら、溺者の状態の観察を続ける。

②確保

基本的な確保の方法は「■4. 自力でチューブに掴まれない溺者に対するチューブレスキュー」の手順と同様に行う。

万が一、レスキュアーがチューブを掴むよりも前に溺者が沈み始めた場合は、溺者の確保を優先する必要がある（図6-51 ▷①）。

③呼吸の確認

チューブを巻いた後、レスキュアーは溺者の肩口で巻き足をしながら、片腕を溺者の片方の脇に通し、溺者の頭部を両手で保持する。その後、速やかに溺者の気道を確保し、続けて呼吸の確認を行う。このとき、溺者の顎先をピストルグリップで保持すると体勢が安定する（図6-52）。

④人工呼吸

溺者に普段どおりの呼吸がない場合、人工呼吸を水上で行う（図6-53）。このとき、マウス・トゥ・ノーズ（マウス）で行うが、感染防止の対応ができない場合は無理をして行わなくてもよい。

⑤その後の対応

以降は、p.147「■4. 自力でチューブに掴まれない溺者に対するチューブレスキュー」の手順と同様に行う。

■6. 波が高い場合に用いられる救助技術

①大波のクリア

飲み込まれるようなほど大きな波が迫ってきた場合は、レスキュアーは溺者を後方から確保し、波に背中を向けるように位置し、手のひらで溺者の鼻と口を一緒に押さえ、レスキュアーのもう片方の手で溺者の身体とチューブを確保し、波をやり過ごす（図6-54、次頁）。このと

◆図6-52 呼吸の確認

◆図6-53 水上での人工呼吸

◆図6-51 チューブでの確保

①

②

き、溺者に意識がある場合は、息を吸い込むように指示してから、鼻と口を手のひらで一緒に押さえるとよい。

②小波のクリア

小さい波が来た場合は、チューブに巻かれた溺者をチューブごと持ち上げ、通過した波の上に溺者が出るように支える（図6-55）。なお、溺者を降ろすときに、勢いよく降ろし、その反動で

◆図6-54　手のひらで鼻と口を押さえる

◆図6-55　溺者をチューブごと持ち上げる
①

②

溺者を沈めさせてしまうことがあるので、そっと降ろすように注意を払わなければならない。

③波と溺者への留意点

浜へ戻る際に泳ぎながら時々後方を見て、溺者の状態や波の状態を確認しながら泳がなければならない。特に波が多い海況では、レスキューチューブのストラップが溺者にからまったり、溺者の顔が水中に沈んでしまうことが多いので、注意しなければならない。

■ 7. チューブレスキューでの
　　サポート方法

ボードレスキューに比べ、チューブレスキューでは、セカンドレスキュアーの果たす役割が大きい。なぜなら、セカンドレスキュアーは自分の泳力を用いて、レスキュアーをサポートできるからである。セカンドレスキュアーは次の手順でレスキュアーのサポートを行う。

①アシスタンス・リクワイヤード

レスキュアーは、救急車の要請が必要と判断した時点で、片手を大きく振る「アシスタンス・リクワイヤード」のシグナルを出す（図6-56）。要請を受けたライフセーバーは、どんなサポートが必要で適切かを判断してサポート

◆図6-56　アシスタンス・リクワイヤードのシグナル

を行う。場合によっては速やかに救急車を要請し、ファーストレスキューアーの誘導・セカンドレスキューアーとして補助に加わる。

②セカンドレスキューアーがチューブを持っている場合

溺者に巻かれたレスキューチューブのリング（フックで留められている方）にセカンドレスキューアーが持ってきたレスキューチューブのフックを掛けて、2名のレスキューアーで引っ張って泳ぐことができる（図6-57・58）。

◆図6-57　フックの留め方

◆図6-58　2本のチューブを使用して引っ張る方法

◆図6-59　チューブを持っていない場合のサポート方法

なお、進行方向がバラバラではかえって進みにくくなるため、レスキューアー同士、十分なコミュニケーションを取る必要がある。

③セカンドレスキューアーがチューブを持っていない場合

セカンドレスキューアーは、溺者の足側へ移動し、両手で溺者の大腿を持ち、平泳ぎ、またはクロールのキックで岸に向かって押す（図6-59）。特に溺者の意識がない場合、溺者の下腿を押してもうまく力が伝わらず、かえって進みにくくなることがあるので大腿を持つとよい。このとき、セカンドレスキューアーがフィンを用いると、より効果的に進むことができる。

なお、進行方向がバラバラではかえって進みにくくなるため、レスキューアー同士、十分なコミュニケーションを取る必要がある。

マスレスキュー

■1. マスレスキューが必要な場面

　複数の溺者が同時に発生した場合の救助方法を「マスレスキュー」と呼ぶ。このような状況では、通常の救助活動で使用するよりも多くの器材とライフセーバーが一度に必要になり、さらに迅速で、より臨機応変な対応が求められる（次頁のコラム「ブラック・サンデー」を参照）。マスレスキューの場合、複数のレスキューアーが連携して救助を行うので、コミュニケーションを十分に図り、安全（二次事故の防止）に配慮しなければ、大惨事につながってしまう。

■2. レスキューボードを用いたマスレスキュー

①確保

　レスキューアーは、複数の溺者の状況を常に観察しながら、浜側から溺者に近づき、声をかけて落ち着かせる。そして、すべての溺者に対してレスキューボードのストラップをしっかり握るように指示し、不安を取り除く。

　次に、レスキューボードを波に対して平行に位置させ、ボードの沖側に複数の溺者がストラップをしっかり握って並ぶように位置させ、ボードのテール側の手で奥のストラップ、ノーズ側の手で手前のストラップを握るように指示

◆図6-60　ボードのマスレスキュー

する。

　その後、レスキューアー自身もストラップを掴み、複数の溺者の中央の位置に移動する。

②浜へ戻る

　レスキューアーが中央に移動しストラップをしっかり掴み終えたら、浜に戻るためにボードをビート板のようにしてバタ足をして前方（浜）に進む（溺者が元気でバタ足の協力を得られるようなら、一緒に行ってもらう・図6-60）。なお、バタ足をしながらも両側の溺者の状態に異常がないか十分に注意を払うことを忘れてはならない。

■3. その他の器材を用いたマスレスキュー

　レスキューボードを用いる以外に、レスキューアーが複数のレスキューチューブを同時に利用したり、1本のチューブに複数の溺者を掴まらせたり、複数のレスキューアーが異なる器材を用いて組織的に（IRBやPWRCを含めた救助艇と連携して）活動することで、同時発生した複数の溺者の救助にも対応することができる（図6-61）。

◆図6-61　PWRCでのレスキュー

ブラック・サンデー
（オーストラリア　ライフセービング）

　ブラック・サンデーと呼ばれるその事故は 1938 年に起こった。真夏のその日は気温が高く、何千もの人々が
オーストラリア・ボンダイビーチで休日を楽しんでいた。午後 3 時すぎになるとそれまで荒れ狂っていた海のコン
ディションがやや静かになってきたものの、ときおり打ち寄せる波は遊泳者の頭を越えるほどの高さであった。
そんなとき、突然にふたつの大波がセット（うねり）となってビーチに押し寄せてきた。しかもそのセットに
なって押し寄せた波の間隔があまりにも短かったために、波が海に戻るその水の量たるや信じ難いほどとなり、
巨大な水の力（バックウォッシュ）を生み出した。その水の力によって 200 人以上が瞬時に飲み込まれ、海に流
されてしまった。

　ボンダイ SLSC（サーフライフセービングクラブ）のライフセーバーは、その光景を見るやいなや 12 個のレス
キューリールという救助機材を持って海のなかへ飛び込み、救助に向かった。海に流された人々はパニック状況
に陥り、ライフセーバーが牽いてきた 1 本のライフラインに、多くに人々が掴まった。そのために、ライフセー
バーはより沖に流された人々のところまでたどりつくことができない状況であった。しかし、幸運にもちょうど
その時、毎週日曜日の午後に開かれるクラブ競技会のためにボンダイ SLSC 以外のクラブメンバーもビーチに集
まっていた。結果、総勢 70 名以上のライフセーバーがその救助に参加。当時はまだ原動機付きレスキューボー
ト（IRB）等がなかった時代であったため、ライフセーバーは休む間もなく、次から次へと救助へ向かった。砂浜
はまるで戦場のごとく、溺れた人たちが横たわっていた。最終的には、5 人の尊い生命が失われてしまった。

　しかし、もしライフセーバーがいないビーチでこの事故が起こったとしたら、その犠牲者の数は計り知れな
かったであろう。ボンダイビーチで起こったこの事故は、現在まで後にも先にも例のないものとなった。この事
故で救助に携わった人々は、誰ひとり個人的に表彰されることはなかったそうである。この日の救助はライフ
セーバーとして、当然の役割を果たした結果であって、むしろ表彰に値する個人的な名前など挙げられないとい
うことであった。そして、この事故のことは現在でもオーストラリアで語り継がれている。ある著書に「この時
のクラブのキャプテンは『警察や救急隊員
が義務を果たすように、ライフセーバー
も、ただ単に自分らの義務を果たしただ
けである』と述べた」とある。また偶然、
オーストラリアを訪れていて、この事故
を目撃したアメリカ人医師は、ともに救
命をしながらブラック・サンデーの事故
救助に協力した。その医師は「この事故
の際に行われた救助活動は、報酬目当て
に行われたものではなく、まったく献身
的に行われたものである。ライフセーバー
によって行われたあのときのような光景
は、世界中どこを探しても他では見られ
ないことであろう」と振り返ったといわ
れている。

ブラック・サンデー時の救助活動の様子（ボンダイビーチ）
（写真提供：Surf Life Saving Australia）

■1. 搬送（キャリー）の重要性

①搬送の重要性

　搬送（キャリー）は、救助活動においてレスキューと同じぐらい重要である。なぜなら、どんなに速く、また安全に溺者を確保して浜まで運んできたとしても、その後の搬送が不適切であったために症状が悪化することが考えられるからである。搬送を誤って悪い結果を招かないように、ライフセーバーは搬送においても適切な手段を選択し確実に行うことが求められる。

②搬送のルール

　搬送では、原則として傷病者の足側を進行方向とし、階段や坂を上る際は頭側を進行方向に向けて運び、搬送の途中で頭側が低くならないようにする（図6-62）。また、傷病者を揺らして転落させてしまうことがないよう注意する。安全で確実な方法で搬送するために、表6-3に挙げた「搬送の5つのルール」を踏まえながら、溺者にとって安全で、かつレスキューの体力の消耗が少ない確実な搬送方法を選択する必要がある。

③搬送時のかけ声

　搬送は、1人ではできない。複数名で搬送するために、傷病者を持ち上げる際の号令として「せーの」や「1・2・3」といったかけ声を用いる。しかし、タイミングが合わず、担架や搬送用担架が斜めになり乗せている傷病者が落ちそうになっていることがある。安全に搬送するために、日頃から持ち上げるタイミングや足の向きを揃えるなど、現場ごとの手順を決めておく必要がある。

④水域から陸域への搬送

　サーフレスキューにおいて、搬送後の溺者を

◆図6-62　搬送の様子

◆図6-63　水域から陸域への搬送の様子

◆表6-3　搬送の5つのルール

1	現状	救助や手当が終了し、搬送を始めてよいか？
2	目的地	どの安全な場所に運ぶか？
3	ルート	安全な搬送ルートを確保し、どこへ運ぶか？
4	運び方	どのように運ぶか？（運び方、運ぶ人数、器具の有無など）
5	引き渡し先	救急車の要請はしているか？

寝かせる向きについては、傾斜のないところでは引き上げてきた方向のまま降ろしてよい。

なお、傾斜のあるところでは、溺者を海岸線と平行に降ろし、頭を傾斜の上側には向けないよう配慮する。これは、逆流の対応時に、溺者の体位変換のしやすさや逆流物の気管等への流入予防を考慮するためである。さらに、1人でレスキューした場合、心肺蘇生をしながら海の変化や緊急事態へ対応するためでもある。

2. ツーパーソンドラッグ

「反応がない」、「泳ぎ疲れた」といった理由により、自力で移動が困難な溺者1名に対して、レスキュアー2名で搬送する方法としてツーパーソンドラッグがある。この方法は、水深が足首程度の浅瀬が長く続く場所での溺者の搬送に有効であり、ワンパーソンドラッグよりも、確実に速く搬送することができる方法である。ただし、肩の脱臼など、溺者の肩関節へ負担を掛けないよう注意が必要である。

①溺者を確保する

レスキュアーの2名は、溺者を中央にはさむように位置を取り、それぞれ溺者側の腕で要救助者の脇または上腕部を掴み、もう一方の手で手首を持つ（図6-64）。

②溺者を搬送する

レスキュアーの2名は、コミュニケーションを取りながら、溺者を引きずるようにして水面上を滑らせ、そのままの流れ・勢いで砂浜まで引きずり運ぶ（図6-65）。このとき、溺者の身体全体を持ち上げる必要はない。搬送時には要救助者の肩の脱臼に注意しなければならない。

◆図6-64　溺者を確保する

◆図6-65　溺者をツーパーソンドラッグで搬送する

③溺者を降ろす

レスキュアーは、次の手当（心肺蘇生）を安全かつ確実に行うことができる場所まで搬送したら、コミュニケーションをとりながら、溺者を静かに降ろす（図6-66▼①）。その際、レスキュアーは溺者の脇に当てた、または上腕を掴んだ手をずらして、溺者の手首を持っていた手と持ち替え、それまで手首を持っていた手で、一方のレスキュアーは溺者の頭を、もう一方のレスキュアーは肩口を確保し、溺者の両腕を引き、支えながら、ゆっくりと溺者の身体を倒し、そのまま、砂浜に寝かせる（図6-66▼②③）。このとき、溺者は水平上向きの状態で、特に枕のようなものを置かなくてよい。

意識がない場合はこのまま、心肺蘇生へと続くことになる。なお、溺者に胃内容物の逆流が見られる場合は、速やかに横向きの体位に変換する。

◆図6-66　溺者を寝かせる

① 溺者を搬送し，静かに降ろす

② 溺者を確保しながら寝かせる

③ 溺者の頭を確保する

■ 3 . ツーパーソンキャリー

「反応がない」、「泳ぎ疲れた」といった理由により、自力で移動が困難な溺者1名に対して、レスキュアー2名で搬送する方法として、ツーパーソンキャリーがある。溺者の体重が重い場合等は、ツーパーソンドラッグより確実に速く搬送することができる。

① 溺者を確保する

レスキュアーは、溺者の後ろ側に位置する。そして、両腕を溺者の両脇の下へ通し、抱えながら溺者の片腕をとり、前腕と手首をそれぞれの手で掴む。もう1人のレスキュアーは、溺者の下半身を両腕でしっかりと抱えて持つ（図6-67）。

② 溺者を搬送する

レスキュアーの2名は、お互いにコミュニ

◆図6-67　溺者を確保する

ケーションをとりながら、溺者を持ち上げて搬送する。このとき、溺者の足側に位置するレスキュアーは、足首ではなく、膝より上の部分をしっかり持つとよい（図6-68①）。

レスキュアー同士の体格や溺者の体格、波打ち際の形状等に合わせて、レスキュアー同士が向かい合ったり、同じ方向を向いたりして安全な場所まで搬送する（図6-68②③）。

溺者の身体が大きく、レスキュアーの方が小柄な場合は、足側に位置するレスキュアーが溺者の両足を開脚させてその内側に入り、溺者の足を両脇に抱え込むように持って運んでもよい。

③ 溺者を降ろす

レスキュアーは、次の手当（心肺蘇生等）が安全かつ確実に行うことができる場所まで搬送したら、波打ち際と平行になるように向きを変えながら曲がり、いったん止まる。そして、レスキュアーはお互いにコミュニケーションをとりながら、溺者が長座の姿勢になるように、静かに降ろす（図6-69①）。

以降は、溺者の頭側のレスキュアーがツーパーソンドラッグ同様の手順で溺者を寝かせる（図6-69②）。寝かせる際、溺者の足を持っていたレスキュアーは、溺者の肩口を支える等のサポートに入るとよい。

◆図 6-68　溺者をツーパーソンキャリーで運ぶ

①レスキュアー 2 名が向かい合って抱える場合

②レスキュアー 2 名が横向きで抱える場合

③レスキュアー 2 名が同じ方向を向いて抱える場合

◆図 6-69　溺者を降ろす

①頭を支えながら降ろす

②次の手当を行えるように降ろす

■ 4. ツーハンドシートキャリー

　反応はあるが自力で移動が困難な溺者 1 名に対して、レスキュアー 2 名で搬送する方法として、ツーハンドシートキャリーがある。この方法は、ツーパーソンドラッグやツーパーソンキャリーよりも、楽に溺者を運ぶことができる。

①溺者を乗せるシートを両腕でつくる

　レスキュアーの 2 名は、溺者を中央にはさむように立ち、それぞれ溺者の背中側にある腕で肩を組み、低い姿勢を取る。溺者の大腿の下で、もう一方の手を使ってヒューマンチェーンを組む（図 6-70）。

◆図 6-70　ヒューマンチェーンを組む

②溺者を搬送する

　レスキューアーの２名は、お互いにコミュニケーションをとりながら、溺者を同時に持ち上げて搬送する。このとき、溺者はヒューマンチェーンの腕の上に座り、レスキューアーは溺者の腰を肩を組んだ側の腕で支える（図6-71）。また、溺者の腕はレスキューアーの肩にまわされるため、体勢が安定する（図6-72）。

　レスキューアーは、次の手当が安全かつ確実に行うことができる場所まで運んだら、いったん止まり、しゃがんで溺者を静かに降ろす。

◆図6-71　溺者を乗せる

◆図6-72　ツーハンドシートキャリーで運ぶ

■5. その他のキャリー

　ここでは、レスキューアー１名で溺者を搬送する方法を紹介する。しかし、いずれも身体的な負担が大きく、レスキューアー、溺者ともにリスクを伴うため、できるだけ前述したような複数名で搬送する方法を選択するべきである。

●ワンパーソンドラッグ

　「反応がない」、「泳ぎ疲れた」といった理由により、自力で移動が困難な溺者１名に対して、レスキューアー１名で搬送する方法として、ワンパーソンドラッグがある。

①溺者を確保する

　レスキューアーは、溺者の後ろ側に位置する。両腕を溺者の両脇の下へ通し、抱えながら溺者の片腕をとり、前腕と手首をそれぞれの手で掴む（図6-73）。

◆図6-73　溺者を確保する

◆図6-74　溺者を確保したまま立ち上がる

②溺者を搬送する

　レスキューアーは、溺者の背中に自分の胸を密着させながら持ち上げる（図6-74）。このとき、溺者を前方に押し出すように、レスキューアーが前に一歩踏み込みながら立ち上がると体重が重い人でも確実に持ち上げることができる。そして、溺者を持ち上げたまま、次の手当（心肺蘇生）を安全かつ確実に行うことができる場所まで搬送する。

③溺者を降ろす

　搬送したら、波打ち際と平行になるように向きを変えながら曲がり、いったん止まる。そして溺者の前腕と手首を手で掴んだまま、溺者が長座の姿勢になるようにしゃがむ（図6-75）。

　溺者の手首を持った手は、そのまま残し、もう一方の手を溺者の前腕から離す。その手を溺者の肩口に置き、上半身をしっかりと支える。次にレスキューアーは、溺者の手首を握った手を引き、もう一方の手で溺者の肩口を支えながらゆっくりと身体を倒し、頸部に動揺を与えないように注意しながらそのまま砂浜に寝かせる。

◆図6-75　溺者を降ろす

①安全な場所まで搬送する

②長座の姿勢になるように降ろす

③溺者の肩口を支えながら降ろす

④次の手当に迅速に移行する

160

●パックストラップキャリー

いわゆる「おんぶ」である。1名のレスキュアーが溺者を長い距離運ぶのに適している。

①溺者を確保する

水中で溺者を仰向けに浮かせ、レスキュアーはその横に立つ。レスキュアーは溺者と同じ側の手首（右手と右手、左手と左手）を握る。

溺者の両手首を岸の方向に向かって引っ張り、溺者の胸元にレスキュアーの背中から水中で入り込むように溺者をうつ伏せに向きを変えながら水中で溺者を背負い水面に出る。溺者の

両腕をレスキュアーの胸の前で交差させ、その交差部分を片手で押さえる（図6-76）。

②溺者を搬送する

レスキュアーは、溺者を背負い、少し前屈みになって、次の手当（心肺蘇生）を安全かつ確実に行うことができる場所まで搬送する（図6-77）。

③溺者を降ろす

溺者の頭部がある側を海側にして、心肺蘇生ができるように位置を取り、溺者の両手首を下から頭の方へ押し出すように支えながら腹ばいになる。レスキュアーの海側の手で腕の外から要救助者の頭部を保持し、溺者の身体が仰向けになるように反転しながら、溺者の手首を持っているもう一方の手を海側に静かに降ろす（図6-78、次頁）。

◆図6-76　溺者を確保する

①溺者と同じ側の手首を握る

②溺者を水中で背負う

③交差させた溺者の両腕を片手で押さえる

◆図6-77　溺者を搬送する

①少し前屈みになり搬送する

②安全な場所まで搬送する

◆図6-78　溺者を降ろす

①両膝をつく

②溺者の手首を持ち、腹ばいになる

③溺者の頭部を保持する

④溺者が仰向けになるように反転する

⑤頭部・頸部を確保する

⑥次の手当に移行する

●サドルバックキャリー

　肩を貸して介添え中に、歩行不可となった溺者などに対して、腰に乗せて運ぶ方法である。

①溺者を確保する

　腰くらいの深さで、肩を貸している溺者の前に立ち、溺者の腹部の辺りがレスキューアーの腰部に体が交差するように保持する。レスキューアーは前屈みになり、溺者の背中側から太もも辺りと脇下から支える（図6-79、次頁）。この時、

レスキューアーの身体を軸にして溺者の頭のある方向に軸回転しながらレスキューアーに巻き付けるようにすると、溺者の下半身をレスキューアーのもう片方の手で確保しやすい。水面に溺者の顔が水没する場合は、脇下の手で頭を支える。

②溺者を搬送する

　そのまま、前屈みで次の手当（心肺蘇生）を安全かつ確実に行うことができる場所まで搬送する（図6-80、次頁）。

◆図6-79　溺者を確保する

①腰くらいの水深まで介添えする

②前屈みになり、溺者の腹部がレスキューアーの腰部で支える

◆図6-80　溺者を搬送する

③溺者を降ろす

　レスキューアーは、次の手当（心肺蘇生）を安全かつ確実に行うことができる場所まで搬送したら、両膝をつき、溺者の手を巻き込まないようにしてレスキューアーの後ろにゆっくりと背中から降ろす。脇下の手は頭を保持し、レスキューアーの背中で溺者を押しながらゆっくりと体を倒して水平に砂浜に寝かせる（図6-81）。

◆図6-81　溺者を降ろす

①両膝をつき，脇下の手で頭を保持する

②水平に寝かせる

●ファイヤーマンズキャリー

溺者を肩に乗せて運ぶ搬送方法で、水の浮力や波の力を利用して、溺者を容易に担ぎ上げることができる。

①溺者を確保する

水中で溺者を仰向けに浮かせ、レスキューアーはその横に立つ。レスキューアーは、溺者の頭部を水中から片手で支え、残りの手を両足の間に入れる。

レスキューアーは、溺者の前に潜るように沈み込み、溺者を肩に担ぎ上げる（図6-82）。溺者

の足の間から出した手で、レスキューアーの前に来る溺者の手首を掴む。もう片方の手は溺者の頭部を確保する。

②溺者を搬送する

レスキューアーは、溺者の手首を握り、落とさないように確保しながら、次の手当（心肺蘇生）を安全かつ確実に行うことができる場所まで搬送する（図6-83）。

③溺者を降ろす

レスキューアーが海の状況を確認しながら、心肺蘇生ができるように位置を取り、溺者の手首を持ち替え、両足の間から手を抜いて、両足の外側から両足を抱え、溺者の両足を反対方向に振りながら、体を倒していく。その際、溺者の手首をしっかりと確保し、転倒しないように支えながら寝かしていく（図6-84、次頁）。

◆図6-82　溺者を確保する

①溺者は仰向けに浮かせる

②溺者の頭部を水中から片手で支える

③溺者の前に潜り込み，肩に担ぎ上げる

◆図6-83　溺者を搬送する

①溺者を落とすことなく搬送する

②できるだけ動揺を与えないよう搬送する

◆図 6-84　溺者を降ろす

①片膝をつく

②手首を持ち替え、体を倒していく

③頭部を支えて寝かせる

●毛布を担架代わりに使用したキャリー

　担架が用意されていない場合は、毛布を利用して応用担架を作り、搬送することができる。また、担架での搬送の際に、移動時間が長くかかる等の場合は、担架の上面に毛布を敷き、その上に溺者や傷病者を寝かせ、毛布に包んだ状態にすると保温も確実に行うことができる。

※資器材を用いて搬送する際は、要救助者を落とすことがないよう、付属のベルト等がある場合は、ベルト固定を行ったのちに搬送・移動をさせること。

◆図 6-85　毛布を利用した応用担架

①準備の状態、②持ち上げた状態

◆図 6-86　担架での保温の様子

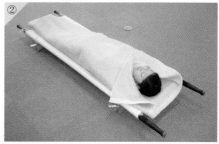

①保温前、②保温後

8 頸椎損傷・頸髄損傷の疑いのある場合の救助

■ 1. 頸椎損傷・頸髄損傷の疑いのある場合の対応

　浅瀬で飛び込んで頭部から水底に激突した場合や、崩れようとする波の直前に波の真下に潜り、頭部を水底に叩きつけられたり、頸部に大きな負担力が加わったりした場合等に頸椎損傷・頸髄損傷が起きやすい。ライフセーバーのトレーニングにおける、浅瀬でのドルフィンダイビング等も誤った技術で行うと本症を起こす危険性がある。

　頸部の骨の損傷が「頸椎損傷」、頸部の脊髄の損傷が「頸髄損傷」であり、頸髄損傷が起こってしまうと、手足の麻痺だけではなく、全身の運動機能や感覚知覚機能、自律神経機能が失われる状態となることがある。最悪な場合には呼吸ができなくなり死に至る。少しでもこれらが疑われる場合は目撃者がいるかどうかにかかわらず、頸髄損傷として救助および応急手当を行うことになる。

■ 2. 頸椎損傷・頸髄損傷のメカニズム

　頸椎は7つの骨で形成され、脊柱（すべての脊椎）の上部で重い頭部を支えており、脊椎の内部には脳から伸びている脊髄（神経の束）が通っている。頸椎および頸髄の損傷は波に巻かれ、水底に頭部を強打して起こるものである。頸部の過度の伸展（頭を後ろに反らす動作）や圧迫によって、頸椎（頸部の骨）の脱臼や骨折が起こったり、それに伴って頸椎に覆われている頸髄（頸部の脊髄）の損傷が起こったりすることである（図6-87）。また、浅瀬での宙返り

◆図6-87　頭部強打／屈曲

頸椎損傷

頸髄損傷

などを行って失敗した場合や肩車をされた状態から後方へ落下することなどで、水底に頭部を打ち、頸部の過度の屈曲（前へ顎を引く動作）や圧迫によっても頸髄損傷が起こることがある。

■ 3. 頸椎損傷・頸髄損傷の症状

　頸髄がダメージを受けると、上肢を動かす運動麻痺（両手や両腕を自由に動かせなくなる状態）を起こす。さらに重症になれば、四肢の麻痺をきたし、呼吸運動、手足や体幹の感覚知覚、血管や内臓をコントロールする自律神経系などへの影響が生じる恐れもある。知覚を支配する神経に影響がある場合、軽度であれば鈍い、ビリビリした感覚や痺れなどが起こり、さらにダメージが大きければ、まったく感覚がなくなるなどの症状が現れる。

　運動を支配する神経に影響がある場合、軽度であれば力が入りにくいなどの症状が現れる。さらにダメージが大きければ、四肢をまったく動かせないという状況になる。また、水底に頭部を強打してすぐに四肢が動かせなくなった場合は、自力で動けないため、浅瀬であっても溺水を起こすこととなる。

4. 頸椎損傷・頸髄損傷の疑いのある場合の手当の原則

頸椎損傷や頸髄損傷の疑いが少しでもある場合は、ほんの少しの振動や動揺が悪化を招くことにつながる。頸髄の損傷をそれ以上悪化させない（二次的損傷を与えない）ことを優先し、急がず丁寧な手当を行うことが求められる。

頸椎を動揺させないように中間位（屈曲・伸展、側屈をしない、まっすぐな向きの状態）で、できるだけ水平位を保ち、その場でできる最善で正しい方法で固定を行う。

頸椎損傷・頸髄損傷が少しでも疑われる場合は、徒手で頸部の固定ができる確保方法（ヴァイス・グリップ、エクステンデッドアーム・グリップ）を用いる。

なお、岩場や急勾配の環境下での救助を要する場合、固定をせずに移動させようとすると、脊髄損傷を悪化させることにつながる可能性がある。そのために、頸部のみの固定だけではなく全脊柱固定を行い、さらに水平位を保って、必ず水上で十分な固定を行ってから移動するようにする。

5. 頸椎損傷・頸髄損傷の疑いのある場合の救助の流れ

①ヴァイス・グリップ

救助者の両前腕で傷病者の頸部をはさみ込む固定法である（図6-88）。溺者が水中に顔を伏せた状態であるとき、万力（ヴァイス）ではさむように、溺者の頭部から胸部ならびに背部を、救助者の両前腕と両手で前後にはさんで固定し、そのまま反転（ロールオーバー）させ、溺者の顔を水面に出す方法である。

◆図6-88　ヴァイス・グリップ

①溺者に動揺を与えないように接近し、胸の真ん中に前腕を差し入れ、手で下顎を掴む。

②もう一方の前腕を溺者の背部に当て、手で後頭部を掴み、頭部を保持し、固定したまま反転させる。

②エクステンデッドアーム・グリップ

傷病者自身の両腕（上腕）で頭部をはさむ固定方法である（図6-89、次頁）。溺者の両腕を使って、頭部を左右両側から押さえることで頸椎の動揺を防ぐことができる。溺者の両腕を頭部側へまっすぐに伸ばし、左右の上腕で頭部を両側からはさみ、救助者がその両腕を両手で強い力で押さえて固定する。

もし、溺者が水没していたり、うつ伏せ（顔が水に没した状態など）になっていたりした場合には、固定をしたまま反転（ロールオーバー）させる。

◆図6-89　エクステンデッドアーム・グリップ

①溺者に動揺を与えないように接近し、頭部を両腕ではさんで固定する。

②溺者を水中で正中軸を中心に反転させ、顔を水面に出して呼吸できる体勢にする。

③救助者は、溺者の横に密着しながら、両手で左右からの固定を維持継続する。

③陸上での場合（立位の状態で対応した場合）

　砂浜などでふらつきながら歩いている傷病者について、搬送用担架を用いて確保する（図6-90）。

◆図6-90　立位の状態での搬送用担架を用いた確保

①最初の救助者Aは、傷病者の正面から「今から首を固定しますので動かないでください」などと声をかけ、傷病者の両側頭部と胸元を固定する。

②救助者Bは、搬送用担架を傷病者の背中に当て、救助者B、Cは、傷病者の左右に向かい合うように位置し、傷病者の脇の下に腕を通し、傷病者の脇より高い位置で搬送用担架のグリップを握る。もう片方の手で、傷病者の両側頭部をそれぞれ押さえる。その際、搬送用担架に傷病者の後頭部がしっかりと付いているか確認する。

⑤救助者B、Cが傷病者の頭部を確実に保持したことを確認し、救助者Aは、動揺を与えないように片方ずつ押さえている手を抜き、傷病者の後ろに回り、搬送用担架の上方のグリップをもつ。そして、救助者Aの合図のもと、傷病者の頭と体がまっすぐに保たれるように、ゆっくりと倒していく。

⑥救助者Aは、救助者B、Cとコミュニケーションをとりながら、頭部保持を交代し、救急隊の到着を待つ。

④陸上での場合（仰臥位の状態で対応した場合）

　砂浜などで倒れ、仰臥位の傷病者については、傷病者が頸を動かさなくてもよいように、傷病者の足元から近づき声がけをする。「今から首を固定しますので動かないでください」などと声をかけ、傷病者の両側頭部を両手で包むようにして両腕で固定する（図6-91）。

◆図6-91　仰臥位の状態での搬送用担架を用いた確保

頸椎損傷の疑いがある傷病者への頸椎カラーの使用禁止について

　　JLA メディカルダイレクターは「頸椎損傷の疑いがある傷病者への対応について（連絡）」（平成 29 年 6 月 14 日）において、頸椎カラーの使用について十分な知識と技能を有するライフセーバーに限定していたが，現場の意見と最新の医学的エビデンスを踏まえ十分に検討した結果、2022 年 4 月以降は、原則として頸椎カラーを使用せず、救急隊の到着を待つことを提案した。

医学的エビデンス：器具による頸椎運動制限（JRC ガイドライン 2020, p.366-367）

　　ファーストエイドプロバイダーは、頸椎カラーを使用しないことを提案する（弱い推奨、非常に低いエビデンス）。

　　ガイドライン 2015 での記載事項に加えて、頸椎カラーを使用することによる神経学的損傷の合併に関する症例報告や、バックボードと頸椎カラーを同時に使用し脊柱運動制限を行うと、その後の脊柱の触診で、脊椎・脊髄損傷がなくても圧痛を生じることを示した研究があった。わが国においても訓練を受けた者であっても頸椎カラーを使用しないことを提案する。

◆頸椎カラー

医学的エビデンス：頸椎の運動制限（JRC ガイドライン 2015, p. 444-445）

　　ファーストエイドプロバイダーは、頸椎カラーを使用しないことを提案する（弱い推奨、非常に低いエビデンス）。負傷した傷病者に対する頸椎カラーの装着について臨床的な利点を示すよいエビデンスはなく、この対応は主に専門家のコンセンサスと伝統に基づいている。

（半）硬性カラーとカラーなしの比較では、
・神経損傷に有意差はみられなかった。
・合併症（頭蓋内圧）については、頸椎カラーの使用により、頭蓋内圧の上昇がみられた。
・合併症（1 回換気量）について、換気量の減少は示されなかった。
・頸椎の動きについて、優位な屈曲制限を示さなかった。（小児対象）
・傷病者快適度について，快適度スコアに変化は示されなかった。

軟性カラーとカラーなしの比較では、
・頸椎の動きについて，屈曲と回旋は優位な減少を示した。

　　さらなる損傷を予防するというファーストエイドの原則に照らし合わせると、頸椎カラーの装着による潜在的な利点は、頭蓋内圧の上昇や不必要に頸を動かすことによって生じる害を上回るものではない。

ファーストエイド (FA)

ファーストエイドの範囲

監視活動や救助活動に携わるライフセーバーには、ファーストエイドについての技術はもちろんのこと、それに関連する知識も求められる。本章では、全国のライフセーバーから集められた資料を基に、現場では実際どのようなアクシデントが多く発生しているのかを紹介したうえで、ライフセーバーとして対処することが望ましい応急手当について解説する。

1. ファーストエイドの定義

ファーストエイドとは、急な病気や怪我をした人を助けるためにとる最初の行動であり、人の命を守り、苦痛を和らげ、それ以上の悪化を防ぎ、回復を促す対応のことをいう。傷病によっては医療機関に搬送するため、救急隊員に引き継ぐ必要がある。ライフセーバーにはその判断を適切に行えることが求められる。

2. 監視・救助活動中のレスキューとファーストエイドの発生件数

図 7-1 は、2018〜2022 年の 5 年間に発生したアクシデント(レスキュー、ファーストエイド、迷子)の発生件数である。これを見ると、実際の監視活動や救助活動においては溺者に対する「レスキュー」よりも、海浜利用者に対する「ファーストエイド」の発生件数がはるかに多いことが分かる。

つまり、ライフセーバーとして監視活動や救助活動に携わる場合は、事故防止の思想を理解したうえで、ファーストエイドに必要な知識と技術を修得することが必要不可欠となる。

◆図 7-1　アクシデント数（2018〜2022 年）と内容の比較

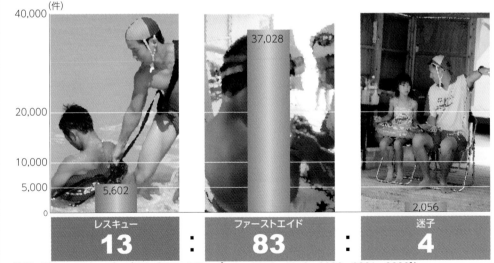

レスキュー	:	ファーストエイド	:	迷子
13	:	**83**	:	**4**

（集計：日本ライフセービング協会［アニュアルレポート　2018、2019、2020、2021、2022]）

2 ファーストエイドの基本的な考え方

ライフセーバーがファーストエイドを実施する際には以下に注意する。

1. 安全確認

傷病者だけではなく、ライフセーバー自身の安全が確保されている状態で救護に臨む必要がある。特に事故現場や災害現場では、周囲の環境について観察を行い、二次事故の可能性がある場合は搬送を優先する必要がある。交通事故や転落など一見して大事故で重傷である場合には、早期に119番通報をすることが大切である。

2. 感染防御

感染防御のためにグローブ（プラスティック製、ゴム製等）やマスク、ゴーグル等を装着する必要がある（図7-2）。準備ができない場合、手袋はビニール袋（図7-3）、ゴーグルはサングラスを代用してもよい（図7-4）。

3. 自己紹介と救護の同意・医療機関への受診

傷病者を発見したらライフセーバーは自身がライフセーバーであることを伝え、「手当をさせていただきます」等の言葉で同意を得る必要がある。また、救急隊への引き継ぎが不要な場合は、傷病者に対して医療機関への受診を勧めることを忘れてはならない。

◆図7-3 ビニール袋を用いた感染防御対策の例

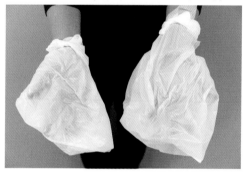

◆図7-4 感染防御用ゴーグルの代用としてのサングラス着用例

◆図7-2 感染防御用グローブの使用例

3 　傷病者の観察

傷病者は、常に反応がないとは限らず、むしろそのような状況の方が少ない。

ここでは、観察の際に必要な反応（意識）とバイタルサイン（生命の徴候：呼吸、脈拍、血圧、体温）について解説する。

■1. 反応（意識）の観察

「どうしました？」等の呼びかけを行い、傷病者の反応を確認することで大まかな意識状態を把握することができる。適切な応答があれば「意識良好」と判断できるが、受け答えが不明瞭（現在地が言えない等）な場合は「意識障害あり」と判断される。

■2. 呼吸の観察

呼吸運動（胸や腹の動き）を見て、呼吸数とその深さ、リズムを観察する。119番通報の必要がある場合は、1分間の呼吸数だけでなく、呼吸の速さや「苦しそうに呼吸している」などの様子も観察できるとよい。

呼吸の仕方も、努力性呼吸で、苦しいといった呼吸困難を訴えるか、また同時にチアノーゼがあるか、についても観察するとよい。

呼吸回数が多い（頻呼吸）時に、最も危険なのは低酸素に陥っている場合である。低酸素の状態では、呼吸中枢が反応し、呼吸回数を増やすことによって少しでも多く酸素を取り入れるようにする。このとき、「チアノーゼ」といって、口唇や爪床が暗紫色になっていれば低酸素に陥っている証拠となる。

例えば、気管支喘息は小児や若者にも多い疾患である。一種のアレルギーが原因で気管支が一時的に細くなってしまうために、十分に呼吸ができなくなり、酸素の取り込みに障害をきた

反応（意識）の観察と瞳孔

正常な瞳孔の直径は3〜4mm（左右同じ）である。瞳孔はカメラの絞りのようなもので、眼に入る光を調節している。まぶしいときには瞳孔は小さくなり、暗いときには広がる。この反射は脳のなかで脳幹のところに中枢（つかさどる場所）がある。脳幹とは中脳、橋、延髄から構成され、呼吸中枢も脳幹部にあり、生命を維持するための重要な機能がここに集中している。

意識障害を認めたときには、瞳孔を観察するべきである。もし瞳孔が図7-6のようになっていたら、瞳孔の大きさを調節する中枢がある脳幹部にダメージが及んでいる可能性を考える。また、同じ脳幹部にある呼吸中枢もダメージを受け始めているかもしれない。このときは呼吸数が変化したり、呼吸のリズムも不整になったりして、間もなく呼吸停止に陥る危険がある。

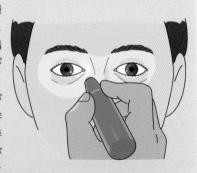

している。だいたいは気管支喘息の既往があり、本人は喘息発作であることが分かっていることが多い。呼吸困難を訴え、頻呼吸となる。重症になるとチアノーゼが認められ、さらに悪化すると死亡する場合もある。

精神的な要因がかかわっている過呼吸症候群では、呼吸回数は増えるが、チアノーゼは認められない。

脳卒中のように中枢神経に異常がある場合には、意識障害に加えて、呼吸回数が多くなったり、1分間に5〜6回というように少なくなったりする。あるいはリズムが規則正しくなく、呼吸がしばらくないときと呼吸が多いときが交互に認められる異常な呼吸(チェーンストークス呼吸)もある。

また、意識障害があって、吸気時に瞬間的に下顎をしゃくりあげるような、そして比較的長い呼気がそれに続くというような、不規則なリズムのあえぐような呼吸を死戦期呼吸(下顎呼吸)ということもある。これも異常な呼吸であり、心停止(特に心室細動)に陥っている危険がある。

■3.脈拍の観察

傷病者の手首の親指側にある橈骨動脈(もしくは頸部にある頸動脈)を指で触れて観察する(図7-5)。脈拍の強弱や数を把握するとよい。

脈拍数は、例えば15秒間数えて、それを4倍してもよい。その間にリズムが不整であったら、1分間数えた方がよい。

脈拍数が増加する場合(頻脈)には、ショックや不整脈などがある。

例えば、出血でショック(p.195「■16.ショック」の項を参照)に陥っている場合には、頻脈になる。そのメカニズムは次のようになる。血液は本来、身体の各組織へ酸素を供給する役割があるが、血液量が減少すると組織へ

◆図7-5 脈拍の確認方法(橈骨動脈による確認)

の酸素供給もまた減少してしまうことになる。そういったときに交感神経などが働き、脈拍数をさらに増加させて、不足した血液量の酸素運搬の機能を代償しようとする。交感神経は心臓に対して脈拍を増加させるとともに、末梢の動脈を収縮させて、例えば、指先、足などへ血液を行かせないようにしながら、脳や内臓など身体の大事な部分に優先的に血液を回そうとする。そのために四肢末梢の皮膚へは血液が循環せず、蒼白になり冷たくなっている。また、交感神経は皮膚にある汗腺を刺激するために、汗が分泌される。すなわち出血性ショックのときには、皮膚は冷たく蒼白で湿っている(冷汗)のである。

もう一方の不整脈にはいろいろな種類があって、脈拍が規則的なリズムでも極端に速いというものもある。運動中やその直後は、生理的に脈拍は増加する。しかし運動していないのに、「胸が痛い」、「動悸がする」といった症状を伴っているときには不整脈の可能性がある。また、脈拍数が減少する場合(徐脈)には、不整脈、中枢神経障害、低体温などが考えられる。

傷病者が中高年で、「胸が痛い」というような症状を訴えているときに、毎分60回未満といったように脈拍数が減少している場合には、心筋梗塞が原因で不整脈が起きている可能性もある。昏睡状態で脈拍数が減少していれば、脳卒中や頭部外傷で脳幹部にダメージが及んでい

る可能性がある。また、体温が極端に低い場合には徐脈になる。

リズムが不整（イレギュラー）ならば、不整脈である。脈拍を触診しているときに「トン、トン、トン……」と規則正しいな、と思っていたら、瞬間的に「トン、トン、トトン、トン……」と一発だけまれに不整になる場合や、まるっきり不整な場合など、さまざまである。不整脈は、心室細動のような緊急を要する致死的なものから、経過観察をすればよいものまで多種多様であり、医療機関を受診して適切な判断を仰ぐべきである。

■ 4. 血圧の観察

正常時の大人の血圧は100～120mmHgである。ただしファーストエイドを行う際、現場に血圧を測定できる機器が配備されていることは少ない。その場合、無理に測定する必要はない。

■ 5. 体温の観察

体温計があれば測定可能だが、無い場合は皮膚に触れた際の皮膚温を確認する。同時に皮膚の色も観察し、蒼白になっていないか、発汗などが無いかも確認するとよい。

体温が低下している場合を「低体温症」という。低体温症には、冬山、水中といった寒冷環境への暴露や、飲酒、睡眠剤、脳卒中といった意識障害をきたすような原因があって体温が一方的に喪失されてしまう場合、あるいは高齢者などで特に原因もなく低体温になってしまう偶発性低体温症などがある。

＊

これらの観察により異常が認められた場合は、119番通報もしくは医療機関への受診を勧める必要がある。また、明らかな多量の出血が認められた場合は、BLSアルゴリズムの手順

どおりに、反応の確認や呼吸の観察を行う。普段どおりの呼吸があれば、すぐに止血をする。普段どおりの呼吸が無ければ、心肺蘇生を優先し、応援者（協力者）が来たら止血をする。

なお、意識障害といっても、呼びかけてすぐに目を覚ますような場合もあれば、痛み刺激を加えても目を覚まさない場合もある。意識障害の程度はさまざまである。意識障害の度合いを表現するときに、意識レベルの評価方法を知っておくと便利である。表7-1のJCS（Japan Coma Scale）方式は比較的使いやすいので参考にするとよい。

意識障害を認めたときに、瞳孔を観察してみると、さらに傷病者の生命が危機に瀕しているかどうか、判断する有用な情報を得ることができる（図7-6、次頁）。意識障害の原因が脳卒中や脳の外傷のような場合には、突然、嘔吐することがあるので、吐物によって窒息しないよう安静にして、回復体位をとらせる。また、昏

◆表7-1　Japan Coma Scale 方式での意識レベルの分類

Ⅰ. 刺激しないでも覚醒している状態
　1 −意識清明とはいえない
　2 −見当識障害がある
　3 −自分の名前、生年月日等がいえない

Ⅱ. 刺激をすると覚醒する状態
　10 −呼びかけると開眼する（言葉も出るが、間違いが多い）
　20 −痛み刺激、大きな声、身体を揺らすと開眼する
　30 −痛み刺激を加え、呼びかけを繰り返すとかろうじて開眼する

Ⅲ. 刺激をしても覚醒しない状態
　100 −痛み刺激に対して、払いのけるような動作をする
　200 −痛み刺激に対して、少し手足を動かしたり、顔をしかめたりする
　300 −痛み刺激に反応しない

※意識清明の場合は「0」とする。
これに加えて、以下の状態であればその記号を付記する。
　R−不穏状態
　Ｉ−糞尿失禁
　A−自発性喪失

睡状態（JCSで3桁のような場合）のときは、舌根が沈下して気道を閉塞する場合があるので、気道や呼吸の確認を怠らないように心がける。

◆図7-6　瞳孔の観察

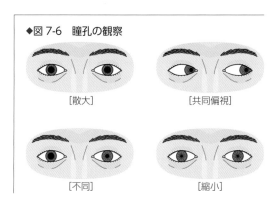

［散大］　　　　　　［共同偏視］

［不同］　　　　　　［縮小］

傷病者の関係者にヒアリングをしながら観察をすることもある

4 手当の実際

■ 1. 止血

　人間の全血液量は、成人では体重1kgあたり約80mlあり、そのうち3分の1以上を失うと生命に危険を及ぼすといわれている。このような大量の出血は、生命の危険性に直接関わるため、早急に止血を行い、出血を止めなければならない。血液が鮮紅色で勢いよく吹き出しているような場合には動脈性の出血であり、大量の血液が失われる。また、暗赤色の血液であれば静脈性の出血であり、きず口からにじみ出るように出血し、大量に出血するようなことはない。出血を見てパニックにならず、しっかりとした観察を行い、次のような方法で止血を行うとよい。

[挙上]

　まず、出血部位を心臓より高く挙げる。これにより、出血量を抑える効果が期待できる。ただし、挙上が難しい部位の場合は無理に挙上しなくてもよい。

[直接圧迫止血]

　きず口をガーゼやタオルなどで直接押さえる（図7-7）。最も基本的で確実な方法であり、ほとんどの出血はこの方法で止血できるといわれている。また、包帯をきつめに巻くことによってもきず口を圧迫でき、同様の効果が得られる。

■ 2. 三角巾を利用した包帯法

　包帯と呼ばれるものには、三角巾や巻軸帯、弾性包帯、救急絆創膏、ネット包帯などさまざまな素材、特性をもったものが存在する。そのなかでも三角巾は使用頻度が高く、きずの大きさに応じて柔軟に使用でき、広範囲の傷や関節を包帯したり手や腕を吊るのに適している。「三角巾が1枚あれば、身体のどの部分も巻ける」といわれるほどである。

①三角巾の基本
[三角巾の折り方]

　三角巾は綿製の三角形の布であり、一辺の長さが1m以上の四角い布を対角線に沿って2つに切るだけで作ることができる。開いたものを「開き三角巾」、たたんだものを「たたみ三角巾」と呼んでいる。

◆図7-7　直接圧迫止血

②三角巾を利用した包帯法

［腕吊り］

打撲や脱臼など、患部の腕を安静な状態に保ちたいときに用いる。骨折の疑いがあるときなどは、副子等で固定をした上から腕を吊ると効果的である。具体的には図7-9の手順で作っていく。

① ～ ② 吊ろうとしている腕（怪我をしている腕）の肘側に頂点を置き、腕と体の間に三角巾を差し入れる。

③ ～ ④ 下方に垂れている三角巾の端を持っ

て、怪我をしている腕の肩に向かって折り上げ、怪我をしていない側の肩の辺りで他方の端と結ぶ。このとき、吊られている腕が上下に揺れないように注意する。

⑤ 末端の処理を行い、健康な側の肩の辺りで結ばれているかを確認する。

⑥ 頂点は止め結びで結ぶか、三角巾の内側に折り込む。

⑦ 三角巾で指先を隠さないように調整し、怪我をしている部位や状況に応じて傷病者の最も楽な姿勢に保つ。

◆図 7-8　本結びの仕方

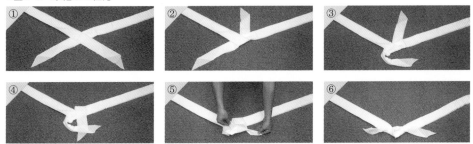

◆図 7-9　腕吊りの手順

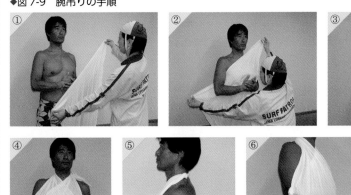

[前腕]

　前腕から出血をした場合等に用いる。出血部位に保護ガーゼを当て、前腕全体を覆うことで保護ガーゼの固定と止血の効果が得られる。

　具体的には図 7-10 の手順で行う。

① 　適当な幅（四つ折）のたたみ三角巾を作る。

② 　三角巾の端から 3 分の 1 くらいのところを保護ガーゼ上に、腕に対して斜めに当てるようにする。

③〜④ 　三角巾の長い方（3 分の 2 側）を持ち、手首に向かって腕に密着させるように巻き上げる。らせんをイメージして巻くとよい。

⑤〜⑥ 　最後は他方の端（短い方の三角巾）と前腕の外側で結び、末端を受傷部位に触れないように処理する。

[頭頂部]

　頭頂部等から出血があった場合に、頭全体を覆って出血部位を保護したい場合に用いる。丸い頭にいかに三角巾を密着させるかがポイントであり、三角巾にできるシワをとりながら手当を進める。

　具体的には図 7-11 の手順で行う。

①〜② 　開き三角巾の状態で底辺を 3 cm くらい折り、折った方を外側にして額に当てる。

③ 　頂点側が後頭部にくるように三角巾全体を頭にかぶせ、両端を密着させるように耳の辺りまで持ってくる。

④〜⑨ 　両端を片方ずつまわして後頭部で交差させ、額側にまわしたら中央で結ぶ。

⑩〜⑬ 　後頭部側に垂れている三角巾の頂点を何回か折り、交差している三角巾のなかに差し込む。

⑭〜⑮ 　額側で余っている両端は、視界の邪魔にならないよう三角巾に差し込み、末端の処理を行う。

◆図 7-10　前腕の覆いの手順

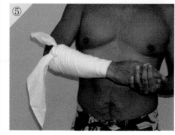
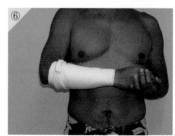

◆図 7-11　頭頂部の覆いの手順

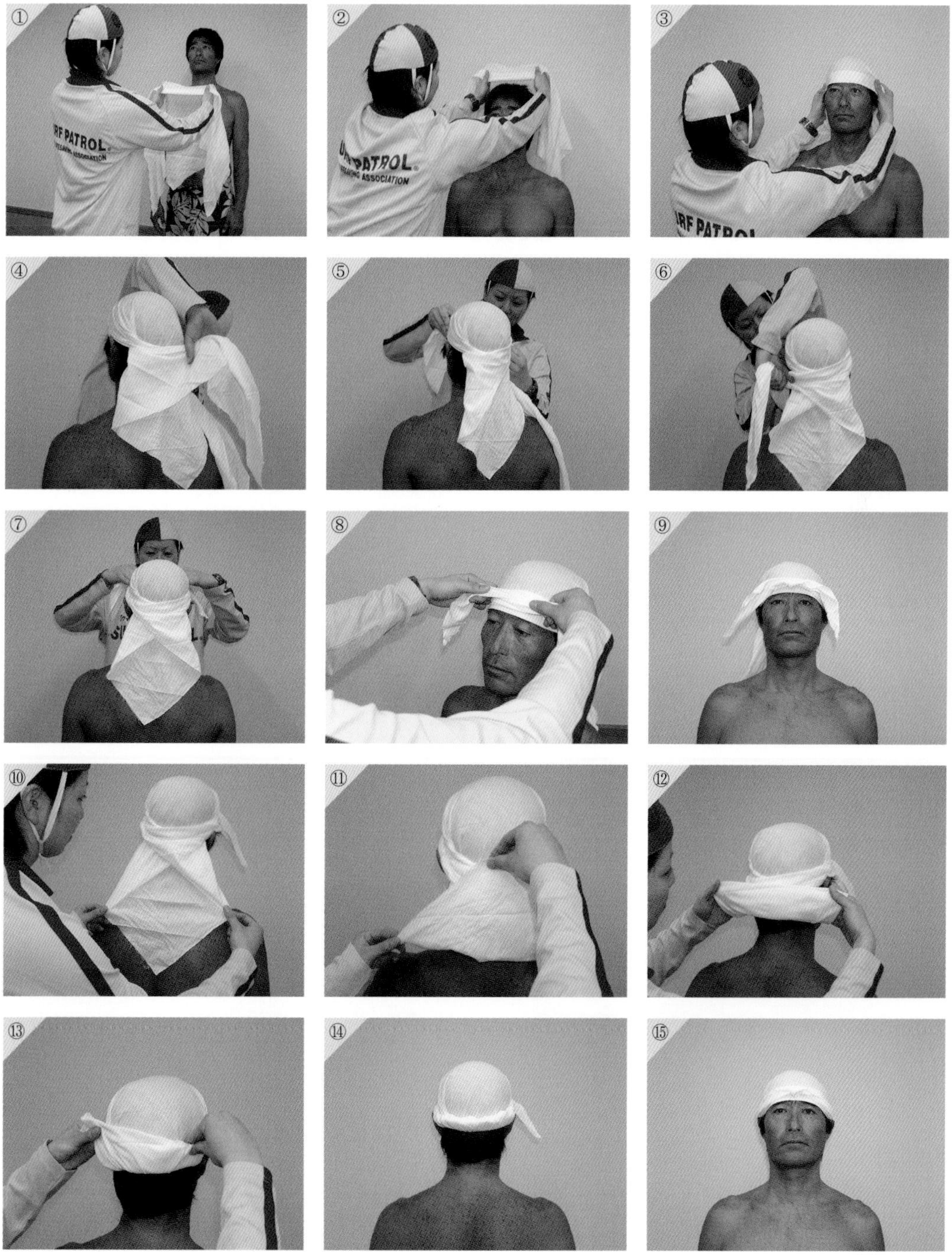

5 体位、保温

■1. 体位

傷病者に対して適切な体位をとることは、救急車の到着を待つ間にできる応急手当の一つといえる。原則としては水平に寝かせるが、症状によっては次のような体位をとらなければならない。

①意識がある場合

傷病者に聞いて最も楽な体位をとらせる。

また、顔色によって体位を変えることもある。顔色が蒼白のときは足を高くした体位（図7-12 ①）、顔色が赤いときは上半身を高くした体位をとらせる（図7-12 ②）。

②意識がない場合

窒息しないように気道を確保した体位にする。嘔吐をする可能性がある場合や、自発呼吸が確認できた場合は、回復体位にして救急隊の到着を待つ（回復体位についてはp.203〜204・第8章の図8-10、11を参照）。

◆図7-12 寝かせ方

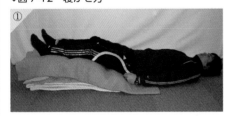

①足を高くした体位、②上半身を高くした体位

■2. 保温

傷病者に対して手当を行う際は、体温の低下を防ぐために毛布などで保温を心がけなければならない。特に水辺で発生した事故の場合には、傷病者を保温することはショックを予防するうえでも重要な手当となるため、監視塔（タワー）等に毛布などの保温具を用意しておくことが望ましい。

①保温（傷病者の体温を保つ）

毛布やアルミシートを利用して傷病者を覆う方法が一般的である（図7-13）。地面や砂浜などに直接寝かせる場合は特に体温が奪われるため、毛布やアルミシート、ダンボール、新聞紙などを敷くことにより保温の効果を得ることが大切である。

◆図7-13 保温の仕方

6 　水辺で起こりやすい怪我や病気のファーストエイド

■ 1. 水辺で起こりやすい怪我・病気の種類

　日本ライフセービング協会（以下、JLA）の調査による水辺で実際に発生した応急手当の内訳を下掲の図に示した（図7-14）。これらの発生場所は主に海水浴場を中心とした水辺であり、クラゲに対する手当が全体の半数以上に及んでいることが分かる。次いで切りきずや擦りきずの発生が多く、これらを受傷した部位も足や足の指（足趾）といった、素足で楽しむ海水浴場ならではの特徴が表れた結果といえるだろう。

　これらのデータをもとに、ライフセーバーにとって必要な、水辺で発生しやすい怪我や病気に対する応急手当を以下に挙げる。

◆図7-14　ファーストエイドの件数（5年間：2018〜2022年、集計：[アニュアルレポート　2018、2019、2020、2021、2022]）

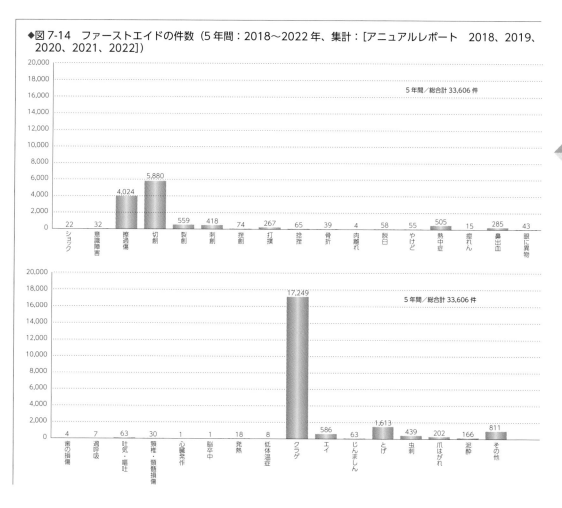

■2. クラゲによる怪我

海岸や海水浴場ではクラゲ等に刺された怪我に対する手当の件数が圧倒的に多い。クラゲ類の場合は、触手に刺胞という毒をもつ器官を有しており、それが皮膚に接触することで症状が起こる（図7-15）。珊瑚類やイソギンチャク類もその仲間であり、その種類によって毒性や強さも多種多様である（p.69・第4章「**10. 危険な海洋生物**」の節を参照）。

[症　状]

触手に接触した部分が赤く腫れ、熱感を伴うビリビリした強い痛みがあり、種類によっては、頭痛、吐き気、呼吸障害などやショックに陥ることもある。

[手　当]

触手を取り除いたうえで、氷のう等で冷やす。

[留意点]

何に刺されたか分からないことも多く、症状が出た際の場所や様子などを確認する。

ショックを起こし死に至るケースもあることから、傷病者の全身を観察することが重要である。たとえ波打ち際に打上げられているクラゲであっても、刺胞の毒が残っていることもあり、むやみに触ったりしてはならない。

■3. 軟部組織損傷

四肢と体幹を構成する組織のなかで、胸部腹部の内臓、骨、関節を除いた組織、例えば皮膚、皮下組織、筋肉・腱、靱帯、神経、血管を軟部組織という。軟部組織損傷は、皮膚が損傷している傷である創傷と、皮膚が損傷していない傷である挫傷に分類される。

①発生頻度の高い創傷

素足で砂浜を歩いていて貝やガラスの破片を踏んだり、桟橋や防波堤でカキやフジツボに触れたり、岩場で転んだりした場合に起こりやすい怪我である。

[症　状]

皮膚の表面に出血が見られ、痛みを伴うことがある。怪我の発生過程によって、以下の5つの種類に分類できる（図7-16〜20、次頁）。

（1）切創（切りきず）

鋭利な刃物で切ったような線状の創面で、創が深いと出血量が多く、縫合の必要がある。

（2）裂創

過度に引き伸ばされたり、ねじれたりしたことによる損傷。創の形状が一定ではなく複雑で、縫合の必要がある。

（3）擦過傷（すりきず）

きずは深くないが、皮膚の表面が削られるので体液が多く出る。

（4）刺創（刺しきず）

細長い鋭利なもので刺した損傷。創面の大きさよりも深く達して体幹部であれば、内臓を損傷している可能性もある。どこまで達しているのかの判断が難しい。

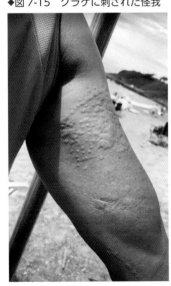

◆図7-15　クラゲに刺された怪我

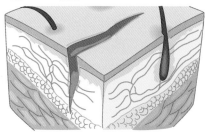

◆図 7-16　切創

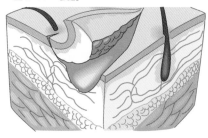

◆図 7-17　裂創

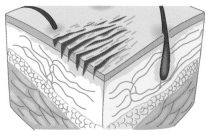

◆図 7-18　擦過傷

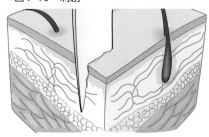

◆図 7-19　刺創

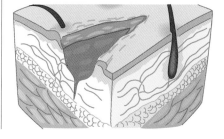

◆図 7-20　挫創

(5)　挫創（ざそう）

　打撃などにより、組織が挫滅した場合。創面は不規則でかぎ裂き状であったりする。

②水辺で起こる特徴的な外傷

　水辺で起こる特徴的な外傷に次のようなものがある。

(1)　サーフボードによる外傷
[受傷の特徴]

　サーフボードには流れ留め（「リーシュ、パワーコード」と呼ばれるビニール製のロープ）が付いている。これは使用者が水中に転落した際、離れたサーフボードが他の人に接触して怪我をさせるのを防ぐのと同時に、自らが流されたり溺れたりすることを防ぐために有用な道具である。しかし、落水した時、ライディングしてきた勢いで空中に舞い跳ねたサーフボードがこの流れ留めによって引っ張り戻され、使用者自らの身体の一部に激突することにより打撲や裂創、挫創が発生する（図 7-21）。

(2)　スクリューによる外傷
[受傷の特徴]

　モーターボートや船舶等の動力構造は、船尾下部にあるスクリューであり、これを高速回転

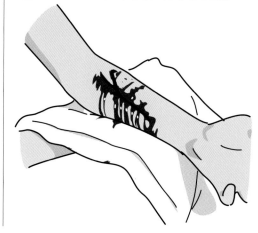

◆図 7-21　サーフボード等のフィンによる怪我

185

させることによって、前方の水を後方へ押しや
る水流を作り、船の推進力を得ている。このス
クリューは船底に固定されたものと船外機とし
て取り外しができるものとがある。

　船上などから落水したり、船が遊泳者の近く
を航行することで、このスクリューに身体の一
部が接触すれば、大きな怪我となり多量な出血
をきたし、また四肢が巻き込まれると切断に直
結することが多く、とても危険である。

(3) モリ・水中銃等での損傷

[受傷の特徴]

　モリや水中銃は皮膚を貫き、深部にまで達す
る。刺さった部位によっては、臓器や血管神経
などに重大な損傷をきたす恐れがある。どこを
通過しているか、どこまで達しているかが治療
上、重要である。また、先端は鉤爪状になって
おり、無理に引き抜こうとすればいたずらに組
織の損傷を大きくする。刺さっている物が簡単
に抜けなければ、無理に抜かずに医療機関へ搬
送した方がよい（図7-22）。

[手　当]

　まず、きず口が砂や泥などで汚れている時
は、水道水できれいに洗い汚れを落とす（洗
浄）。その際、感染防御用グローブを装着し、
水を掛けながら、滅菌ガーゼで洗い落とすよう
にするとよい。次に、きず口を滅菌ガーゼで覆

◆図7-22　物が刺さったきずの包帯

い、包帯する。創傷部分はできるだけ動かさ
ず、可能であれば挙上して安静にする。

　痛みや腫れがあれば冷やす。また、出血があ
れば、感染防御用グローブをした手で直接圧迫
止血をする。手当の後は速やかに医療機関で診
察を受けさせる。

(4) 切断指肢の取り扱い

　次の5点について、注意する必要がある。

・滅菌ガーゼに包む。

・ビニール袋に入れ、袋を閉じる。

・別のビニール袋に氷水を入れ、その中に切
断指肢を入れた袋を入れ（図7-23）、傷病
者とともに医療機関へ搬送する。

・切断肢の保存は氷ではなく氷水を使う。

・切断肢は水で洗ってはいけない。

③創傷を手当する際の注意

　まず、傷病者だけではなくライフセーバー自
身も細菌の感染を防ぐために、使い捨ての感染
防御用グローブなどを着用する。きず口を洗う
際は、明らかに異物が認められなくなるくらい
まで入念に洗う。

　皮膚の表面だけでなく皮下（皮膚の内側）の
骨折、捻挫、脱臼、内臓の損傷などにも注意す
る必要がある。外出血は体表面からの観察で認
知しやすいが、皮下や胸腔や腹腔など身体の内

◆図7-23　切断指肢の取り扱い

側への出血（内出血）は気づくことが難しく、内出血が多い場合はしばしば生命の危険を伴う。

④発生頻度の高い挫傷

急激なジャンプや全力疾走などの運動時に筋肉を痛める肉離れ、海岸や砂浜の穴につまずいて足をひねった際に受傷する捻挫、転んだ時に生じやすい打撲などがある。これらのほとんどの場合、痛みや内出血を軽減することを目的とした応急手当であるRICE処置が効果的である。RICE処置とは、安静（Rest）、冷却（Ice）、圧迫（Compression）、挙上（Elevation）の4つの手当の頭文字をとった名称である（図7-24）。症状を悪化させないためには、これら4つの手当、またはその一部の手当が受傷後、速やかに行われる必要がある。

（1）捻挫

関節に無理な力が加わり、関節が本来動く範囲を超えて動いたことで、関節のなかで（骨と骨を結び付けている役割の）靱帯が必要以上に引き伸ばされたり切れてしまったりする状態をいう。

［症　状］

症状の軽重によってⅠ度からⅢ度までに分類することができる。

・Ⅰ度：軽くねじっただけで、痛みや腫れも少ないもの。
・Ⅱ度：部分的に靱帯が切れた状態。痛みや腫れもひどく、やや関節のぐらつきもある。
・Ⅲ度：靱帯が完全に断裂した状態。怪我をした瞬間に「ブチッ」という音がすることもある。少しでも動かすと強い痛みがあり、腫れもひどく、関節の異常なぐらつきがある。

◆図7-24　RICEの生理的効果

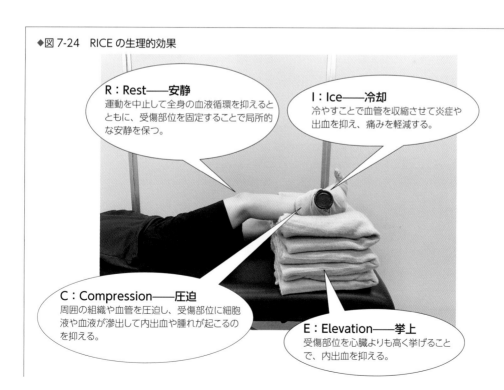

R：Rest——安静
運動を中止して全身の血液循環を抑えるとともに、受傷部位を固定することで局所的な安静を保つ。

I：Ice——冷却
冷やすことで血管を収縮させて炎症や出血を抑え、痛みを軽減する。

C：Compression——圧迫
周囲の組織や血管を圧迫し、受傷部位に細胞液や血液が滲出して内出血や腫れが起こるのを抑える。

E：Elevation——挙上
受傷部位を心臓よりも高く挙げることで、内出血を抑える。

[手　当]

RICE 処置を行う（図 7-24）。

[留意点]

Ⅰ度の症状でも、適切な応急手当や医療機関での治療が必要である。また、同じ部位での捻挫を繰り返しやすいため、医療機関に再発予防を相談し、十分配慮することが大切である。

（2）打撲

ぶつけたり、転んだりして身体の一部を強打した状態をいう。

[症　状]

痛みや腫れに伴って、怪我した部位に青黒く内出血が起こる。

[手　当]

RICE 処置を行う（図 7-24）。

[留意点]

何もしないで放っておくと、内出血がどんどん進行して怪我の範囲が広くなっていき、周囲の細胞もダメージを受けることがある。

（3）肉離れ

筋肉を構成している無数の筋繊維の一部や、それを包んでいる筋膜という組織の一部が切れる状態をいう。

[症　状]

主に大腿部の後ろ側に起こることが多い。「ブチッ」という音がして激しい痛みを伴って立っていられない状態になる。

[手　当]

RICE 処置を行う（図 7-24）。

[留意点]

筋力不足、柔軟性不足、ウォーミングアップ不足、クーリングダウン不足、疲労の蓄積、運動不足などが原因になって起こる。受傷部位の筋肉を緩めた状態で安静にすると悪化を防止できる。

■4. 脱臼・骨折

①脱臼

関節に強い力が加わり、靭帯が損傷し関節を構成している骨と骨が正常な位置から逸脱して（ずれて）しまった状態をいう。

[症　状]

痛みが強く、外見からも関節に明らかな変形が見られることが多い。

[手　当]

捻挫や骨折と同様、RICE 処置と関節の固定をする。

[留意点]

すぐに医療機関で治療を受けさせる。骨折を伴っていることもあるので、受傷部位を引っ張ったりして、無理に元に戻そうとしてはならない。そのことで新たに血管や神経の損傷を引き起こしてしまう可能性もある。傷病者の最も痛みの少ない姿勢で固定をすると悪化を防止できる。

②骨折

骨に強い力や無理な力が加わり、折れたりヒビが入ったりする状態をいう。皮膚や軟部組織にきずがあり、骨折部が外界と交通した「開放性骨折」と、きずのない「非開放性骨折」に分類される。

開放性骨折では骨、骨髄を含めて感染の危険が高くなり、その後の機能に重大な影響を与えることも少なくない。また、よく耳にする「複雑骨折」とは開放性骨折のことをいう。骨折は手足に多いが、頭部外傷では頭蓋骨の骨折、胸部外傷では肋骨骨折、腰部に強い外力が加わった場合には骨盤骨折などもある。骨折では、骨の内側、骨髄から出血するほか、骨周囲の軟部組織も同時に損傷を受けることが多い。特に骨盤骨折では 2,000 cc 以上の内出血をきたすこ

ともあり、迅速に救命救急センターのような専門医療機関に傷病者を搬送しなければならない。

[症 状]

強い痛みとともに、次第に腫れが現れる。受傷部位が不自然に変形していたり、骨片が突き出ている場合もある。

[手 当]

開放性骨折、非開放性骨折ともに、RICE処置を行い、副子を使って固定する。なお、開放性骨折の場合は、RICE処置を行う前にきず口の手当をして、きず口の動揺による悪化を最小限に抑える必要がある。

[留意点]

痛みが強いため、ショック状態になることがある。開放性骨折の場合は感染に注意し、清潔なガーゼで創部を覆う。

また、顔面・頸部外傷では気道が閉塞したり、胸部外傷では呼吸困難に陥ったり、頭部外傷では意識障害を呈したり、大量出血ではショックになる等、重篤な外傷ではバイタルサインが異常を示す。このような重篤な外傷の傷病者を救命するには、受傷から救命救急センター等の専門治療施設における治療まで時間的猶予が1時間しかないといわれている。すなわち外傷の傷病者を観察してバイタルサインの異常に気づいた場合、あるいは危ないと予感したらただちに救急車を要請して迅速に医療機関に搬送するように心がけることが重要である。

■5. こむらがえり（筋痙攣）

ふくらはぎ等の筋肉が一時的に異常収縮し、縮んだままになり、痛みを伴う状態をいう。

[症 状]

強い痛みとともに、筋肉が引きつった状態が続く。長時間運動をした際や疲労の激しい時、運動不足の人が急に泳いだり走ったり、準備運

動が不足している時などに起こる。大量の発汗によって体内の水分が不足した状態や体内の電解質の不足も一因となる。主にふくらはぎに起こるが、足の指や大腿部の後ろ、腹部に起こることもある。

[手 当]

自分自身で手当できる場合は、つま先を手前にひきつけるように引っ張り、ふくらはぎの筋肉およびアキレス腱を持続的に伸ばすようにゆっくりとストレッチングを行うとよい。また、水中の深いところで起こった場合は、焦らずに浮身をとり、落ち着いてから水中で足のつま先を掴んでゆっくりと伸ばす。

傷病者に対して行う場合は、受傷部位の足側から踵をしっかりと手のひら全体で掴み、もう片方の手で傷病者の足裏をすね側の方向に押しまわして、つま先を傷病者の方に向けるようにして、ゆっくりとふくらはぎの筋肉を伸ばす。

[留意点]

痛みが残るような場合は受傷部位を冷やすとよい。また、遊泳中に起こると、溺水の原因となることもあるので注意が必要である。なお、こむらがえりを予防するために、次の3つの点に気をつけるとよい。

・十分な準備運動を行うこと。
・疲労時は無理をしないこと。
・水分やミネラル成分の補給をすること。

■6. 鼻出血

鼻を打撲したり、指で鼻孔（鼻の穴）を刺激したりした際などに、鼻の穴（鼻孔）の内側にある血管が破れて起こる。

[症 状]

鼻孔から出血があり、時に咳や痰を吐いた際に血が混じっていることもある。

[手　当]

　椅子などに座って安静にさせ、顎を引いた状態で鼻を指でつまんで圧迫する（図7-25）。冷たい水で濡らしたタオルや氷のうがあれば、それらで鼻を直接冷やす方法も効果的である。圧迫しても出血が続くときには、鼻にガーゼなどを詰めたうえで鼻をつまんで圧迫する。

[留意点]

　圧迫をしているときには、鼻から喉に血が入り込み気持ち悪くならないように、口で呼吸をさせる。頭を後ろに反らせたり、首の後ろを叩いたりしない。

　止血のコツは、鼻をつまんで圧迫している手をいったんつまんだら3〜5分間押さえ続けることである（図7-25）。途中で止血したかを確認しようとして手を緩めると、再度出血してしまう。鼻孔の後ろ（喉側）から喉へ垂れこんだ血液は、飲み込まずに口から吐き出すようにアドバイスをする。血液を飲み込んでしまうと、あとで嘔気や嘔吐をきたすことがある。

　もし10〜15分経っても出血が続くような場合で、特に外傷のない状況では、内科的な基礎疾患があるなど、別の原因が考えられる。この場合は、必ず医療機関で診察を受けるように指示する。

◆図7-25　鼻血の手当

　海水浴場では砂や海中の浮遊物が眼に入ることがあり、ひどい場合は眼球にきずがついたり異物が刺さったりすることもある。

[症　状]

　まばたきをするとゴロゴロするような違和感を覚える。また、痛みがひどいときには眼が開かないこともある。

[手　当]

　まず、傷病者にまばたきをさせて、涙を出させることで異物を取り除く。または、生理食塩水や水で眼を洗浄する。

[留意点]

　異物が眼に刺さっているときなど、強引に取り除こうとしてはいけない。痛みや違和感が改善されない場合は、眼科の診察を受けるように指示する。

　生理食塩水や水などで眼を洗浄する際は、吸い飲みのような容器を使用すると、眼に対して穏やかな水流で洗うことができる。

■8. 歯の損傷

　サーフィン中や、水底の浅いところでドルフィンダイビング等を行い、顔面や顎の周辺を水底に強打することがある。その際に前歯などが損傷したり抜けてしまうことがある。

[症　状]

　歯茎からの出血があり、痛みを伴う。

[手　当]

　出血している場合は、歯茎に清潔なガーゼを当て、傷病者自身が軽く噛んで抑えさせる。歯が抜けてしまった場合は、抜けた歯を容器に入れ、できるだけ早く歯科で受診をさせる。

[留意点]

　抜けた歯の付け根の部分には手や舌で触れな

いように注意する。

■9. 過呼吸（過換気症候群）

精神的なストレスによって起こることが多いといわれているが、水中に長く潜ろうとして、深呼吸を繰り返すことで発症することもある。

[症 状]

息切れ、動悸、めまいなどを起こし、手足や口の周囲の痺れなどを訴える。チアノーゼは認められない。

[手 当]

傷病者を落ち着かせるように促し、本人の楽な体位で安静にさせる。

※過換気症候群であるかの判断は難しいため、落ち着かせるように促し安静にさせても症状が変わらない場合は、医師の判断を仰ぐようにする。

■10. 痙攣発作

脳のある領域の細胞が一時的に異常に活動し、非常にたくさんの電気エネルギーを放出するために身体の一部、あるいは全身が痙攣する。

痙攣発作をきたす原因には、脳卒中や脳の外傷、てんかんといった痙攣を特徴とする疾患などがある。いずれも脳そのものに原因がある場合が多いが、脳以外に原因がある場合もある。てんかんの場合はストロボのような光刺激、過呼吸、睡眠不足などにより発作が誘発されることがある。

[症 状]

意識がなくなり、いきなり四肢・体幹などの筋肉が突っ張ったり、四肢が突然に屈曲・伸展してガタガタと震えたりする等の発作は多種多様であるが、数十秒から数分で治まることが多

い。その後しばらく意識がもうろうとした状態が続く。

[手 当]

倒れて頭部などを打撲したりしないように周囲に気をつける。発作が治まってきたら、気道確保し、嘔吐による窒息等を防ぐために横向きにさせ、観察する。

[留意点]

口の中に強引に物を入れたり、無理矢理、押さえつけたりしないようにする。

■11. 日焼け

太陽光線に含まれる紫外線（UV）を浴びることによって起こる皮膚の外傷で、熱傷である。

[症 状]

ヒリヒリとした痛みを伴い、皮膚が赤くなったり、腫れたり、熱をもつ。ひどくなると水疱ができることがある。

[手 当]

日陰の涼しい場所で安静にする。着ている衣服を脱がし、傷病者本人の楽な格好にする。

冷たい水の入った氷のうや濡らしたタオル等があれば、それを用いて冷やす。十分な水分の補給をする。

水疱がある場合はつぶさずに、そのままにする。もし、つぶれてしまった場合には、清潔なガーゼで覆う。

[留意点]

予防が重要である。晴れた日の直射日光だけではなく、曇りの日でも紫外線の影響を受けることを考慮する（p.23・第2章「■2. 日焼けの危険性とその予防」を参照）。

■12. 熱中症

高温や高湿の環境、直射日光下の海水浴場などで起こる全身の熱障害を「熱中症」という。体温中枢は視床下部にあり、高温多湿な環境に対応して体温を上昇させずに一定の範囲にコントロールしようとする。しかし、高温環境下での吸収熱や運動による熱の産生が、熱の放散を超えると、体温が上昇する。体温が上昇し過ぎると、体温調節機能そのものも破綻し、生命の危機に陥る。熱中症は従来より、熱痙攣、熱失神、熱疲労、熱射病に分類される（図7-26）。

[症　状]

熱痙攣、熱失神、熱疲労、熱射病には、それぞれ次のような症状がある。

・**熱痙攣**：多量に発汗したときに、水のみを補給していると、体液中の電解質バランスが崩れ、筋肉に有痛性の痙攣を生じる。この段階では体温の上昇はない。

・**熱失神**：高温環境や炎天下で一過性に意識を消失する状態。皮膚や筋肉などの血管が拡張することにより、血液量がシフトし、中枢神経系などへの血液が相対的に不足するため、失神、低血圧となる。体温上昇はない。

・**熱疲労**：体温調節のコントロールが追いつかなくなりはじめ、大量の発汗、全身倦怠感、頭重感、嘔気・嘔吐などを呈する。

・**熱射病**：体温の上昇により体温調節機構も破綻する。異常高体温となり、発汗も停止してくる。意識障害などを呈する。深部体温（p.176・「■5. 体温の観察」の項を参照）が40℃を超えると、中枢神経系をはじめ、肝臓、腎臓、血液、呼吸器、循環器等に障害が出現し始める。死亡率も20〜70％といわれている。

＊

熱中症は、未然に防ぐことが重要なのだが、海水浴場の開放的な雰囲気と海水浴客の無謀な行為により、毎年発生が報告されている。

[手　当]

風通しのよい、涼しいところに移動させる（衣類を緩める）とよい。体位は、水平位もし

◆図7-26 熱中症の分類

	症状	重症度	治療	臨床症状からの分類	
Ⅰ度（応急処置と見守り）	めまい、立ちくらみ、生あくび 大量の発汗 筋肉痛、筋肉の硬直（こむらがえり） 意識障害を認めない（JCS=0）		通常は現場で対応可能 ➡冷所での安静、体表冷却、経口的に水分とNaの補給	熱痙攣 熱失神	Ⅰ度の症状が徐々に改善している場合のみ、現場の応急処置と見守りでOK
Ⅱ度（医療機関へ）	頭痛、嘔吐、倦怠感、虚脱感、集中力や判断力の低下（JCS≦1）		医療機関での診療が必要 ➡体温管理、安静、十分な水分とNaの補給（経口摂取が困難なときには点滴にて）	熱疲労	Ⅱ度の症状が出現したり、Ⅰ度に改善が見られない場合、すぐ病院へ搬送する（周囲の人が判断）
Ⅲ度（入院加療）	下記の3つのうちいずれかを含む (C) 中枢神経症状（意識障害JCS≧2、小脳症状、痙攣発作） (H/K) 肝・腎機能障害（入院経過観察、入院加療が必要な程度の肝または腎障害）		入院加療（場合により集中治療）が必要 ➡体温管理（体表冷却に加え体内冷却、血管内冷却などを追加） 呼吸、循環管理 DIC治療	熱射病	Ⅲ度か否かは救急隊員や、病院到着後の診療・検査により診断される
	(D) 血液凝固異常（急性期DIC診断基準（日本救急医学会）にてDICと診断）➡Ⅲ度の中でも重症型）				

（出典：日本救急医学会『熱中症診療ガイドライン2015』）

くは上半身を高くして寝かせる。また、顔色が蒼白で脈が弱いときには足を高くした体位にするとよい。

傷病者の意識があり、吐き気や嘔吐がない場合には、塩分を含んだスポーツドリンクや経口補水液を摂らせてもよい。意識障害を認めた場合は回復体位をとらせ、体温が高いときには、水で全身を濡らし、風を送って体温を下げる。同時に一刻も早く医療機関へ搬送する。

[留意点]

熱中症の原因は、高温環境だけではなく、適さない衣類の着用、疲労、睡眠不足などが原因となることが多い。また、子供や高齢者は特に注意の必要な対象者であるといえる。

次の点に留意し、熱中症の予防に努めることが大切である。

・海水浴中には十分な休憩をとり、栄養の補給などを怠らない。
・吸湿性のよい衣類を着用する。
・休養や水分の補給を適度に行う（水分は塩分を含んだスポーツドリンクなどが望ましい）。
・直射日光下では、帽子を被る。
・通風や換気に対する配慮など、環境改善に努める。
・子供や高齢者を炎天下、車中、暑い室内などに残さない。

■13. 低体温症（ハイポサーミア）

低体温症とは、全身が長時間寒冷環境にさらされ、低体温（35℃以下）になった状態をいう。寒中水泳や寒冷水域でのマリンスポーツでは特に注意が必要である。また、濡れた衣服を着たままにしておくと急激に体温を奪われる。その他、意識障害をきたしている場合、過度の飲酒、甲状腺など内分泌の疾患等も低体温症と

なりやすい。また、乳児や高齢者は体温調節が未熟であったり、衰えていたりするため、低体温になりやすいので注意が必要である。

[症　状]

はじめは、全身に悪寒を感じ、震えが始まる。深部体温が32℃以下になると、震えも逆に弱くなってくる。活動性も低下し、意識が障害されてくる。そして、30℃以下になると、徐脈となり、いろいろな不整脈を起こしやすくなる。最も危険なのは心室細動である。また、低体温のときの心室細動は電気ショックの効果が低い。

[手　当]

加温する。湯たんぽや電気毛布、温風器、室内暖房等を用いるのがよい。このほかに、温水に入浴させる方法もある。

意識がはっきりしている場合には、温湯を飲ませてもよい。意識がない場合には、加温を継続しながら救急隊を要請し、医療機関へ搬送する。28℃以下では、徐脈、さらに呼吸数も減少しているので、心停止などの判断は慎重に行うべきである。

[留意点]

手当の現場において深部体温を計ることは困難である。そのため、口腔温や腋窩温を体温計にて計測し、これを参考としながら手当を遅らせることのないように注意しなければならない。

■14. 心臓発作

心臓発作とは、急性心筋梗塞や不整脈など、心疾患を原因とした突然起きる症状を総称していうものであるが、実際の医療現場でこの用語をそのまま使用することはむしろ少ない。

急性心筋梗塞は、心臓に酸素や栄養を送る冠動脈が閉塞するために、閉塞部位より末梢部分で、酸素や栄養を供給されなくなった心筋が壊

死に陥るものである。壊死とは細胞が死ぬことで、組織が壊死に陥ることを「梗塞」という。

心筋梗塞は、日本人の三大死因の一つである。医療機関に着く前に半数以上が不整脈などによって死亡するので、迅速に医療機関へ搬送することが要求される。

狭心症は、心筋梗塞の前段階で、冠動脈は閉塞していないが、狭窄しており、そのために心筋の需要に見合った血流が狭窄部位の末梢まで供給されないものである。例えば、平時には間に合っていても、ひとたび軽い運動をすると、狭窄部位より末梢へは限られた血流しか流れないので血液供給が不足し、心筋は虚血に陥る。これが長く続くと、壊死に陥って梗塞となる。

[症 状]

心筋梗塞や狭心症では、傷病者は胸痛を訴える。胸痛は、"押されるような"、"締めつけられるような"といった症状が多い。逆に"チクチクするような"という場合には別の疾患の可能性が高い。また、胸痛の部位については、胸の真ん中辺りとか、場合によっては心窩部（みぞおちの辺り）ということが多いが、指一本でピンポイントに「ここが痛い」と指し示せるようであれば別の疾患の可能性が高い。

時に、冷汗、蒼白といったショック症状を伴っていることがある。

[手 当]

心筋梗塞や狭心症では、少しでも心臓の負担を軽くするために、身体の酸素消費量を減らすように考える。そのため、歩かせない、意識があれば横に寝かせて楽な姿勢をとらせる（寝かせる方が身体で消費する酸素の量が少ない）。

心室細動といった致死的な不整脈が起きることが一番恐れるべきことであり、AEDをすぐ準備しておく。

すでに狭心症の診断がついている場合には、胸痛発作時に備えて、ニトログリセリン舌下錠

やスプレーを携行していることがある。傷病者にこれを使用するように尋ねてもよい。

最初に意識があっても、いつ急変するか分からない。救急隊が到着するまで、バイタルサインに絶えず気を配り、いつでも心肺蘇生を開始できるような態勢をとる。

■ 15. 脳卒中

脳卒中とは、脳やその近くの血管に異常が起こり、血管が破れて起きる「脳出血」、脳の血管に血栓が詰まることによって起こる「脳梗塞」を指す。また、脳の血管に動脈瘤ができ、それが破裂することによって起こる「クモ膜下出血」も含まれる。

脳卒中のうち脳梗塞に対しては近年、条件を満たせば血栓溶解療法という治療により、後遺症が軽減することもある。この治療は、発症から治療までの時間が4.5時間以内に行われなければ効果が期待できないという時間上の制約もあるため、疑わしい場合には迷わず即座に救急車を要請して、専門の医療機関を受診することが重要である。

[症 状]

脳出血や脳梗塞では、脳の組織がダメージを受ける。ダメージを受けた脳組織のうち、運動神経が損傷すれば、体に力が入らない、あるいはまったく動かないといった麻痺症状を起こす。また、知覚神経が損傷すれば、感覚が鈍麻する。これらの症状は突然発症することが特徴的である。また、多くは、左右どちらかに障害が認められる。例えば、突然、右手に力が入らなくなったなどである。なかには、「ろれつが回らない」、「うまく喋れない」、「口角からよだれが垂れる」、「飲み物がこぼれる」（舌や顔などの筋肉の運動障害）、あるいは「第三者から顔面が非対称になっていることを指摘されたり

する」（片側の顔の筋肉の運動障害）。

クモ膜下出血の場合は突然、激しい頭痛と嘔吐を発症する。クモ膜下出血は、脳の表面を覆っているクモ膜の下で起き、脳内、神経組織そのものはダメージを受けないことが多いために、通常は麻痺がない。

いずれの場合も、急激な意識障害を起こし、時には痙攣を起こすこともある。また、呼吸が不規則になり、停止することがある（p.174・「**3 傷病者の観察**」の項を参照）。

[手　当]

救急車を要請する。救急隊が到着するまで、衣類を緩めて毛布などで全身を保温し、安静にする。突然の嘔吐や意識消失、あるいは痙攣に備える。意識障害をきたしている場合には回復体位をとらせる。麻痺がある場合には麻痺側を上にする。

■16. ショック

なんらかの原因で血圧が低下したために、全身の血液の循環が悪化し、組織への酸素の供給や代謝で産生された老廃物の除去が円滑に行われなくなった結果、引き起こされる多種多様な全身症状である。出血で血液が大量に失われる、心筋梗塞などで心臓から送り出される血液量が急に減少する、重症な感染症にかかる等、さまざまなことが原因となる。医師の診療が遅れると、生命の危険性にも関わる。

[症　状]

末梢の循環が悪くなるために、皮膚や顔の色が蒼白で、冷たく、湿っている（冷汗）。呼吸数は速くなる。橈骨動脈は触れても弱く、また脈拍数は速い。さらに重症では、橈骨動脈は触れず、総頚動脈や大腿動脈など身体の中心に近いところでのみ脈が触れる。さらに、意識も変化し、重症では意識障害を伴う（p.174・「**3 傷病者の観察**」の項を参照）。

なお、頚髄損傷では、交感神経が損傷を受けるために、血圧が低下して脈が遅くなるのが特徴である。

[手　当]

すべての傷病者は、ショックが起こりつつあるものと考え、その予防を考えながら手当に努めなければならない。ショックと判断したら、傷病者を寝かせて安静にし、保温を行うとともに、迅速に医療機関へ搬送する。心身の安静は、ショック予防のための最良の手段であるといわれている。意識の程度にかかわらず、恐怖心や不安感を与えるような言動を避け、傷病者とのコミュニケーションには十分に注意を払わなければならない。

　救急箱（ファーストエイドボックス）の中は、常に清潔な状態を保たなければならない。特に海水浴場では砂が混入しやすいため、こまめに救急箱内の清掃を行い、傷病者に不快感を与えないように心がけることが求められる。

　また、いざというときに、必要な物品の不足がないようパトロール終了後に確認を行い、定期的に補充をしておくとよい。

①ボックスに必要な物品

- ・滅菌ガーゼ
- ・感染防御用グローブ、マスク、ゴーグル
- ・絆創膏
- ・三角巾（2枚以上）
- ・伸縮性包帯、巻軸帯（かんじくたい）
- ・テーピング
- ・水（ボトル入り）
- ・氷のう
- ・綿棒
- ・筆記用具

- ・アルミシート
- ・レサシテーションマスク
- ・ビニール袋
- ・爪切り
- ・体温計
- ・ピンセット
- ・ハサミ
- ・傷病者記録票
- ・メモ用紙

②ボックスに入らないファーストエイド用の物品

- ・毛布
- ・担架
- ・洗浄用の水（水道がない場合）
- ・お湯

- ・アイシング用の氷
- ・クーラーボックス

※さらなる応急手当（ファーストエイド）の知識や技術の修得には、日本赤十字社などが主催する応急手当の講習の受講をお勧めする。

◆図7-27　救急箱に必要な物品の例

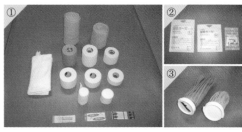
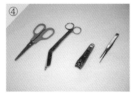

①各種包帯、②滅菌ガーゼ、③氷のう、
④ハサミ、爪切り、ピンセット、⑤感染防御用グローブ

救急車の呼び方

①局番なしの119番をダイヤルする
　「救急車をお願いします」と伝える
②来てほしい場所（所在地等）を伝える
　（判りやすい目標物等があれば伝える）
③傷病者の概要を伝える
　「いつ、どこで、だれが、どうなった」
④どのような応急手当をしたのかを伝える
⑤通報者の名前と電話番号を伝える
　（携帯電話の場合、しばらく通話を切らないようにする。また、傷病者の状態によっては通信指令員から応急手当が口頭指導されることがある）
※救急隊に引き継ぐまで、傷病者の観察を続ける

第8章

サーフライフセーバーによる一次救命処置

1 ● サーフライフセーバーによる一次救命処置 ●
2 ● 溺水、またはそれが疑われる人に対する一次救命処置の実施手順 ●
3 ● 吐物への対応 ●
4 ● アドバンス・サーフライフセーバーによる一次救命処置 ●

Ⅰ サーフライフセーバーによる一次救命処置

■ 1. 1秒でも早く一次救命処置を行う意味

一次救命処置（Basic Life Support：BLS）とは、まさに"命"を失おうとしている人に対して救急車が到着するまでの間に行う、胸骨圧迫と人工呼吸による心肺蘇生とAEDによる救命処置のことである。

水辺の事故防止のための実践活動を行うライフセーバーにとっては、最悪な水の事故が、すなわち溺水による窒息状態であることを指すことが多い。

図8-1のグラフは、横軸に心臓と呼吸が止まってからの時間経過(分)、縦軸に救命の可能性(%)が示されている。救急車が到着するまでの間、何もされなかった場合（図中の赤色破線部分）は救命の可能性が急激に低下するが、居合わせた市民が救命処置を行うと救命の可能性が2倍程度に保たれる（図中の青色実線部分）ことが分かっている。つまり、居合わせた人が救命処置を行う時間が早ければ早いほど救命の可能性が高くなることが示されており、市民による積極的なアプローチが期待されている。

さらに、このグラフから学べることは、心肺停止から3〜4分経過すると救命の可能性が急激に下がり、傷病者の生死を分ける重要なポイントになるということである。

ところが、救急車を要請してから現場に到着するまで、2022年中の日本では平均10.3分を要するといわれている（総務省消防庁「令和5年度版　救急・救助の現況」）。この現実を先ほどのグラフに当てはめて考えてみると、救急車が到着するまでの間に何もしないでいると、救命の可能性は10%にも満たないことが理解できる。

すなわち目の前で心停止が疑われる傷病者が発生したり、溺水による窒息など水中で意識を失っている人を発見したら、119番通報とともにライフセーバーによる適切な救助が行われ、安全な場所で速やかに適切な心肺蘇生（Cardiopulmonary Resuscitation：CPR）とAEDの装着を行わなければならない。

■ 2. 溺水における一次救命処置の原則

溺水とは、人が水中・海中に浸かったり沈んだりする状況で、呼吸ができなくなり、そのために意識を失い、心肺停止となることである。

したがって、溺者が水中に没している時間が

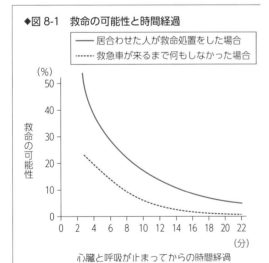

◆図8-1　救命の可能性と時間経過

― 居合わせた人が救命処置をした場合
‥‥ 救急車が来るまで何もしなかった場合

(%)
救命の可能性

心臓と呼吸が止まってからの時間経過 (分)

（「改訂6版 救急蘇生法の指針2020（市民用）」から引用：Holmberg M：Effect of bystander cardiopulmonary resuscitation in out-of-hospital cardiac arrest patients in Sweden. Resuscitation 2000：47 (1)：59-70. より引用・改変）

長かったり、うつ伏せの状態で顔が水中に没した状況で発見されたりした場合は、溺者は意識がなく溺水による呼吸停止であると判断し、"呼吸原性の心停止"としてただちにCPRを開始する（図8-2）。

溺水の場合は、血液中の酸素が減少し、心筋や脳への酸素供給が途絶えた状態であることが考えられるため、いち早く人工呼吸による酸素供給が必要である。ただちに気道確保をしたうえで、最初に人工呼吸（2回の吹き込み）を行い、その後、速やかに胸骨圧迫と人工呼吸（30：2）を繰り返し行わなければならない。

◆図8-2　溺者への一次救命処置アルゴリズム

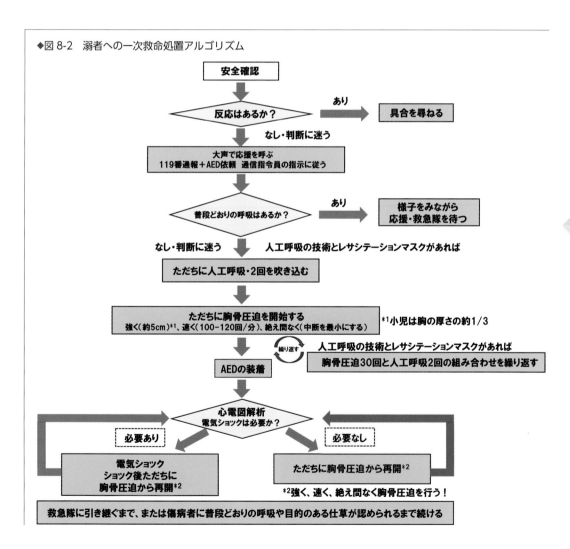

■3. 感染防御具を用いた人工呼吸

①レサシテーションマスク

人工呼吸では、感染防御用マスク（レサシテーションマスク）を用いて行う。マスク内側の接続部にフィルターを確実に取り付け、一方向弁をマスクの一方向弁取付部に取り付けて使用する（図8-3）。溺者（傷病者）の口が開放状態に保たれるように、マスクの縁を溺者（傷病者）下唇と顎先の間に当て、鼻の上に配置する。

レサシテーションマスクは、溺者（傷病者）に呼気を吹き込む際に、口と鼻を一度に覆うことができる。鼻と口を同時に覆う形状であるため、呼気の吹き込みの際に鼻をつまんだりふさいだりする必要はない。また、一方向弁により、溺者（傷病者）と救助者の感染を防止することができる。

②実施上の留意点

レサシテーションマスクを使用して人工呼吸を行う場合は、息が漏れないように感染防御用マスクを溺者（傷病者）に密着させた状態で呼気を吹き込む。救助者は溺者（傷病者）の胸を見ながら、約1秒間かけて溺者の胸が軽く膨らむ程度に呼気を吹き込む。呼気を吹き込みながら胸を見ることは、適正な量での吹き込みができ、人工呼吸が正しく行われていることを自ら確認することである。

③取り扱いの留意点

レサシテーションマスクの一方向弁およびフィルターは、救助者および要救助者の感染防止の観点から、再使用禁止とされている。サーフライフセービングにおいては、訓練や資格認定講習会で使用することが考えられる。

JLAでは、衛生面を考え、レサシテーションマスクそのものと一方向弁およびフィルターは、訓練や資格認定講習会で使用するものと、救助現場の一次救命処置で使用するものとは、必ず分けて使用することを推奨する。詳しくは、各社の取扱説明書を確認してほしい。

◆図8-3　レサシテーションマスクの各部の名称

一方向弁取付部／一方向弁／"nose"マーク／フィルター／マスクドーム／マスクカフ

◆図8-4　感染防御具の使用

①ディスポーザブル手袋等を使用しての吐物対応　②レサシテーションマスクを使用したCPR

2　溺水、またはそれが疑われる人に対する一次救命処置の実施手順

■1. 一次救命処置を行う際の手順

①反応（意識）の確認—反応はあるか

　反応（意識）の確認とは、人間が、外からのさまざまな刺激に対して、どのように反応するかである。脳の働きによって意識は正常に保たれているが、意識（脳の働き）に障害があると、例えば眼が開いていないこともある。このときに大声で呼びかければ眼を開くこともあれば、痛みや刺激を加えても覚醒しないこともありうる。意識障害がある状態にはさまざまなレベル（程度）があるが、BLSはこの反応（意識）の確認から始まる。

　溺者が発見された際に、顔を水面に伏せた状態であったり水没している状態であれば、すでに意識を失っている（正常ではない）ことが分かる。救助する際に、覚醒することがなく、身体の一部（手足など）を動かしたり、言葉を発したり、目的のある動作がなされなかったことが分かれば、「反応（意識）なし」と判断する。そしてほかのライフセーバーや協力者の応援を呼ぶとともに、ただちに119番通報とAEDの手配を、さらにはその後すぐに呼吸の確認から始めて「普段どおりの呼吸がない」と判断された場合は、心肺蘇生を開始してよい。

　一方、溺者が覚醒した（反応がある）場合には心停止になっていることはない。この場合は、溺者の観察を続け、いつ心停止になっても対応ができるように呼吸の状態に留意しながら、119番通報とAEDの手配をし、救急隊の到着を待つ。

　反応（意識）を確認する方法は、溺者の耳元で「もしもし、大丈夫ですか？」と大きな声をか

けながら、同時に肩を数回叩き、反応（意識）があるかを確認する（図8-5）。反応（意識）がなければ大きな声でほかのライフセーバーや協力者を呼ぶ（図8-6）。

◆図8-5　反応（意識）の確認

溺者の耳元で声をかけながら、肩を叩いて反応（意識）を確認（反応があるかを確認）する。

◆図8-6　協力者の要請

誰かきてください！

あなたは119番通報をお願いします

あなたはAEDを持ってきてください

協力してくれる人に、119番通報をして救急車の要請と、近くにAEDがあれば持ってきてもらうように依頼する。

② 119番通報（救急車の要請）とAEDの依頼

溺者に「反応（意識）がない」と判断した場合は、溺者から離れずに協力者を求め、119番通報とAEDの依頼をする。ライフセーバーの中で救助のサポートに向かう人、通報する人、AEDを持ってくる人など、あらかじめ役割が決まっている場合には、省略をして構わない。

③気道の確保と呼吸の確認（観察）
＝心停止の判定

1）気道の確保

呼吸原性の心停止が疑われる溺者に対しては、速やかに気道の確保を行い、換気の改善を図る必要がある（図8-7）。

気道確保は、頭部後屈・顎先挙上法（とうぶこうくつ・あごさききょじょうほう）を用いるが、顎先挙上は、2本指で行う基本の方法、または顎先を親指、人差し指、中指の3本でしっかり掴んだ状態で下顎（かがく／したあご）を掴むことができるピストル・グリップで行う方法（図8-8）がある。溺水のBLSにおいてピストル・グリップは、強い力で顎先をしっかりと掴むことができるため、溺者の皮膚が濡れていても滑らず、溺者の下顎全体を上方に持ち上げる"下顎挙上"（かがくきょじょう）ができる。

また、前述の胃の内容物が逆流した場合に、2人で溺者を横向きにする際にも、1人が両手

で気道確保をしたままの状態で頭部全体を確保できるため、ライフセーバーはこの方法も行えるようにするべきである。この場合には薬指、小指が喉を圧迫しないように注意する。

2）呼吸の確認

呼吸の確認は、気道確保を保持しながら、救助者自身が上半身を起こして溺者の身体を上から見渡すような姿勢で胸部、腹部をよく観察する。このとき、普段どおりの呼吸（規則正しい一定のリズムで息を吸ったり吐いたりする繰り返しの動作）で胸部や腹部が膨らんだりへこんだりするかどうかを観察する（図8-9）。呼吸の

◆図8-7　気道の閉塞と気道の確保

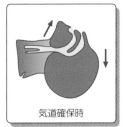

舌根沈下時　　　　　気道確保時

左図では、意識障害があるとき、舌が喉の奥に落ち込んで（舌根の沈下により）気道をふさいでいる。それに対して、頭部後屈と顎先挙上を行うことにより、右図のように気道が確保される。

◆図8-8　気道確保

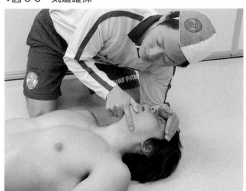

頭部後屈と、ピストル・グリップで行う顎先挙上（下顎挙上）。

◆図8-9　呼吸の確認

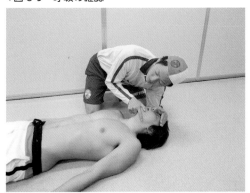

ライフセーバーは気道確保をしたまま、上半身を起こし、溺者の胸部と腹部の動き（膨らみ・へこみ）を見て、普段どおりの呼吸があるかないかを観察する。

確認に要する時間は、短か過ぎても長過ぎてもいけないので、10秒以内とする。

呼吸をしていない場合や、一見呼吸をしているように見えても普段どおりの呼吸が確認できない場合(死戦期呼吸)は、心停止と判断する。判断に自信がもてない場合も、心停止とみなす。

〈死戦期呼吸〉

死戦期呼吸とは、"しゃくりあげる"または"あえぐ"ような不規則な呼吸であり、心停止直後の溺者(傷病者)ではしばしば認められる。瞬間的に口を開いて息を吸い込むような動きをした後に、ゆっくりと息を吐くような動きをする。正常な規則正しいリズムでの(普段どおりの)呼吸では認められない動作で、このような異常な呼吸のパターンを示す場合には心停止と判断して、CPRを開始する。

3) 普段どおりの呼吸がみられた場合

呼吸の確認により、胸部や腹部が一定のリズムで繰り返し膨らむ動きが観察された場合は、正常な呼吸があると判断する。

この場合は、溺者を回復体位(図8-10、11)にして観察を続ける。

回復体位とは、溺者を横向き(側臥位)に寝かせ、気道を確保し、胃内容の逆流が起こっても口から自然に流れ出て、窒息をしない安定した体位である。観察中に普段どおりの呼吸がみられなくなった場合は水平位に戻し、ただちに胸骨圧迫からCPRを開始する。

[回復体位のとらせ方]

溺者を横向き(側臥位)に寝かせ、上側になっている膝を前方に出し、上側になっている腕の肘を曲げ、手のひらを下に向けて溺者の頬の下に差し入れる。なお、溺者の口をやや下に向かせ、胃内容の逆流による窒息を防ぐ(図8-10、11)。

◆図8-10 回復体位(ライフセーバーが1人の場合)

溺者を側臥位にする。上側になる膝を折り曲げる。下側の上肢は身体の前方へ伸ばす。気道は開通させ、吐物等に注意しながら状態を引き続き、観察する。

④人工呼吸2回

(呼吸の確認を行い、普段どおりの呼吸がないことを確認したのち)心停止と判断したら、成人のBLSでは、ただちに胸骨圧迫からCPRを行うが、溺水の場合はいち早く肺に空気を送り込む必要があるため、気道確保を保った状態で、ただちに人工呼吸2回を行う。その際1回の吹き込みは、溺者の胸が軽く膨らむ程度の量を約1秒間かけて行い、それを2回連続して行う。

[人工呼吸の方法]

レサシテーションマスクを溺者の口を覆うようにふさぎ、息が漏れないように密着させる(図8-12、次頁)。救助者は溺者の胸を見ながら、約1秒間かけて溺者の胸が軽く膨らむのが

分かる程度に呼気を吹き込む。呼気を吹き込みながら胸が膨らむのを見ることは、適正な量での吹き込みができ、人工呼吸が正しく行われていることを自ら確認することである。

息を吹き込んだ後、肺はゴム風船のように自然と縮まるので、溺者の口や鼻から吹き込んだ空気が出てくる。その際、レサシテーションマスクを口から外さなくても一方向弁の仕様で、吹き込んだ呼気は体外に出ていく。

再度、救助者は呼気を吹き込む。1回約1秒間かけて吹き込み、これを2回連続して行う。

[人工呼吸を行う際の注意点]

1回目の吹き込みで溺者の胸が上がらなかった（吹き込みが不十分だった）場合や、吹き込むときに抵抗を感じた場合には、気道確保が的確に行われているかを確認し、2回目を吹き込む。しかし、吹き込みは2回までとし、人工呼吸をやり直して胸骨圧迫が遅れたり、中断時間が長引いたりしないようにする。

ヒトの吐いた息（呼気）の中には、二酸化炭素の量が多く含まれているが、その呼気中にも

酸素は17％程度含まれており、人工呼吸によって溺者に酸素を与えるには十分なのである。

人工呼吸では、レサシテーションマスクと両手に感染防御用グローブを着用することが望ましい。

呼気を吹き込むときには、確実に気道が確保されていない場合や、吹き込む量が多過ぎたり吹き込む勢いが強過ぎたりすると、吹き込んだ息（救助者の呼気）は気道ではなく食道から胃へと流れ込み、胃が膨らんでしまう。吹き込んだ息で胃が膨満すると、溺者の口腔内に胃の内容物が逆流してくるばかりか、気管から肺へと流れ込んでしまう恐れがある。また胃膨満が起こると、横隔膜が上方へ押し上げられるため、肺が十分膨らみにくくなり、換気に障害をきたす。

⑤胸骨圧迫30回＋人工呼吸2回

1）胸骨圧迫

救助後の溺者に対するCPRは、砂浜など不安定な場所で実施することが多い。そのため適切な胸骨圧迫（垂直に圧迫）を行うために、水中から運んだ溺者を水平に寝かせる必要がある。一般的なBLSと方法は変わらないが、溺者のBLSの場合、胸骨の下半分（胸の真ん中）に片方の手掌基部（手のひらの付け根）を当て、もう一方の手をその上に重ね、両手の指を組ん

◆図8-11　回復体位（ライフセーバーが2人の場合）

◆図8-12　レサシテーションマスクを使用した呼気吹き込み

レサシテーションマスクを使用した呼気吹き込み

で行う方がよい（図 8-13、14）。この方法であれば、手が濡れていても滑ることがない。

特に気をつけたいのは、圧迫の解除が不十分で胸壁が少しでも押されたままの状態では、胸腔内圧がその分高くなるため、心臓に静脈血が還りにくくなり、胸骨圧迫中の心拍出量が減少する。そのため、必ず元の高さに戻るように力を抜くことが必要である。

また、圧迫しているときと圧迫していないときのリズムは、1：1の比率になるのがよい。1分間に100〜120回という胸骨圧迫のテンポは、心拍再開、血行動態で効果を得るために、最低限必要とされている。スマートフォン等のメトロノームアプリなどを活用することにより、効果的な胸骨圧迫のテンポを維持できる。

〈胸骨圧迫のポイント〉

胸骨の下半分（胸の真ん中）を垂直に、手掌基部だけに力が加わるように圧迫する。その際に次のことに注意しながら行う。

1) 強く （約 5 cm 沈み、6 cm を超えない）
2) 速く （100〜120 回 / 分）
3) 絶え間なく（人工呼吸による中断を最小限に）
4) 胸の圧迫を完全に解除する（胸が元の高さに戻るように）

2) 人工呼吸

胸骨圧迫 30 回の後、すぐに 2 回の人工呼吸を行う。方法は、最初の 2 回の人工呼吸と同じである。1 回の吹き込みは、溺者の胸が軽く膨らむ程度の量を約 1 秒間かけて行い、それを 2 回連続して行う。うまく吹き込めなかったとしても、吹き込む回数は 2 回までとし、人工呼吸による胸骨圧迫の中断時間は 10 秒以内とする。

胸骨圧迫 30 回＋人工呼吸 2 回は、AED が到着するまで、または救急隊が到着して引き継ぎをするまでは途切れなく連続して行う。ライフセーバーが 1 人では体力的な限界もあり、有効な CPR が継続できない場合もある。これを防ぐために、複数のライフセーバーで行うことが望ましい。

[複数のライフセーバーで行う CPR]

最初から 2 人以上のライフセーバーがいる

◆図 8-13　胸骨圧迫を行う時の姿勢

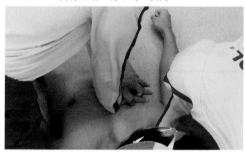

溺者の胸壁に置いたライフセーバーの手から腕、肩が横から見て、垂直になるように前に乗り出して圧迫を行う。圧点を決めたら、もう一方の手は下の手と指先を組んで圧迫を行う。

◆図 8-14　胸骨圧迫の手の位置

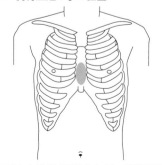

溺者の胸の真ん中(胸骨の下半分中央)に手掌基部を当てる。

◆図 8-15　2 人で行う心肺蘇生

2 人で組んで心肺蘇生を行う際は、1 人は呼気吹き込みを、もう 1 人は胸骨圧迫を担当する。

場合は、1人が胸骨圧迫と人工呼吸を行って交代していく方法のほか、2人で胸骨圧迫と人工呼吸を分担して行う方法もある（図8-15）。

⑥ AEDの装着

1）AEDの電源を入れる

AEDが到着したら、すぐにAEDの電源を入れる（図8-16）。電源が入ると自動的に音声ガイダンスが流れ、次に行うべきことが指示される。AEDの操作は、すべて音声ガイダンスに従って進めればよい。

※ AEDの機種によっては、本体のカバーを開けると自動的に電源が入るものがある。

2）電極パッドを貼り付ける準備をする

溺者が衣服を身につけている場合には、前胸部の衣服を取り除く。衣服が簡単に取り除けないようであれば、ハサミなどを使用する。衣服を取り除いたら、皮膚が濡れていないか、ペースメーカーなどが埋め込まれていないか、貼り薬などがないかを確認する。また、砂が大量に付着していることも考えられる。皮膚の表面が海水などで濡れていたり砂が付着している場合は、パッドを密着して貼れなかったり電気ショックの効果が減衰するために、乾いたタオルなどで拭き取る。

パッドを貼れることが確認できたら「よしっ！」と指差し確認をする（図8-17）。

3）電極パッドを貼り付ける

AEDのケースに入っている電極パッドを収納袋から取り出し（図8-18）、溺者に2枚の電極パッドを貼り付ける。電極パッドは、心臓を右上から左下方向へはさむような位置で、1枚は胸の右上（鎖骨の下で胸骨の右）、もう1枚は胸の左下側（脇の下5～8cm下、乳頭の左斜め下）に貼り付ける。なお、AED装着の間もCPRは中断しない。

◆図8-16　AEDの電源を入れる

AED本体にある電源を入れる。機種によっては、カバーを開けると自動的に電源がオンになるものもある。

◆図8-17　胸の確認

溺者の胸が、水で濡れていないか、ペースメーカーが埋め込まれていないか、貼り薬などはないか、といったことを確認し、問題なければ「よしっ！」と声を出す。

◆図8-18　AEDの電極パッドを溺者の胸に装着する

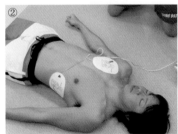

電極パッドは、心臓を右上から左下方向へはさむような位置に、1枚は胸の右上（鎖骨の下で胸骨の右）、もう1枚は胸の左下側（脇の下5～8cm下、乳頭の左斜め下）に装着させる。

4) コネクターをAED本体に挿し込む

電極パッドのコネクターを本体に挿し込み（図8-19）、AEDの心電図解析が始まったら、CPRを中断する。

※ AEDの機種によってはあらかじめ本体と電極パッドがコードでつながっているものもある。この場合は、コネクターを挿し込む動作は省略される。

【注意】

・電極パッドと皮膚は密着させるように注意する。一部分が皮膚から浮いていると電気が十分に伝わらなかったり、熱傷を起こしたりすることがある。

・電極パッドの装着不良の場合は、AEDから「電極パッドを貼ってください」、「接触が不良です」等の音声ガイダンスが流れるので、しっかり密着させて貼り付ける。

・溺者の場合は、電極パッドを貼る前胸部が濡れている場合がある。この場合、身体の表面を電流が流れてしまい、除細動のための電気エネルギーが減弱してしまう。乾いたタオル等で前胸部の水分をしっかり拭かないといけない。

なお、溺者を横たえる場所については、満ちてきた海水で濡れないような場所が望ましい。

・もし左右のどちらか、鎖骨の近くに、直径4cmくらいの平たく硬い膨らみを見つけたら、それは心臓ペースメーカーであることが考えられる。この場合には少なくともその膨らみを避けて少し離れたところに電極パッドを貼る。

・ニトログリセリン、ニコチン、鎮痛剤などの貼り薬や湿布薬を電極パッドの貼る位置に見つけたら、まず、はがし、その上をタオルなどで拭き取ってから、電極パッドを貼る。貼り薬の上から電極パッドを貼ると電気が十分に伝わらなかったり、熱傷を起こしたりすることがある。

⑦ AEDによる心電図解析

電極パッドを貼り付けてコネクターを挿し込むと、AEDが心電図の解析を始める。心電図の解析が始まったら、CPRを中断する。

CPRを中断している間、溺者の身体に触れないようにし、AEDの音声指示があれば、すぐに「みんな離れてください！」と指示し、両手は高い位置に上げ、救助者も溺者の身体から離れて後ろに下がる。このときに、誰も溺者に触れていないことを確認する（図8-20）。

◆図8-19　コネクターを差し込む

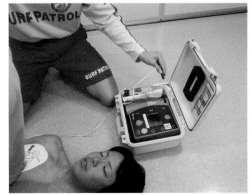

AED本体に電極パッドのコネクターを差し込む。なお、機種によっては、AED本体と電極パッドのコネクターが一体になっているものもある。

◆図8-20　AEDによる心電図解析

AEDで心電図を解析するとき、ライフセーバーを含めて溺者から離れ、誰も触れていない（身体に触れて動揺を与えていない）ことを確認する。

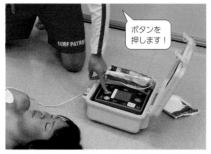

◆図 8-21　電気ショックの実行

ボタンを押します！

誰も溺者に触れていないことを確認し、電気ショックボタンを押す。

◆図 8-22　電気ショック後の CPR

胸骨圧迫から CPR を再開する。

⑧ AED による電気ショック

　AED は電気ショックが必要な場合、「電気ショックが必要です！」という電気ショック指示のメッセージを出し、自動的に充電を行う。充電が完了すると、電気ショックボタンが点滅する（機種によって連続音がするものやボタンが点滅するものなどがある）ので、溺者の身体に誰も触れていないことを確認し、電気ショックボタンを押して電気ショックを実行する（図8-21）。

　電気ショックボタンを押すことで、AED から一瞬で強い電気が流れ、溺者の身体がビクッと突っ張るような状態になる。

⑨ 電気ショック後の CPR

　電気ショックの後、音声の指示を待たずにただちに CPR を胸骨圧迫から行う（図8-22）。その後、2分ごとに再び AED が心電図の解析を行う。電気ショックが必要な場合であれば AED による電気ショックを再度行い、ショック後は CPR を胸骨圧迫から繰り返し行う。

■ 2. 一次救命処置を行う際の注意点

① 「電気ショックの必要なし」の意味

　AED の電源を入れ、電極パッドを装着して心電図の解析が行われた後に、AED が「ショックは不要です！」というメッセージを発することがある。

　これは、心拍が再開して心臓の本来の電気的活動が回復した場合と、心拍の再開はしておらず心静止または無脈性電気活動（心電図が心室細動、無脈性心室頻拍のいずれでもない場合）のいずれかである。呼吸を観察して心拍が再開しているかを評価する。溺者に普段どおりの呼吸が観察されれば、心拍が再開していると考えられ、溺者を回復体位にして観察をする。しかし、普段どおりの呼吸が確認できなければ、心停止（心電図が心静止または無脈性電気活動）であり、ただちに胸骨圧迫を開始し、CPR を継続する。

② AED の電源と電極パッドの扱い

　一度入れた AED の電源は、たとえ溺者に普段どおりの呼吸が戻っても、途中で切ってはならない。同様に、一度貼り付けた電極パッドも途中で取り外してはならない。

　AED の電源を切ることも、電極パッドを取

り外すことも医療機関で医師によって行われる。AEDは装着後より心電図計として溺者の症状を記録し、医師の診断や治療の手助けとなる。AEDによって定期的に心電図の解析がされることで、再び心停止に陥っても必要に応じて電気ショックが必要であるかないかが判断され、電気ショックが必要な場合には自動的に充電され、電気ショック指示の音声メッセージを出す。

③ CPRを中止してよい条件

CPRは、溺者の救命をするうえで中断せずに継続することが大切である。質の高いCPRを継続するためには救助者の交代が必要だが、CPRを中止してよい場合は次の場合である。

1) CPRを行っている最中に、溺者が救助者の手を払いのけるなど、目的をもった動作やうめき声などが認められたり、十分な自発呼吸が確認できたりしたとき。
2) 救急隊や医師が到着し、CPRを引き継いでもらえるとき。
3) 救助者に危険が迫り、CPRの継続が困難になったとき。

④ 胸骨圧迫のみのCPR

胸骨圧迫と人工呼吸とを繰り返すのがCPRであるが、やむをえず人工呼吸ができないような状態の場合は、CPRを中断するのではなく、胸骨圧迫のみでも継続して実施することが望ましい。

⑤ 溺者にAEDを装着するうえでの注意点

溺者にAEDを装着する場所が砂浜や岩場の場合には、電極パッドが濡れた面に接していないことを確認し、電気ショックの際の感電や不具合が生じないように十分留意することが求められる。

循環動態の指標

循環を評価するには、脈拍（数、規則正しいリズムか不規則か）、血圧をチェックする。このうち、血圧は血圧計で測定することができる。

心臓の収縮、拡張のリズムと同期して、収縮期血圧、拡張期血圧がある。収縮期血圧は正常であれば120～130mmHg、拡張期血圧は80～85mmHgとされている。電気物理でオームの法則「電圧（V）＝電流（I）×抵抗（R）」がある。血圧は、この電圧に相当するものと考えられる。電流は血流に、抵抗は血管抵抗と考えられる。血流とは、血液の量もしくは心臓から拍出される量（心拍出量）によって規定される。動脈の壁には平滑筋が含まれているが、この平滑筋が収縮していると動脈は締まる。弛緩していれば動脈は緩む。血管抵抗とは、この平滑筋による動脈の締まり具合である。この平滑筋の収縮は、交感神経によってコントロールされている。

例えば、出血によって血液量が減少すれば、血圧は低下する。心筋梗塞など心臓のポンプのパワーが低下すれば、血圧は低下する。頸髄損傷では、脊髄という神経の"束"が傷害を受ける。損傷を受けた神経に、血圧を調節する交感神経が含まれると、血管抵抗が低下してしまい、血圧が低下する。通常、ショックでは血圧低下とともに脈拍数が速くなるが、頸髄損傷の場合には、血圧低下とともに脈拍数が少なくなる（脈拍が遅くなる）のが特徴的である。

3　吐物への対応

■1. 心肺蘇生中の吐物

　溺者に対するCPRの途中に、胃内容物が逆流することは多い。その際には、すばやく横向きにして液状異物が流れ出るように、口を下向きにする。その後、固形物など口腔内に残っていないかをのぞき込むように見て確認し、必要に応じてかき出す。

　できるだけ短時間のうちに吐物を除去したら、再び水平位に戻してCPRを胸骨圧迫から再開する。

■2. 吐物への対応

①溺者をすばやく横に向ける

　溺者をすばやく横向きにし、液状異物が流れ出やすいように口を下に向ける（図8-23）。

　横向きにする際に、頸椎に（頭部と体幹部の）ねじれが生じないようにする。

②吐物を口内からかき出す

　口内に吐物が溜まっている場合は、溺者の口角を引き下げると、液状の異物は流れ出る。

　最後に口腔内を目視で確認し、固形異物があれば指先でかき出し（図8-24）、心肺蘇生の中断はなるべく短くなるように、速やかに吐物の除去を終える。

◆図8-23　溺者を2人で横向きにする

1人がしっかりと頭部を確保し、もう1人が肩と腰を持ち、脊柱（特に頸椎）が自然な位置を保つように丁寧に横向きにする（体位変換）。

◆図8-24　吐物を口内からかき出す

頭部を保持するライフセーバーは溺者の口をやや下に向けたままで頭部を保持し、足側に位置するライフセーバーは指を用いて吐物を除去する。
なお、ライフセーバーが1人の場合は、頭部を保持しながら顎側の手を用いて吐物を除去する。

新型コロナウイルス感染症時の心肺蘇生

　2020 年、WHO（世界保健機関）が新型コロナウイルスの感染拡大がパンデミック＝世界的大流行になったと宣言してから 4 年が経過し、2023 年 5 月 8 日、Covid-19 は感染症法上、インフルエンザと同じ 5 類感染症に移行された。社会ではさまざまな感染対策が緩和される一方で、油断は禁物であることには変わりない。

　水辺利用者ならびにライフセーバー自身の安全を確保するために、次のような対策が取られてきた。

【主な対策】

・胸骨圧迫のみで心肺蘇生（ハンズオンリー CPR）
・胸骨圧迫はエアロゾル発生につながるので、胸骨圧迫
　前に傷病者の口と鼻を、基本的にはサージカルマスク
　で覆う。
・傷病者と接触するときにのみ、サージカルマスク、目
　の保護具（サングラス、ゴーグル等）、グローブ
　（ディスポーザブル手袋等）の着用。

　「新型コロナウイルス感染症に対するライフセーバーの水浴場監視救助活動ガイドライン 2023」では、これまでの新型コロナウイルスの感染対策の経験を踏まえ、監視活動の実効性を考慮した対策となっていた。監視活動では、日本ライフセービング協会（以下、JLA）から発出されるさまざまなガイドラインを確認してほしい。

最新の内容については、
QR コードを読み取り、
協会サイトにて確認してほしい。

活動ガイドライン

4 アドバンス・サーフライフセーバーによる 一次救命処置

■1．アルゴリズム

JLA においては、日頃訓練を重ね経験を積んでいるアドバンス・サーフライフセーバーを熟練救助者と捉え、熟練救助者による溺者へのBLS および PBLS（Pediatric Basic Life Support、小児一次救命処置）を次のアルゴリズムにおいて実施することを推奨する（図8-27、28、次頁）。

■2．一次救命処置の実施手順

①呼吸の確認＝心停止の判断と気道確保

溺者に反応がなく、呼吸がないか異常な呼吸が認められる場合は心停止と判断し、ただちにCPR を開始する。

一般市民の救助者が呼吸の有無を確認するときには気道確保を行う必要はなく、胸と腹部の動きの観察に集中するが、医療従事者や救急隊員などは気道確保をしてから呼吸の確認を行う。

アドバンス・サーフライフセーバー(熟練救助者)は、救急隊員と同様に、呼吸の確認時には、まず気道確保をしてから行うことが求められる。さらに、溺者の呼吸を観察しながら、同時に頸動脈の脈拍の有無を確認してもよい。ただし、脈拍の確認を呼吸の確認と同時に行う場合でも 10 秒以上かけないようにする。

脈拍の有無に自信がもてないときは、呼吸の確認に専念し、呼吸がないと判断した場合には速やかに人工呼吸 2 回を開始する。脈拍の確認のために迅速な CPR の開始を遅らせてはならない。溺者の CPR はただちに 2 回の吹き込み（人工呼吸）を行い、その後、速やかに胸骨圧迫30 回と人工呼吸 2 回を繰り返し行う。

まれに、溺者に普段どおりの呼吸はないが脈拍を認める場合がある。このような場合には、6 秒に 1 回（10 回/分）のペースで人工呼吸を行う。さらに、脈拍が確認できなくなり、再び心停止が疑われるような変化があった場合に、胸骨圧迫の開始が遅れないようにするために、アドバンス・サーフライフセーバーは頻回の脈拍確認を行う。

②普段どおりの呼吸が確認された場合

溺者に普段どおりの呼吸を認めたときは、回復体位で気道確保したまま、救急隊の到着を待

◆図 8-25 CPR の実際

◆図 8-26 救急隊への引き継ぎ

つ。できれば、毛布や大型のバスタオルなどの上に溺者を寝かせて保温ができるようにする（毛布の上に寝かせていれば、搬送時に担架やストレッチャーにも乗せやすい。図8-26）。

この間、溺者の呼吸状態を継続観察し、頻回の脈拍確認を行い、普段どおりの呼吸が認められなくなった場合には、ただちにCPRを開始する。

1人で救助を行っているとき、応援を求めるためや119番通報をするために、やむをえず現場を離れるなどの際には必ず溺者を回復体位に保つ。

◆図8-27 アドバンス・サーフライフセーバーによる溺者へのBLSアルゴリズム

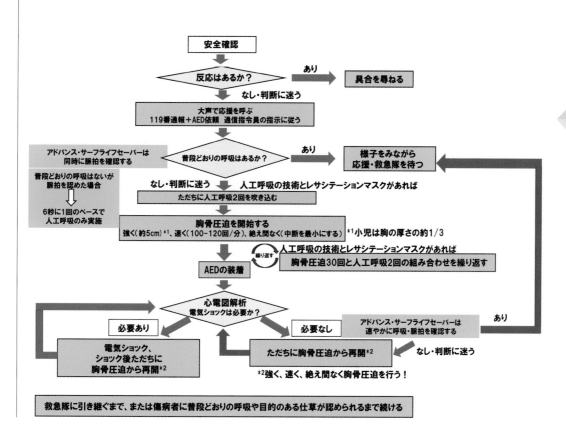

安全確認
↓
反応はあるか？ → あり → 具合を尋ねる
↓ なし・判断に迷う
大声で応援を呼ぶ
119番通報＋AED依頼 通信指令員の指示に従う
↓
[アドバンス・サーフライフセーバーは同時に脈拍を確認する]
[普段どおりの呼吸はないが脈拍を認めた場合 → 6秒に1回のペースで人工呼吸のみ実施]
普段どおりの呼吸はあるか？ → あり → 様子をみながら応援・救急隊を待つ
↓ なし・判断に迷う
人工呼吸の技術とレサシテーションマスクがあれば
ただちに人工呼吸2回を吹き込む
↓
胸骨圧迫を開始する
強く（約5cm）*1、速く（100-120回/分）、絶え間なく（中断を最小にする）　*1小児は胸の厚さの約1/3
↓
繰り返す　人工呼吸の技術とレサシテーションマスクがあれば
胸骨圧迫30回と人工呼吸2回の組み合わせを繰り返す
↓
AEDの装着
↓
心電図解析 電気ショックは必要か？
　必要あり → 電気ショック、ショック後ただちに胸骨圧迫から再開*2
　必要なし → ただちに胸骨圧迫から再開*2
　　*2強く、速く、絶え間なく胸骨圧迫を行う！
[アドバンス・サーフライフセーバーは速やかに呼吸・脈拍を確認する]
あり → / なし・判断に迷う

救急隊に引き継ぐまで、または傷病者に普段どおりの呼吸や目的のある仕草が認められるまで続ける

第8章……サーフライフセーバーによる一次救命処置

213

◆図 8-27　PBLS アルゴリズム（小児・乳児への一次救命処置の手順）

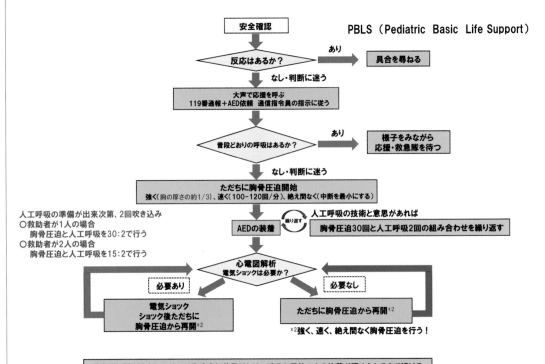

●参考文献

・公益財団法人日本スポーツ協会『スポーツ活動中の熱中症予防ガイドブック（5版）』公益財団日本スポーツ協会，2019
・公益財団法人日本スポーツ協会『リファレンスブック（3版）』公益財団日本スポーツ協会，2020
・厚生労働省「令和4年（2022）人口動態統計の概況」2023
・小型船舶教習機関 編『改定2版　4級小型船舶操縦士テキスト』（非市販品）
・小森栄一『救急法のすべて：理論と実技（第2版）』技術書院，1982
・小森栄一『百万人の救急法（第19版）』技術書院，1969
・財団法人健康・体力づくり事業財団 編『健康運動実践指導者用テキスト（改訂第3版）』南江堂，2004
・総務省消防庁「令和5年版　救急・救助の現況」，2024
・千原英之進・小峯力・深山元良『ライフセービング：歴史と教育』学文社，2002
・千原英之進・小峯力・深山元良『ライフセービングと社会福祉』学文社，1997
・寺山和雄・辻陽雄 監修『標準整形外科学（第3版）』医学書院，1986
・寺本賢一郎『クラゲの水族館』研成社，1991
・永井宏史「刺胞動物のタンパク質毒素に関する研究」『日本水産学会誌』77(3)：368-371，2011
・日本救急医学会 編著『救命・応急 手当の手引き』小学館，2005
・日本救急医学会『熱中症診療ガイドライン2015』一般社団法人日本救急医学会熱中症に関する委員会，2015
・日本救急医療財団心肺蘇生法委員会『改訂6版 救急蘇生法の指針2020（市民用・解説編）』へるす出版，2021
・日本赤十字社 編『赤十字水上安全法講習教本（12版）』日赤サービス，2023
・日本赤十字社 編『赤十字救急法基礎講習教本（7版）』日赤サービス，2022
・日本赤十字社 編『赤十字救急法講習教本（15版）』日赤サービス，2022
・日本蘇生協議会『JRC蘇生ガイドライン2020』医学書院，2021
・日本ライフ・セービング協会技術局学術研究委員会 編著『ライフ・セービング』日本ライフ・セービング協会，1994
・橋本芳郎『魚貝類の毒』学会出版センター，1977
・星幸広『実践学校危機管理：現場対応マニュアル』大修館書店，2006
・三宅裕志『最新クラゲ図鑑 110種のクラゲの不思議な生態』誠文堂新光社，2013
・深山元良ほか「全力ボードパドリングにおける速度，ストローク頻度，およびストローク長：パドリング方法および性差の比較」『海洋人間雑誌』2(1)：1-8，2013
・宮澤晴治『天気図と気象の本：天気図を見るとき読むとき書くとき』国際地学協会，1995
・山本利春「ストレッチング」，小出清一ほか 編『スポーツ指導者のためのスポーツ医学（第2版）』南江堂，2000
・山本利春・吉永節徳『スポーツアイシング』大修館書店，2001
・American Red Cross. Standard First Aid, Mosby Lifeline, 1993
・American Red Cross. Lifeguarding today. Mosby Lifeline, 1995
・American Red Cross, et al. The American Red Cross First Aid & Safety Handbok. Little, Brown and Company, 1992
・Australian Lifesaving Academy. First Aid Training Manual (2nd ed.). Surf Lifesaving Australia, 2009
・American Heart Association. 『AHA心肺蘇生と救急心血管治療のためのガイドライン2020』シナジー，2022
・B.Chris. Brewster. Open Water Lifesaving: The United States Lifesaving Association Manual (2nd ed.). Person Custom Publishing, 2003
・Baechle, Thomas R. ほか編（金久博昭 総監訳）『ストレングストレーニング&コンディショニング（第3版）』ブックハウス・エイチディ，
・Bompa, Tudor. O.（魚住廣信 訳）『スポーツトレーニング』メディカル葵出版，1988
・FIRST AID EMERGENCY Handbook (3rd ed.) SURVIVAL EMERGENCY PRODUCTS, 2005
・Joost. J. L. M. Bierens. Handbook on Drowing : Prevention, Rescue, Treatment. Springer, 2000
・NPO法人武蔵野自然塾『危険生物ファーストエイドハンドブック 海編』文一総合出版，2017
・Paradis NA, et al.（Coronary perfusion pressure and the return of spontaneous circulation in human cardiopulmonary resuscitation.）JAMA. 1990. 263 : 1106-13
・The Royal Lifesaving Society Canada. The Canadian Lifesaving Manual. Lifesaving Society, 2010
・Surf Lifesaving Australia. The Surf Life Saving Training Manual (28th ed. revised). Surf Lifesaving Association of Australia, 1989
・Surf Lifesaving Australia. Public Safety and Aquatic Rescue (33rd ed. revised). Mosby, 2011
・Surf Lifesaving Australia. Public Safety and Aquatic Rescue (34th ed.). Mosby, 2014
・The Royal Life Saving Society Australia, Swimming & Lifesaving: water safety for all Australians (5th ed.). Elsevier Mosby, 2004
・The Royal Life Saving Society Australia, Swimming & Lifesaving: water safety for all Australians (6th ed.). Elsevier Mosby, 2014
・The Royal Life Saving Society Australia, Lifeguarding (4th ed.). Royal Lifesaving Australia, 2007
・The St. John Ambulance Association, St. Andrew's Ambulance Association, The British Red Cross Society. First Aid Manual (6th ed.). Dorling Kindersley, 1995
・The Royal Life Saving Society Australia, FIRST AID. Royal Lifesaving Australia, 2011
・The Royal Life Saving Society Canada. Alert : Lifeguarding in Action (2nd ed.). The Lifesaving Society, 2004
・気象庁「天気図について」 https://www.jma.go.jp/jma/kishou/know/kurashi/tenkizu.html（2023/6/15）
・警視庁「制限外積載等」 https://www.keishicho.metro.tokyo.lg.jp/tetsuzuki/kotsu/application/seigengai_sekisai.html（2024/5/21）
・警察庁生活安全局地域課「令和4年における水難の概況」 https://www.npa.go.jp/publications/statistics/safetylife/r04suinan_gaikou.pdf（2023/6/15）
・厚生労働省「たばこと健康に関する情報ページ」 https://www.mhlw.go.jp/stf/seisakunitsuite/bunya/kenkou_iryou/kenkou/tobacco/（2023/6/15）
・国際気象海洋株式会社 http://www.imocwx.com（2013/4/15）
・国土交通省「津波防災のために」 http://www.mlit.go.jp/river/kaigan/main/kaigandukuri/tsunamibousai/（2013/4/15）
・波伝説 http://www.namidensetsu.com（2013/4/15）
・Surf Life Saving Queensland http://www.lifesaving.com.au/marine-stinger-safety-week-bluebottles/（2018/2/20）

■ JLA ACADEMY

日本ライフセービング協会（JLA）は、国際ライフセービング連盟（ILS）の日本代表機関を担い活動を行い、社会使命である「水辺の事故ゼロ」を目指し、挑戦しています。

JLAの各専門委員会による学術的な裏付けとILS加盟各国のライフセービング関連団体との国際的ネットワークをもつ国内唯一のライフセービング教育機関が「JLA ACADEMY」です。

私たちは「JLA ACADEMY」における活動を通じて、水辺の安全を追求し、事故を未然に防ぐことを活動の根幹に、自分の命を守り、そして人の命を救うための救助技術・知識等について各種講習会を行い、普及をしています。

「JLA ACADEMY」のライフセービングプログラムでは、さまざまな資格を取得することができます。詳細については、QRコードを読み取り、協会サイトにて確認してください。

JLA ACADEMY
概要・体系

サーフライフセービング 教 本　JRC 蘇生 ガイドライン 2020 準 拠
© Japan Lifesaving Association, 2024　　　NDC785/viii, 214p/24cm

初版第1刷————2024 年 7 月20日

編　者————日本ライフセービング協会
発行者————鈴木一行
発行所————株式会社大修館書店
　　　　　　〒 113-8541　東京都文京区湯島 2-1-1
　　　　　　電話 03-3868-2651（営業部）03-3868-2299（編集部）
　　　　　　振替 00190-7-40504
　　　　　　［出版情報］https://www.taishukan.co.jp

装丁・本文デザイン——中村友和（ROVARIS）
本文図版————寺村秀二
印刷所————横山印刷
製本所————ブロケード

ISBN978-4-469-26988-8　Printed in Japan